Kulturstiftung Sibirien

Mit den Weißen Bussen in die Freiheit

Eine humanitäre Aktion des Schwedischen Roten Kreuzes im März / April 1945 für KZ-Häftlinge

Ulrich Kasten

Verlag der Kulturstiftung Sibirien
SEC Publications

DR. HILDEGARD
HANSCHE
STIFTUNG

Gefördert durch die
Dr. Hildgard Hansche Stiftung

Bibliografische Informationen der Deutschen Nationalbibliothek:
Die Deutsche Nationalbibliothek verzeichnet diese Publikation in der Deutschen Nationalbibliografie: detaillierte bibliografische Daten sind im Internet über <http://dnb.d-nb.de> abrufbar.

Umschlagfoto:
Abfahrt der Weißen Busse. Foto aus der Dauerausstellung im „Zellenbau" der Mahn- und Gedenkstätte Ravensbrück, 2023.

Gestaltung:
Kulturstiftung Sibirien gGmbH, Fürstenberg/Havel

Herstellung:
Books on Demand GmbH, Norderstedt

Electronic edition:
https://dh-north.org/publikationen/mit-den-weissen-bussen-in-die-freiheit/de

ISBN: 978-3-942883-39-9

Printed in Germany

INHALT

Vorwort

Ulrich Kasten ist für Forschungen zur Befreiung der NS-Konzentrationslager, insbesondere zur vorzeitigen Befreiung, bevor die Alliierten die Tore aufstießen, ein Glücksfall. Er hat seine Studie auf die Aktion der Weißen Busse des Schwedischen Roten Kreuzes konzentriert, die vom Dänischen Roten Kreuz wie vom Internationalen Komittee vom Roten Kreuz unterstützt wurde und zehntausende Gefangene der Lager in die Freiheit nach Schweden führte. Die Ergebnisse sind außerordentlich beeindruckend und bilden nicht zuletzt die vielseitigen Sprachkenntnisse des Autors ab. Nach nunmehr fast 30 Jahren stellt Ulrich Kasten ein Manuskript mit z. T. wenig bekannten schwedischen Quellen zusammen, die das Lesen der Arbeit zu dieser Thematik zur wissenschaftlichen wie zu einer allgemeinbildenden Bereicherung werden lassen. Dabei darf man sich bei aller Anerkennung und Freude über das Geleistete bei einem solchen Vorwort nicht zu einer Rezension verführen lassen, so dass es hier eher einer Gratwanderung gleicht.

Es war das Jahr 1995, in dem vom 21. bis 24. April der Befreiung der Konzentrationslager nach 50 Jahren mehr als nur „gedacht" wurde. An all diesen Orten wurden in den Gedenkstätten Tage der Begegnung veranstaltet und im besten Sinne auch gefeiert. In Ravensbrück wurde im eigens dafür aufgestellten großen Zelt abschließend getanzt. Als Willkommensgeste der Bundesregierung und der jeweiligen Bundesländer wurden alle Überlebenden der Konzentrationslager eingeladen, mit denen wir Kontakt aufnehmen konnten. Und sie kamen von überall aus der Welt – aus Polen und Frankreich, aus Slowenien und der Ukraine, aus Kanada und Australien wie auch aus zahlreichen weiteren Ländern. Am Ravensbrücker Lagertor begrüßte sie ein „Weißer Bus", eigens aus Schweden dorthin transportiert und geradezu eskortiert von den damaligen Busfahrern Axel Molin und Sten Olsen (siehe S. 13, *in diesem Band*). Für die Gedenkstätte Ravensbrück konnte die „Große Begegnung" – so der Titel einer anschließend gezeigten Ausstellung mit 100 ausgewählten Fotos – von einer ersten Quellenedition begleitet werden mit dem Titel *„Ich grüße Euch als freier Mensch"* sowie einer dafür eigens erarbeiteten, gleichnamigen Präsentation. Für diese Ausstellung wurde der sogenannte frühere Garagentrakt hergerichtet, der bis zum Abzug des sowjetischen Militärs als Kinosaal genutzt wurde. Dort wurden erste Forschungsergebnisse vorgestellt.

Wie wichtig jedoch die Hintergründe von Handlungen und deren Akteure in den 12 Jahren des NS-Regimes waren, legt Ulrich Kasten beispielgebend vor. Zugleich zielt er darauf ab, auch Hinweise für Möglichkeiten von Hilfsprojekten in Kriegssituationen zu vermitteln, wie sie nun auch bei uns mit dem Überfall Russlands auf die Ukraine seit dem 24. Februar 2022 zur Diskussion stehen. Er diskutiert hinsichtlich der Aktion der Weißen Busse deren Einschätzungen als „humanitär", aber auch als „umstritten" und stellt dabei die entscheidende Frage, wie es zu diesen logistisch beeindruckend gut organisierten Einsätzen kommen konnte, für die neben einem Güterzug mit 60 Waggons mehr als 150 Fahrzeuge und eine ungenannte Zahl von Helfenden im Einsatz waren. Ein breites Spektrum inzwischen erschlossener und veröffentlichter Quellen wird herangezogen, um gleich zu Beginn die Beziehungen der westlichen skandinavischen Länder zu Deutschland darzulegen und in den Kontext der Rettungsaktion zu stellen. Einen hohen Stellenwert nehmen Zeitzeugenberichte ein, und zwar von Helfenden und Geholfenen, nachdem letztere in Schweden angekommen waren.

Dabei gehörte Schweden zu den nicht von der Wehrmacht überfallenen Ländern und unterschied sich somit von Norwegen und Dänemark. Jedoch gab Schweden gegenüber dem NS-Regime seine Neutralität auf und öffnete sich diesem mit einer „Anpassungspolitik". Die Angst vor der Sowjetunion Stalins war im Lande größer als die vor Deutschland. Die Politik der schwedischen Regierung und eine durchaus freundliche Stimmung in der Bevölkerung gegenüber Deutschland habe jedoch – so Ulrich Kasten – die Aktion der Weißen Busse erst ermöglicht.

Mit dem Überfall auf Norwegen und Dänemark wie der damit verbundenen Deportation von Jüdinnen und Juden sowie Akteuren des Widerstands in NS-Konzentrationslager entsteht ein Netzwerk von Personen, die gemeinsam Vorschläge zur Rettung der skandinavischen Häftlinge erarbeiteten, bevor die Alliierten Deutschland erreichen würden. Diese Vorschläge werden zur Grundlage der Aktion der Weißen Busse, die eine weit höhere Zahl von Häftlingen einbezog als ausschließlich jene aus skandinavischen Ländern. Die ersten Rettungspläne werden vornehmlich von dem norwegischen Diplomaten Nils Christian Ditleff entworfen und beinhalten u. a. ein Gespräch zwischen Folke Bernadotte, dem Leiter des Schwedischen Roten Kreuzes, und Heinrich Himmler als Reichsführer der SS. Hier stellt Ulrich Kasten eine hoch aktuelle Frage: „Darf man mit Diktaturen verhandeln, mit ihren Vertretern reden?" Und seine Antwort lautet: „Nicht, wenn diese durch Verhandlungen nur ihre Menschenrechtsverletzungen und Eroberungen verteidigen, vielleicht aber doch, wenn sich dadurch […] Menschenleben retten lassen."

Dem Rettungskonzept entsprechend sollte die Aktion selbst zunächst eine allein schwedische Angelegenheit sein. Das blieb sie aber nicht. So konnten bereits am 5. April 1945 etwa 300 französische Frauen mit Lastwagen des Internationalen Komitees vom Roten Kreuz (IKRK) aus Ravensbrück in die

Schweiz gebracht werden, ein Ergebnis vorhergehender Verhandlungen zwischen dem IKRK und Vertretern der NS-Regierung. Die Rettung der Französinnen erfolgte im Austausch mit deutschen Zivilgefangenen in Frankreich. Über all diesen Ideen und Handlungen stand die Drohung Hitlers, dass kein Häftling lebend in die Hände der Alliierten fallen sollte. Doch Hitler sollte von den geplanten Aktivitäten nichts erfahren. Geheimhaltung und Eile bestimmten dementsprechend alle Verhandlungen. Am 17. Februar 1945 kommt es in Berlin zu einem ersten Treffen im erweiterten Kreis, darunter Folke Bernadotte und Himmler, das mit konkreten, streng geheim gehaltenen Vereinbarungen endet. Zwei weiteren Treffen im März in Berlin folgt am 2. April 1945 eine Fortsetzung im Sanatoriumskomplex Hohenlychen, 80 km nördlich von Berlin. Himmler hatte Hohenlychen zu seinem „Hauptquartier" gewählt.

Bereits am 8. März 1945 startet der schwedische Konvoi. Alle großen Konzentrationslager wurden fortan zum Ziel, darunter Sachsenhausen und Mauthausen, Flossenbürg und Theresienstadt, zudem auch Lager mit weniger Häftlingen, wie beispielsweise das schwäbische Vaihingen. Allein aus dem KZ Ravensbrück werden vor dem 29./30. April 1945, dem Zeitpunkt der Befreiung durch die Rote Armee, mit Hilfe der Weißen Busse und einigen Zügen 7140 Frauen in Sicherheit gebracht, darunter 1604 Jüdinnen. Dazu werden Zeitzeugenberichte der Geretteten vorgestellt wie auch die nach der Ankunft in Schweden mit ihnen durchgeführten und aufgezeichneten „Protokolle" des Polnischen Instituts für Quellenforschung in Lund. Diese Quellen vermitteln ein Bild, das kaum vorstellbar ist. Georgia Peet-Taneva, die nicht aus Ravensbrück abgeholt wurde, sondern vielmehr zu jenen 3000 Häftlingen gehörte, die auf die Todesmärsche gen Norden geschickt wurden, hat einen großen Teil dieser Protokolle aus dem Polnischen ins Deutsche übersetzt. Dass es den in Schweden Angekommenen mitunter gelang, auf dem schwierigen Weg dorthin auch einige persönliche Gegenstände zu retten, zeigt das Museum *Kulturen* in Lund in einer Dauerausstellung. Beispiele solcher gegenständlichen Zeugnisse stellte das Museum unmittelbar nach dem 50. Jahrestag der Gedenkstätte Ravensbrück leihweise auch für eine außergewöhnliche Sonderausstellung zur Verfügung.

Auch wenn einige Häftlinge nach der Ankunft in Schweden die Rettungsaktion nicht überlebten, darf der Satz der Luxemburgerin Yvonne Useldinger mit großen Lettern über diesen mutigen Handlungen der Akteure wie auch der befreiten Häftlinge stehen: „Ich grüße Euch als freier Mensch." Nach wie vor haben jedoch ebenso die Gedanken von Georgia Peet-Taneva besonderes Gewicht, wenn sie fragte: „Wie frei werde ich sein? Die von allen ersehnte Freiheit machte mich nicht glücklich, sie machte mir Angst". Diese Gedanken scheinen heute angesichts der wachsenden Stärke der AfD und der zunehmenden rechtsradikalen Aktivitäten innerhalb Europas fast aktueller als vor beinahe 80 Jahren zu sein. Und bieten sich nicht auch Vergleiche zu unserer heutigen Flüchtlingssituation an, in der man sich zwar gerettet fühlt, aber sich zwischen Helfenden und Ablehnenden befindet, was einzelne Personen betrifft wie auch das Verhältnis zwischen den Nationen?

Prof. Dr. Sigrid Jacobeit, Humboldt-Universität zu Berlin

Ein für den 50. Jahrestag hergerichteter und vor dem Lagereingang aufgestellter ehemaliger Weißer Bus mit Überlebenden der Transporte, 1995. Foto: Heinz Heuschkel. Mahn- und Gedenkstätte Ravensbrück, Foto-Nr. 2003/389.

Einleitung

Das Buch berichtet über die außergewöhnlichen Rettungstransporte des Schwedischen Rotes Kreuzes für KZ-Häftlinge mit den Weißen Bussen in den Monaten März und April 1945. Die Nachbarländer waren vom Krieg gezeichnet oder zerstört, Millionen Menschen umgekommen oder wurden ermordet. Deutschland war am Ende, die Städte waren zerstört, die Straßen im Norden verstopft mit Flüchtlingstrecks, mit Militärtransporten – auf der Flucht oder zum Einsatz in Richtung Rhein und Oder. Wie konnte es zu diesem Zeitpunkt überhaupt zu dieser humanitären und zugleich umstrittenen Aktion mit den mehr als 150 Fahrzeugen kommen? Es ist heute kaum vorstellbar, dass Norbert Masur, der Vertreter des schwedischen *World Jewish Congress*, auf dem Gut Harzwalde nördlich von Berlin mit Heinrich Himmler, dem Reichsführer-SS, in geschäftsmäßig-freundlicher Atmosphäre über die Freilassung von Jüdinnen und Juden verhandelte, während gleichzeitig in dem Frauenkonzentrationslager Ravensbrück noch Tausende von Häftlingen systematisch getötet wurden. Anhand von historischen Quellen bekommen wir einen Einblick in die Hintergründe dieser Aktion und erhalten zugleich Hinweise für die Möglichkeiten derartiger Hilfsprojekte in Kriegszeiten.

Im ersten Teil wird über die politische Lage in den skandinavischen Ländern Dänemark und Norwegen während der deutschen Besetzung berichtet sowie über das Verhältnis zwischen Schweden und Deutschland während des Zweiten Weltkrieges. Dazu zählt die viel diskutierte und oft kritisierte schwedische „Anpassungspolitik", welche die entscheidende Voraussetzung für die Durchführung dieses humanitären Vorhabens war.

Der zweite Teil ist der Vorbereitung und Durchführung der Hilfsaktion gewidmet. Dazu gehören die vier Begegnungen in Berlin, Hohenlychen und Lübeck zwischen Folke Bernadotte und Heinrich Himmler, dem die Konzentrationslager unterstanden. Es wird über die logistischen Probleme berichtet, über die Ausrüstung des Personals und der weit über hundert Fahrzeuge. Alles, was für die Durchführung der Aktion benötigt wurde, wurde aus Schweden mitgeführt oder von dort nachgeschickt (Brennstoff, Ersatzteile, Lebensmittel, Medikamente usw.). Es musste ein „Standquartier" in Norddeutschland gefunden und vorbereitet werden, von dem aus die Einsätze organisiert wurden, die einzelnen Fahrten zu den Lagern starten und von wo aus die Transporte nach Schweden weitergehen konnten. Über die vielen Transporte aus den Lagern kann nur anhand einiger Beispiele exemplarisch berichtet werden. Die Zeitzeugenaussagen der aktiv Beteiligten (schwedisches und dänisches Personal) und der Betroffenen (KZ-Häftlinge) finden hier besondere Berücksichtigung.

Im dritten Teil steht die Person Folke Bernadottes und seine Rolle als Vizepräsident des Schwedischen Roten Kreuzes im Mittelpunkt. Es wird u. a. auf den Antisemitismusvorwurf und eine viel diskutierte humanitäre Katastrophe Bezug genommen, die sich bei der Einrichtung des Standquartiers im KZ Neuengamme ergab. Das hat zusammen mit der – zunächst vereinbarten – Priorisierung der skandinavischen Häftlinge zu einer immer wieder aufflammenden Kritik an der gesamten Aktion und besonders an der Person Folke Bernadottes in Schweden geführt und deren Bewertung bis heute beeinflusst.

Im abschließenden vierten Teil erzählen Häftlinge, wie sie die Ankunft der Weißen Busse und die Befreiung im KZ Ravensbrück erlebt haben. Es wird berichtet, wie die schwedische Hafenstadt Malmö innerhalb von zwei Wochen mehr als 15 000 Menschen aufgenommen hat. Wie haben die Bewohner und Bewohnerinnen von Malmö die Ankunft erlebt, wie die Ankömmlinge ihre Aufnahme? Hier beschränke ich mich in erster Linie auf Zeitzeugenaussagen, bei den Häftlingen wiederum fast ausschließlich auf Aussagen von Frauen aus dem KZ Ravensbrück, im letzten Absatz dann überwiegend auf die von Polinnen.

Mir war es ein besonderes Anliegen, gerade den eigentlich Betroffenen, den Häftlingen, also jenen, die „Geschichte“ persönlich erlebt und „erlitten“ hatten und die wussten, „wie“ es geschah, „einen Namen und eine Stimme“ zu geben. Auch sind es besonders diese oft erschütternden Zeitzeugenaussagen, in denen der vom NS-Staat vollzogene „Zivilisationsbruch“ seinen schärfsten Ausdruck findet.

***

Bei meinen Ausführungen habe ich mich in erster Linie auf schwedische Quellen bezogen. Ich danke Frau Schnell und Frau Pawelke von der Mahn- und Gedenkstätte Ravensbrück für das von ihnen zusammengestellte Text- und Bildmaterial. Mein ganz besonderer Dank gilt meinen Freunden in Schweden, den Familien ehemaliger polnischer „Ravensbrückerinnen“, die mir ihre persönlichen Aufzeichnungen zur Verfügung gestellt und mich in vielen Gesprächen immer wieder zu meiner Arbeit ermutigt haben. Texte aus Fremdsprachen habe ich selber übersetzt.

Ulrich Kasten

1 DIE WESTLICHEN SKANDINAVISCHEN LÄNDER WÄHREND DES ZWEITEN WELTKRIEGS

1.1 Der „Zivilisationsbruch" Deutschlands und die „Anpassungspolitik" Schwedens während des Zweiten Weltkriegs

Um das Einmalige der Aktion des Schwedischen Roten Kreuzes zur Rettung von KZ-Häftlingen zu verstehen und zu würdigen, hat man sich die Verhältnisse und Zustände gegen Ende des Zweiten Weltkrieges in Europa, besonders in Schweden und Deutschland, zu vergegenwärtigen. Mit dem von Deutschland ausgelösten Zweiten Weltkrieg hatte ein absoluter „Zivilisationsbruch" begonnen, der in der lang geplanten und sorgfältig organisierten systematischen Ermordung von bis zu sechs Millionen jüdischer Menschen seine furchtbare „Vollendung" gefunden hatte. Die Statuten des Internationalen Komitees vom Roten Kreuz (IKRK), über viele Jahre mühsam erkämpft, waren innerhalb weniger Wochen ungültig und hinfällig geworden. Am ersten Tag des Überfalls auf Polen, dem Beginn des Zweiten Weltkriegs, wurde z. B. gezielt das Kinderkrankenhaus im polnischen Wielún von deutschen Flugzeugen angegriffen und zerstört. Zwei Jahre später brachte man Millionen russischer Kriegsgefangener um oder ließ sie in Lagern verhungern.

Der Völkermord als „etwas vorher nie Dagewesenes" [1]

Auch vor dem Hintergrund der bis dahin in der Menschheitsgeschichte begangener Verbrechen bis hin zum immer wieder in vielen Ländern ausgeübten „Völkermord" und den Verbrechen an der Zivilbevölkerung während des Zweiten Weltkrieges (hierzu zählen auch die Zerstörung von Hiroshima und Nagasaki durch amerikanische Atombomben und die Zerstörung der Städte Dresden und Hamburg durch alliierte Luftangriffe) waren diese NS-Verbrechen in ihrer Dimension und Perfektion etwas Erst- und Einmaliges, etwas so vorher nie „Dagewesenes", wie es Eugen Kogon 1974 am Anfang sei-

1 Vgl. Eugen Kogons Werk *Der SS-Staat* (1974). Eugen Kogon war ein deutscher Publizist, Soziologe und Politikwissenschaftler. Wegen seiner christlich motivierten Gegnerschaft zum Nationalsozialismus war er mehrere Jahre im Konzentrationslager Buchenwald inhaftiert. Kogon gilt als einer der intellektuellen Väter der Bundesrepublik Deutschland sowie der europäischen Integration.

nes Buches *Der SS-Staat* deutlich zum Ausdruck bringt, ein „Zivilisationsbruch", ohne dass Kogon allerdings diesen Begriff verwendet:

> „Auch die Schreckensherrschaft unterscheidet sich heute von der früherer Zeiten durch *Rationalität.* Zwar beruht sie notwendigerweise wie immer auf einer zynischen Anschauung von der Natur des Menschen. […] Aber die moderne Tyrannei ist in der Wahl und in der Anwendung ihrer Mittel durchaus ein Kind der Zeit. Sie bedient sich sehr vieler Errungenschaften des menschlichen Geistes [zivilisatorischer Fortschritt in Form von Technik, Medizin, Rechtswesen, Kulturwissenschaften usw. – *Anm. d. Verf.*], die ohne seine freie Entwicklung [seit der Aufklärung – *Anm. d. Verf.*] nicht möglich gewesen wären und die ohne sie erfahrungsgemäß nicht möglich sind. Außerdem stellt sie eine gewisse formale 'Aufgeklärtheit' der von ihr unterdrückten oder zu unterdrückenden Massen, die auf jene rationalen Mittel zugeschnitten sind, mit in Rechnung. Rationalität ist eben ein Bestandteil unseres modernen Daseins geworden. Im Gegensatz zu den Despotien von einst ist in unseren Tagen der Terror als Herrschaftssystem daher bis zu einem Grade auch auf eine theoretische Begründung angewiesen, die ihn sozusagen plausibel oder sogar notwendig erscheinen lässt. Für die Inhaber der Gewalt, welche sie gegen die anderen oder gegen andere schrankenlos anwenden, ist die Frage des ‚Dürfens' zwar meist kein Problem. Sie müssen aber die ‚Ausnahme', die gerade sie von der Niedrigkeit der menschlichen Natur darstellen sollen, begründen. So entstehen in den faschistisch-totalitären Erscheinungsformen der Gewalt die seltsamsten Mischungen aus Scheinmystik und Auftragsverhältnissen: durch Glaube, Gehorsam, Hingabe und Ja-Plebiszite, durch ein ‚consenso del popolo'. […] Man muss den Terror in seinen Anfängen, in seinen Erscheinungsformen, in seinen Praktiken und in seinen Folgen entlarven. Denn wir wurden Zeugen davon, und werden es noch immer, wie er sich inmitten heutiger Demokratien entwickelt, wie er zur Macht kommt und sich als Demokratie selbst ausgibt, geradezu als eine Regierungsform von Freiheiten." (Kogon 2014: 23f.)

Eugen Kogon überlebte das KZ Buchenwald, aber mehr noch als das KZ Buchenwald wurde das Konzentrations- und Vernichtungslager Auschwitz zu einem Symbol einer technisch perfekten und verwaltungsmäßig durchgeplanten und „rational" funktionierenden Arbeits- und „Tötungsfabrik" oder – wie es in der schwedischen Tageszeitung *Dagens Nyheter* vom 6. August 1944 heißt – „Leichenfabrik" (*likfabrik*), einer Fabrik, wo die „Verschleißteile" (hier die Opfer) nach einer gewissen Zeit gegen neue Teile ausgetauscht und „entsorgt" und viele Teile auch schon bei der „Anlieferung" wegen „Unbrauchbarkeit" gleich aussortiert wurden (die berüchtigte „Rampe“). Diese organisierten Tötungen konnten nur deswegen so reibungslos durchgeführt werden, weil an ihr ganz „normale“ Einrichtungen (Reichsbahn, örtliche und regionale Behörden, medizinische Institute usw.) und Firmen (u.a. die Erfurter Firma „Topf und Söhne“ für die Krematorien, die Hamburger Firma „Tesch und Stabenow“ für das Giftgas Zyklon B) beteiligt waren.

Rückblick – April 1945: Das „Großdeutsche Reich“, das wenige Jahre vorher noch fast ganz Europa beherrscht hatte – am Abgrund, wenige Tage und Wochen vor Kriegsende, vor dem von allen ersehnten Frieden. Die „Rote Armee“ vor Berlin, die Westalliierten am Rhein. 70 Millionen Kriegsopfer, die Hälfte davon Zivilisten, mehr als sechs Millionen Deutsche, gefallen, unter den Trümmern ihrer Häuser begraben oder während Flucht und Vertreibung umgekommen. Eine Überlandstraße in Norddeutschland am 27. April: Flüchtlingstrecks schieben sich langsam westwärts, Wehrmachtsfahrzeuge drängen sich zwischen die Trecks, aber noch immer fahren andere in die Gegenrichtung, Richtung Oder, Ostfront. Zerschossene Fahrzeuge am Straßenrand, Gespanne der Trecks in den Straßengräben, zerbrochene Holzräder oder Achsen, manchmal noch tote Pferde in den Deichseln. Waren es Luftangriffe oder war es einfach nur Erschöpfung? Plötzlich taucht ein Konvoi weißangestrichener Fahrzeuge unbekannter Fabrikate mit fremden Kennzeichen auf, das Symbol des Roten Kreuzes übergroß auf den Dächern und an den Seitenwänden, vorne irgendwo kleine blau-gelbe Fähnchen. Ein Stau – ein Tieffliegerangriff oder ein Verkehrsunfall? Aus einem der weißen Busse mit den zugedeckten Fenstern springen Menschen in fremden Uniformen, um „erste Hilfe“ zu leisten. Nur einer spricht Deutsch, er drängt die Neugierigen zurück, er trägt einen Schlapphut und einen Ledermantel – der begleitende Gestapomann.

Etwa zur gleichen Zeit hocken fünfzig Kilometer entfernt Folke Bernadotte und Heinrich Himmler in der Nacht vom 27. zum 28. April in einem Lübecker Luftschutzkeller, es ist wohl eines der letzten Gespräche von Himmler, das vor seinem Selbstmord am 23. Mai 1945 dokumentiert wurde (siehe S.67ff., *in diesem Band*). Noch einige Tage vorher, am 21. April saß Himmler[2] mit dem

---

2 Heinrich Luitpold Himmler war Reichsführer-SS, Chef der deutschen Polizei und später auch Reichsinnenminister (ab 1943) und Befehlshaber des Ersatzheeres (ab 1944). Neben Hitler war er der mächtigste Mann im NS-Staat und dessen designierter Nachfolger. Mit Hilfe der SS, des Sicherheitsdienstes, der Geheimen Staatspolizei (Gestapo) und anderer ihm direkt oder indirekt unterstellter Organe kontrollierte er den damaligen deutschen Staat und machte ihn zu einem Terrorsystem. Gegner und Verdächtige kamen in Konzentrationslager oder wurden sofort

Vertreter des Jüdischen Weltkongresses,[3] Norbert Masur,[4] im Gut Harzwalde nördlich von Berlin bei Kaffee und Gebäck an einem runden Tisch. In Lübeck und in der Nähe von Berlin hatte man höflich und „ergebnisoffen" – wie es heute heißen würde – über das Schicksal von KZ-Häftlingen gesprochen und verhandelt. Zur gleichen Zeit werden mehrere tausend Frauen des Konzentrationslagers Ravensbrück durch Gas und Giftinjektion ermordet.

Vor dem Hintergrund der Kriegsverbrechen Deutschlands und seines Untergangs erscheint das Unmögliche durchaus „rational" – um den Begriff „Rationalität" von Kogon aufzugreifen – verständlich und plausibel, man könnte fast sagen: normal. Es gab keine „Tabus" in dieser Welt einer totalen „Sinnwidrigkeit".

Der „Zivilisationsbruch" und die Reaktion der schwedischen Regierung und Bevölkerung

Inwieweit wurde dieser „Zivilisationsbruch" von der schwedischen Regierung und in seiner Bevölkerung wahrgenommen und wenn „ja" – wie wurde darauf reagiert, hatte er grundlegend das Verhältnis zu Deutschland beeinflusst und verändert? Bestimmte Voraussetzungen machten die humanitäre Aktion der Weißen Busse, die auf der Zusammenarbeit zwischen Schweden und Deutschland beruhte, erst möglich. Dazu gehören auf jeden Fall das Verhältnis und die Beziehungen zwischen diesen beiden Ländern während des Krieges und vor dem Krieg.

---

ermordet. Er ist neben Hitler der Hauptverantwortliche für den Holocaust und die Ermordung von sechs Millionen Juden sowie für die Ermordung von weiteren Millionen von Zivilisten und Kriegsgefangenen im Rahmen seines Generalplans Ost. Mehr zu Himmler auf S. 136 ff., *in diesem Band*. Vgl. auch die umfassende Biografie zu Himmler von Peter Longerich (2008).

3 Der Jüdische Weltkongress (*World Jewish Congress*, WJC) ist eine internationale Vereinigung von jüdischen Gemeinschaften und Organisationen. Der Anspruch des WJC ist die Vertretung der politischen Belange aller Juden in der Diaspora, also jener, die außerhalb des Staates Israel leben. Mitglieder im WJC sind die repräsentativen Dachorganisationen der jüdischen Gemeinden in den jeweiligen Ländern sowie internationale jüdische Organisationen. Der Jüdische Weltkongress bemüht sich um Konsensbildung zwischen verschiedenen jüdischen Gruppen unterschiedlicher politischer und religiöser Orientierungen. Daneben ist der Jüdische Weltkongress auch an interreligiösen Gesprächen mit christlichen und muslimischen Gruppen beteiligt.

4 Norbert Masur war Stellvertreter des WJC in Schweden und Unterhändler des WJC und verhandelte am 20. April 1945 mit Heinrich Himmler über die Freilassung von jüdischen KZ-Häftlingen.

Seit mehr als hundert Jahren „Frieden" war es das wichtigste Ziel der schwedischen Koalitionsregierung unter Staatsminister Perl Albin Hansson[5] in den unruhigen 30er und 40er Jahren des letzten Jahrhunderts nicht „Kriegspartei" zu werden. Nach der Besetzung von Dänemark und Norwegen durch die deutsche Wehrmacht erwarteten diese Länder natürlich von Schweden ein deutliches Abrücken von Deutschland, energische Proteste und Sanktionen, mehr als die Rolle eines „Zuschauers" oder besser „Wegschauers". Aber genau das geschah nicht. „Um des lieben Friedens willen" gab Schweden seine Neutralität auf und verfolgte Deutschland gegenüber eine „Unterwerfungspolitik", zumindest aber eine „Appeasementpolitik", d.h. eine Art „Anpassungspolitik". Das ging so weit, dass Deutschland verlangte, dass aus Betrieben und Unternehmen ihrer schwedischen Handelspartner Juden „entfernt werden müssten", aber dieser absurden Forderung kamen die Schweden nicht nach. Kriegswichtige Handelsware wie Eisenerz wurde an Deutschland geliefert, deutsche Militärfahrzeuge rollten auf schwedischen Kugellagern. Schwedische Eisenbahnzüge mit deutschen Soldaten fuhren bis an die Front in Nordnorwegen. Bekannt wurden die Transporte der „Division Engelbrecht" vom 25. Juni bis 12. Juli 1941, die mit 150 Zügen 15 000 deutsche Soldaten für den Einsatz in Finnland von Oslo durch Schweden nach Haparanda an der finnischen Grenze brachten. Wie stand die schwedische Bevölkerung dazu? Es gab nur vereinzelt Proteste. Diese Transitabkommen wurden 1943 nach der „Kriegswende", d.h. nach den deutschen Niederlagen in Stalingrad und Nordafrika, aufgekündigt.

Auf die Reaktion der schwedischen Regierung und schwedischer Zeitungen auf die Verfolgung und Ermordung von Juden in Deutschland soll später noch am Beispiel der Presseveröffentlichungen eingegangen werden.

Zwischen Schweden und Deutschland gab es seit eh und je gute bis freundschaftliche kulturelle und wirtschaftliche, auch viele verwandtschaftliche Beziehungen. Lotte Ehrenstråle berichtet:

> „Wir liegen nahe an Deutschland, schwedische Studenten haben deutsche Stipendien und es kommen deutsche Studenten hierher zu uns. Es gab einen weitreichenden kulturellen Austausch. Ich, die ich 1917 geboren

5 Per Albin Hansson war ein schwedischer Politiker, dessen Vision eines „Volksheims" Schweden nachhaltig geprägt hat. Der Sozialdemokrat war vom 24. September 1932 bis zum 19. Juni 1936 sowie erneut vom 28. September 1936 bis zu seinem Tode 1946 schwedischer Ministerpräsident. Durch seine nachgiebige Neutralitätspolitik gelang es ihm, Schweden aus dem Krieg herauszuhalten. In die Regierungszeit Hanssons fiel auch die als Baltenauslieferung bezeichnete Auslieferung internierter Wehrmachtsangehöriger an die Sowjetunion im November 1945.

wurde und in den 30er Jahren aufgewachsen bin, wurden in den Sommerferien oft nach Deutschland geschickt. Man tauschte die Kinder aus: wir hatten ein deutsches Mädchen, das hierher zu uns kam und ich reiste zu ihrer Familie nach Kiel. Meine Großmutter väterlicherseits war eine Deutsche." (in Åberg und Gertten 2011: 148)

Aber ihre Familie ist eher „untypisch". Ihr Vater Ernst Fischer ist Nazi-Deutschland gegenüber skeptisch eingestellt. Er ist Mitglied im deutschlandkritischen *Tisdagsklubb* und „baut" als Museumsdirektor im März 1945 sein Museum in Malmö zu einem „Aufnahmelager" für die ankommenden KZ-Häftlinge um. Lottes Sinneswandel wird dadurch eingeleitet, dass sie 1938 auf einer Reise nach Frankreich bei längeren Zugaufenthalten in Köln und Hamburg die Auswirkungen der sogenannten „Reichspogromnacht" sieht.

„In Hamburg und Köln bekam ich die verwüsteten jüdischen Geschäfte zu sehen und den Text ‚Hier sind Juden unerwünscht'. Ich sah auch Gruppen von jüdischen Menschen. Für sie galt ein Ausgangsverbot tagsüber. Sie durften nur bis acht Uhr morgens ausgehen. Das machte einen unerhörten Eindruck auf mich, es machte mich sehr beklommen." (in Åberg und Gertten 2011: 15)

Dieser Sinneswandel setzte aber bei den meisten Schweden in Malmö erst ein, als sie im März 1945 die elenden Gestalten erblickten, die aus den Weißen Bussen stiegen oder aus den „Gespensterschiffen"[6] getragen werden mussten.

Das schwedische Militär unterhielt bis in die Kriegsjahre hinein enge Kontakte zur deutschen Wehrmacht, speziell zur „Abwehr", [7] schwedische Pfarrer

6 Als „Gespensterschiff" (*spökskeppet*) wurden die Schiffe bezeichnet, die mit Häftlingen aus deutschen Ostseehäfen (u. a. Lübeck, Flensburg) ablegten und oft tagelang bis Schweden unterwegs waren. Die „S/S Homberg aus Duisburg-Ruhrort" kam am 11. Mai 1945 im Hafen von Malmö an. Sie hatte vor gut einer Woche in Flensburg mit fast 2000 Häftlingen abgelegt. Die Häftlinge waren fast die ganze Zeit über ohne Essen, hinreichend Wasser und ohne medizinische Versorgung an Bord eingesperrt. Viele starben während der Fahrt, sieben Personen noch hinterher in schwedischen Krankenhäusern an Flecktyphus. (Åberg 2011: 65–67)

7 Die „Abwehr" ist im deutschen Sprachgebrauch seit 1920 die verbreitete Bezeichnung für den deutschen militärischen Geheimdienst in Reichswehr und Wehrmacht. Zu ihren Aufgaben gehörte u. a. die Abwehr von Spionage und Sabotage sowie die Enttarnung von Gegnern im (besetzten) Ausland und im eigenen Land. Nach der NS-Machtübernahme am 30. Januar 1933 bekam die Abwehrabteilung Konkurrenz durch nationalsozialistische Organisationen. Innenpolitische Rivalen wurden u. a. der Sicherheitsdienst (SD) der SS und es kam zu Kompetenzstreitigkeiten. Am 1. Januar 1935 wurde Kapitän z. S. Wilhelm Canaris, später zum Admiral befördert, Chef der Abwehr. Canaris war zwar nicht am Attentat gegen Hitler

studierten im „Lutherland“ Deutschland, „Deutsch“ wurde bis Ende des Krieges an den Schulen unterrichtet, oft als erste Fremdsprache. In der Sowjetunion sah man immer eine größere Gefahr als in Deutschland. Im finnischen Winterkrieg kämpften 8000 schwedische Soldaten neben deutschen Einheiten mit den Finnen gegen die Sowjetunion, die Finnland am 30. November 1939 überfallen hatte. Etwa 800 junge Schweden hatten sich zur Waffen-SS gemeldet und ihren Eid auf Adolf Hitler geschworen, ein Vorgehen, das die schwedische Regierung dann im weiteren Verlauf allerdings zu verhindern versuchte.

Weltbekannte und bedeutende Schweden wie der Ethnologe und Forscher Sven Hedin[8] hatten sich während des Krieges voll auf die Seite des NS-Staates gestellt. So schrieb er noch am 2. Mai 1945 in der größten schwedischen Tageszeitung *Dagens Nyheter*:

> „Heute bewahre ich eine tiefe und unauslöschliche Erinnerung an Adolf Hitler und betrachte ihn als einen der größten Menschen, den die Weltgeschichte besessen hatte. Nun ist er tot. Aber sein Werk wird weiterleben. Er verwandelte Deutschland in eine Weltmacht. Jetzt steht Deutschland am Rande eines Abgrunds, da seine Widersacher seine wachsende Stärke und Macht nicht ertragen konnten. Aber ein Volk von 80 Millionen, das zehn Jahre lang gegen die ganze Welt mit Ausnahme Japans standgehalten hat, kann nie vernichtet werden. Die Erinnerung an den großen Führer wird im deutschen Volk Jahrtausende von Jahren weiterleben.“ (in *Dagens Nyheter*, 2. Mai 1945)

Wie konnte ein so hochgebildeter Mensch, der vom Schlimmsten gewusst haben musste, nur derartig verblendet sein! Anpassen musste er sich schließlich nicht.

---

vom 20. Juli 1944 direkt beteiligt, hatte aber Kontakte zur Widerstandsgruppe und wurde Anfang April im KZ Flossenbürg von einem SS-Standgericht zum Tode verurteilt und gehängt.

8 Sven Anders Hedin war einer der bedeutendsten schwedischen Ethnologen seiner Zeit, bekannt und berühmt geworden durch seine Expeditionen und Entdeckungsreisen in Zentralasien bis hin zur Chinesischen Mauer und dem Himalaja-Gebirge. Seine Expeditionsberichte über Zentral- und Ostasien hatte ich selbst noch vor 70 Jahren mit Begeisterung gelesen. Während des Krieges wurde Sven Hedin in Deutschland mit Ehrungen und Auszeichnungen überhäuft. Jedoch setzte er sich auch für einzelne KZ-Häftlinge ein und konnte in Einzelfällen auch deren Freilassung erwirken.

Die Rassentheorie und der Antisemitismus in Schweden

Die Theorie von den „höheren und niedrigeren Rassen", die der französische Diplomat und Schriftsteller Arthur der Gobineau[9] in seinem „Essay über die Ungleichheit der Menschenrassen" (1853–1855) formuliert und verbreitet hatte und die dann u.a. von dem englischen Diplomaten Houston Stewart Chamberlain[10] aufgegriffen und weiterentwickelt wurde, stieß in Schweden schon früh auf Interesse, da in deren Schriften die nordische (Arier-) Rasse als die am höchsten stehende hervorgehoben wurde. Die hier betonte Ungleichheit der Menschen, 1935 in die „Nürnberger Gesetze" übernommen, war die pseudowissenschaftliche und – nach SS-Gesetzen – legale Grundlage für die spätere Ausrottung der Juden und „minderwertiger" Menschen, zu denen auch die „Behinderten" gezählt wurden. Mit staatlicher Unterstützung wurde an der Universität Uppsala 1922 das erste „Institut für Rassenbiologie" in Europa gegründet. „Es gab die allgemeine Auffassung, auch in Schweden, dass eine ethnische und rassenmäßige Einheitlichkeit und Reinheit der Nation wichtig waren" (Bruchfeld und Levine 1998: 52).

Im schwedischen Parlament wurden schon ab 1934 Gesetze zur Sterilisierung von erblich und sozial belasteten Menschen (Alkoholikern, Landstreichern, „leichten Mädchen" usw.) eingebracht. In der schwedischen „Instruktionsschrift für Soldaten" (*Soldatinstruktion 1930*), die bis 1944 gültig war, findet sich folgender Satz:

> „Es ist in den rassischen Eigenschaften eines Volkes, in denen unsere Kraft und unser Vermögen gründen. Für eine Nation ist die Bewahrung der guten

---

9 Joseph Arthur de Gobineau war ein französischer Diplomat, Schriftsteller und Rassenideologe. Seine allgemeine Bekanntheit verdankt er der Schrift über die Ungleichheit der Menschenrassen (*Essai sur l'inégalité des races humaines, 1853–1855*). Daneben war er auch Autor spätromantischer Dichtungen, mehrerer polemischer Essays sowie der Verfasser von historischen und philologischen Arbeiten über das antike Persien. Seine rassentheoretischen Werke, besonders die Behauptung der angeblich negativen Auswirkungen der Rassenmischung, hatten in Deutschland erheblichen Einfluss auf die völkische Bewegung sowie den Nationalsozialismus und dessen Rassenideologie.

10 Houston Stewart Chamberlain war ein englisch-deutscher Schriftsteller. Chamberlain, der in französischer und deutscher Sprache schrieb, war Verfasser zahlreicher populärwissenschaftlicher Werke, unter anderem zu Richard Wagner, Immanuel Kant und Johann Wolfgang von Goethe, mit pangermanischer und antisemitischer Einstellung. Sein bekanntestes Werk ist *Die Grundlagen des neunzehnten Jahrhunderts* (1899), das zu einem Standardwerk des rassistischen und ideologischen Antisemitismus in Deutschland avancierte.

> rassischen Eigenschaften von außerordentlicher Bedeutung für den ständig fortschreitenden Wettkampf zwischen den Völkern. Die Kraft der Nationen, ihre Kultur und ihr Wohlstand beruhen darauf. Deshalb geht eine der größten Gefahren für ein hochstehendes Volk von der Vermischung mit nicht gleichwertigen Rassen aus." (Bruchfeld und Levine 1998: 54)

Die Aufnahme einiger Tausend jüdischer Kinder aus Polen wurde mit der Begründung abgelehnt, dass eine Vermischung mit der nordischen Gesellschaft verhindert werden müsse.

In Schweden konnten sich früh nationalistische und rechtsextreme Bewegungen bilden und diesbezügliche Kontinuitäten gibt es bis heute – so in den Kriminalromanen von Henning Mankell, u.a. in *Danslärarens Återkomst* (2000) thematisiert. Aber der mörderische „tätliche" deutsche Antisemitismus widersprach der schwedischen Mentalität. Es gab seit den 30er Jahren bis zur Kriegswende 1942/43 in Schweden eine insgesamt durchaus deutschfreundliche Stimmung, auch sogar dem NS-Staat gegenüber, die lediglich im Frühjahr 1940 durch die deutsche Besetzung der beiden Nachbarländer Dänemark und Norwegen etwas getrübt wurde. Allerdings gab es in Schweden keinen ausprägt aggressiven Antisemitismus wie in anderen europäischen Ländern. Die wenigen schwedischen Juden waren weitgehend in die schwedischen Gesellschaft integriert und gehörten überwiegend dem mittleren bis gehobenen Bürgertum an. Sie besaßen seit 1870 alle bürgerlichen Rechte. Aber es gab – wie in anderen Ländern – auch hier traditionelle Vorurteile und eine Art „ideologischer Antisemitismus". So fand sich in fast allen gesellschaftlichen Kreisen von den Gewerkschaften hin bis zu den Hochschulen ein Widerstand gegen die Aufnahme von Juden.[11]

Nach der „Reichskristallnacht" 1938 mussten Flüchtlinge, die nach Schweden wollten, in den offiziellen Einreisedokumenten angeben, ob sie arisch oder jüdisch waren. Juden bekamen einen besonderen Pass mit einem roten „J". Geflüchtete Juden und politische Flüchtlinge wurden durch Internierung isoliert und „mundtot" gemacht (siehe Berglund und Sennerteg 2008, S. 39 ff., *in diesem Band).* Schweden nahm 1939 3000 jüdische Flüchtlinge auf, weniger als das kleine Herzogtum Luxemburg. Aber damit war Schweden keine Ausnahme. Auf der „Konferenz von Évian"[12] trafen sich 1938 die Vertreter der

11 Darüber berichtet das Buch *Mota Moses i grind – Ariseringsiver och antisemitisms i Sverige 1933–1943* von Göran Blomberg (2003). Das Buch beschreibt die deutschen Versuche, Teile der schwedischen Wirtschaft zu arisieren und jüdischem Einfluss entgegenzuwirken.

12 Auf der Konferenz von Évian, die vom 6. bis 15. Juli 1938 auf Initiative des US-Präsidenten Franklin D. Roosevelt stattfand, berieten die Vertreter von 32 Staaten

Länder, die Mitglieder im „Völkerbund" waren, um über die steigenden Zahlen von Flüchtlingen aus Deutschland und Österreich zu diskutieren und zu entscheiden. Die Konferenz endete ergebnislos, da sich alle Länder – bis auf die Dominikanische Republik – weigerten, ihre bisherige Aufnahmekapazität zu erhöhen. Es mag wohl auch die Furcht bestanden haben, dass nach den etwa 500 000 deutschen und österreichischen Jüdinnen und Juden noch Millionen weiterer Juden aus Osteuropa hinzukommen könnten.

Die schwedische Anpassungspolitik – die Bewahrung des Friedens um jeden Preis

Zur schwedischen „Anpassungspolitik" gehörte es auch, dass in schwedischen Zeitungen nicht negativ und kritisch über Deutschland während der Kriegsjahre berichtet werden durfte. Es gab ein Forum für regelmäßige Besprechungen zwischen Regierungsvertretern und Presseleuten und ein Nationales Informationsbüro (*National Information Bureau*), von dem festgelegt wurde, worüber geschrieben werden durfte und worüber nicht. Verstöße konnten geahndet werden – sogar bis hin zum Einzug des Vermögens der Presseorgane. So wurden 1942 Zeitungen eingezogen, die über Folter an norwegischen Gefangenen berichtet hatten. Es handelte sich also um eine Art „Selbstzensur". Deutschland „kontrollierte" genau, was in schwedischen Zeitungen stand, und wurde „Unpassendes" entdeckt, gab es sofort scharfe Protestnoten aus dem deutschen Außenministerium.

Es stellt sich also die Frage, was man in Schweden über Deutschland wusste, was wollte man wissen und was konnte man wissen. Wurde der „Zivilisationsbruch" überhaupt wahrgenommen? Eine deutschfreundliche Grundeinstellung war sicherlich vorhanden, man bewunderte wohl auch Deutschlands Aufstieg unter Hitler. Der frühe Antisemitismus wurde nicht so kritisch wahrgenommen wie in anderen Ländern, da auch rassistische Vorur-

---

und 71 Hilfsorganisationen, wovon jedoch nur 24 Vertreter kurz Stellung beziehen durften, über die aufgrund nationalsozialistischer Unterdrückung rapide ansteigenden Flüchtlingszahlen von Juden aus Deutschland und Österreich. Da die Schweiz befürchtete, ein Treffen am Sitz des Völkerbunds in Genf könnte ihr Verhältnis zum nationalsozialistischen Deutschland belasten, trafen sich die Delegierten im nahegelegenen Évian-les-Bains in Frankreich. Das nationalsozialistische Regime Adolf Hitlers schlachtete das Scheitern der Konferenz für seine antisemitische Propaganda aus. Viele Zeitzeugen und Historiker sehen in Évian ein moralisches Versagen der westlichen Demokratien, da ein anderer Ausgang der Konferenz viele Juden vor der Ermordung im Holocaust hätte bewahren können.

teile im eigenen Land vorhanden waren. Was sich seit der Machtübernahme („Ermächtigungsgesetz")[13] – in Schweden kaum wahrgenommen – bis hin zum Vernichtungskrieg in Osteuropa und dem Holocaust ereignete, konnte man als Normalbürgerin oder -bürger nur aus der – weitgehend zensierten – Presse und aus dem Radio erfahren; ein unmittelbar präsentes Fernsehen und Internet gab es nicht. Man konnte ausländischen Rundfunk hören und sich aus anderen Quellen informieren, aber besonders aktiv war die deutsche Propaganda. Deutsche Radiostationen sendeten auch auf Schwedisch. Informationsmaterial und Filme wurden von den deutschen Botschaften, Konsulaten usw. verteilt. So berichtet Stig Kinnhagen, der im April 1945 in Malmö bei der Ankunft der Weißen Busse hilft:

> „Bevor wir etwas in Berichten über die Konzentrationslager hörten, standen viele Schweden auf der deutschen Seite, wenn man das so sagen darf. Und das war nicht einmal verwunderlich. Meine Klassenkameraden und ich fuhren in ein Kino für Kurzfilme in der Södra Förstadgatan, das *Speglen* hieß. Und da hatte es jeden Montag neue Programme und man zeigte Farbfilme über deutsche Soldaten von der deutschen Filmgesellschaft *Ufa*. Wir sahen sie nicht als Nazis, sondern als echte Soldaten an, für die sich Jungen interessieren. Auf der Leinwand wurden tüchtige deutsche Soldaten gezeigt, die in verschiedenen Angriffen gegen die Kommunisten in Russland anstürmten. Es waren reine Propagandafilme mit U-Booten und allem Möglichen. […] Unser alter Volksschullehrer hatte die Angewohnheit, mit dem Fahrrad zu dem Kino zu fahren, um sich dort die Filme anzusehen. […] Es war das erste Mal, dass wir Farbfilme sahen. Die Deutschen waren unglaublich weit vorne, wenn es um Propaganda ging – der Mensch ist wohl so geschaffen, dass ihm die Propaganda den Kopf verdrehen kann." (in Åberg 2002: 164)

13 Mit einem Ermächtigungsgesetz erteilt das Parlament der Regierung außergewöhnliche Vollmachten. Das weitaus bekannteste Ermächtigungsgesetz ist das „Gesetz zur Behebung der Not von Volk und Reich". Am 23. März 1933 wurde darüber heftig debattiert, bis der am 5. März gewählte Reichstag das von der Hitlerregierung eingebrachte Gesetz in namentlicher Abstimmung mit den Stimmen der Regierungskoalition aus NSDAP und DNVP sowie von Zentrum, Bayerischer Volkspartei (BVP) und Deutscher Staatspartei gegen die Stimmen der SPD annahm. Die KPD war bereits verboten. Es trat am darauffolgenden Tag, dem 24. März 1933, in Kraft. Das Ermächtigungsgesetz diente nicht dazu, die Republik handlungsfähig zu machen, sondern – ganz im Gegenteil – sie abzuschaffen. Es gilt als rechtliche Hauptgrundlage der nationalsozialistischen Diktatur, weil damit das die elementare Grundlage des materiellen Verfassungsstaates bildende Prinzip der Gewaltenteilung durchbrochen wurde. Wenig später wurden auch die bürgerlichen und christlichen Parteien verboten, die Hitler zur Macht verholfen hatten.

Die Berichterstattung war durch Selbstzensur und Informationskontrolle, eingeschränkt, aber es gab gewisse „Spielräume", die von den Zeitungen genutzt werden konnten, was gegen die kommunistische Presse auch vereinzelt durchgeführt wurde. Die meisten Zeitungen passten sich aber den Vorgaben der Regierung an. Vielleicht war man auch am Schicksal der Juden einfach nur desinteressiert, und so wurde es – bis auf das Schicksal der dänischen und norwegischen Juden – weitgehend „beschwiegen". Aber an den „Rändern" gab es auch Zeitungen, die durchaus Kritik an NS-Deutschland übten, aber ebenso auch ausgesprochen NS-Staat-freundliche Zeitungen. Bei den angepassten Zeitungen standen Informationen zum Kriegsgeschehen und zu innerdeutschen Themen i. d. R. auf den letzten Seiten als Kurznachrichten, so wie man etwa über ein kleines Schiffsunglück oder über einen fernen Vulkanausbruch berichtet. Inwieweit erreichten diese offenen oder versteckten Nachrichten überhaupt den schwedischen Normalbürger und die schwedische Normalbürgerin? Eigentlich verzichteten alle Zeitungen auf Analysen und Kommentare, die die Leserschaft nachdenklich machen und zum Hinterfragen hätten anregen können. Hinsichtlich des Wissens über die Judenverfolgung in Deutschland kam hinzu, dass kaum ein Schwede oder eine Schwedin – im Unterschied zu den Menschen in den meisten anderen europäischen Ländern – jemals einer Jüdin oder einem Juden begegnet ist, was dazu führte, dass man das glaubte, was einem die Medien vorgaben.

Die deutschen Kriegsverbrechen in der schwedischen Presse

Einige Zeitungen sollen im Folgenden näher betrachtet werden. Die – auch heute noch - größte Tageszeitung *Dagens Nyheter* schrieb angepasst bis leicht kritisch über Deutschland. Interessant ist, dass *Dagens Nyheter* im Besitz der jüdischen Verlegerfamilie Bonniers war und auch heute noch ist. *Norrbottens Kuriren*, *Helsingborgs Dagblad*, *Stockholms Tidningen* und noch eindeutiger *Aftonbladet* waren NS-Deutschland gegenüber freundlich eingestellt; die letzten beiden Zeitungen unterhielten enge Kontakte zur deutschen Botschaft in Stockholm. *Aftonbladet* mit ihrem Besitzer Torsten Kreuger musste nach dem Krieg sogar eine Art „Entnazifizierungsprozess" durchlaufen. NS-Deutschland ausgesprochen kritisch gegenüber eingestellt waren dagegen die kleine christliche Zeitung *Hemmets Vän*, die kommunistische Zeitung *Arbeteren*, die sogar – auf schwedische Lager bezogen – den Begriff „Konzentrationslager" benutzte (wie auch Berglund und Sennerteg 2008, siehe S. 43, *in diesem Band*) und die englandfreundliche *Göteborgs Handels- och Sjöfartstidning*". Deren

Chefredakteur Torgny Segerstedt kritisierte bereits in einem Artikel vom 3. Februar 1933 Hitler scharf „als eine einzige Beleidigung, als einen Mann, mit dem man nicht verhandeln darf" (in Bruchwald und Levine 1998: 56) und auch später, wie z.B. am 6. Oktober 1934, immer wieder die „Maulkorbpolitik" der schwedischen Regierung und die Gleichgültigkeit der schwedischen Bevölkerung.

> „Die Freiheit zu denken und seine Gedanken auszusprechen steht über allem. Das ist die Lebensluft des Menschen. Ohne diese Atmosphäre der Freiheit verkümmert das seelische Leben. Alles können die Menschen entbehren, nur dies nicht." (in Bruchwald und Levine 1998: 56)

In dieser Zeitung kann auch Rabbi Ehrenpreis (Stockholmer Gemeinde) 1942 über die Ermordung von zwei Millionen polnischer Juden berichten. Am 13.10.1942 folgt ein langer Artikel über die Vernichtung der Juden mit einer Fortsetzung in der Silvesterausgabe unter der Überschrift *Världhistoriens största judepogrom* [„Das größte Judenpogrom der Weltgeschichte"] mit einer gründlichen Analyse – allerdings auch hier ohne jegliche Breitenwirkung.

Zu den wenigen weiteren Zeitungen, die gegen den Strom schwammen, sollten auch der *Eskilstuna-Kuriren* mit ihrem Chefredakteur J.A. Selander und die NS-Deutschland kritische Zeitung *Trots allt!* mit ihrem Chefredakteur Ture Nerman genannt werden.

Sie alle weigerten sich den staatlichen Auflagen zu folgen und kämpften für die freie Meinungsäußerung. Sie waren sich sehr wohl bewusst, dass sie inhaftiert oder sogar getötet würden, wenn Hitler Schweden besetzen sollte. Nerman war die Nummer zwei und Selander die Nummer drei auf der Gestapo-Liste der Schweden, die im Falle einer Besetzung unschädlich gemacht werden sollten. An erster Stelle stand Torgny Segerstedt (*pers. Information von Maria Vajta Klamer*).

Aber trotz der insgesamt eher pro-deutschen Stimmung bildeten sich schon früh in Schweden auch Gruppen, die genau wussten, was es mit Hitler-Deutschland auf sich hatte und die ahnten, was noch alles – bis hin zum „Zivilisationsbruch" – kommen sollte. In Stockholm gründete man den sogenannten *Tisdagsklubben*[14], der weitere „Ableger" u.a. in Göteborg und Malmö

---

14 Der „Dienstagsclub" war eine geheime schwedische Anti-Nazi-Organisation, die während des Zweiten Weltkriegs von der Schriftstellerin Amelie Posse gegründet wurde. Der Zweck des „Dienstagsclubs" bestand darin, eine Widerstandsbewegung vorzubereiten. Viele Journalisten, Schriftsteller und andere Intellektuelle beteiligten sich an dieser Organisation. Ihnen allen war gemeinsam, dass sie der damaligen Regierung Hansson kritisch gegenüberstanden. Mehrere schwedische

hatte. Man wollte auf die Verbrechen Deutschlands hinweisen und Schweden auf eine eventuelle Okkupation vorbereiten, die bis 1942 durchaus nicht auszuschließen war. Die Bewegung blieb in der schwedischen Gesellschaft praktisch unbekannt, nicht aber bei der SÄPO, der schwedischen Sicherheitspolizei, die die Mitglieder als „Sicherheitsrisiko" seit längerem beobachtete" (Åberg und Gertten 2011:139 ff.). Mitglied war neben Segerstedt auch der später durch seine Romane bekannt und berühmt gewordene Schriftsteller Vilhelm Moberg,[15] der zu dieser Zeit sein literarisch weniger bedeutendes, aber wegen der Zeitumstände ziemlich beachtetes Buch *Ritt i Natt!* (1941) veröffentlichte, ein allegorischer Roman, der nach dem 30jährigen Krieg im südschwedischen Skåne spielt, als sich schwedische Bauern in Småland gegen die deutschen „Grundherren" auflehnten, die nach Ende des Dreißigjährigen Krieges als schwedische Offiziere und Generäle nach Schweden kamen und die ihnen ihr angestammtes Land streitig machen wollten. Dieses Buch sollte zum Widerstand gegen eine zu befürchtende deutsche Besetzung aufrufen. In Deutschland wurde das Buch natürlich sofort verboten. Im Sommer 1942 erschien in Schweden das Buch *Polands martyrium*, das über die bis dahin verschwiegenen deutschen Verbrechen und den Holocaust in Polen („Die deutsche ‚Neue Ordnung' in Polen") berichtete und sofort – angeblich von Staatsminister Per Albin Hansson persönlich – verboten wurde. Kleinere Zeitungen, die darüber berichteten, wurden sofort eingezogen.

Schriftsteller gehörten dem „Dienstagsclub" an, darunter Nils Ahnlund, Ivar Harrie, Vilhelm Moberg, Johan Hansson, Pär Lagerkvist, Ture Nerman, Marika Stiernstedt, Gustaf Stridsberg, Harald Wigforss und Anders Örne. Das erste Treffen des Clubs fand am 9. April 1940 statt, demselben Tag, an dem Deutschland Dänemark besetzte und Norwegen angriff. Die Treffen fanden dienstags statt, was dem Club seinen Namen gab. Der Club war insofern geheim, als die Öffentlichkeit nicht zu den Treffen zugelassen war. Aus taktischen Gründen durften auch keine Juden an den Treffen teilnehmen, da die Organisation „effektiver wäre, wenn wir beweisen könnten, dass weder eine jüdische Initiative noch jüdisches Kapital dahinter steckt, zumal der Kampf gegen den Antisemitismus einer der wichtigsten Punkte in unserm Programm war." Der Verein war bis 1945 aktiv.

15 Vilhelm Moberg war ein schwedischer Schriftsteller und Autor mehrerer Bücher mit – vermutlich seiner Herkunft geschuldet – sozialer Thematik. Sein literarisch größter Erfolg war das zu Beginn der 1950er Jahre erschienene Epos über die Emigration in der zweiten Hälfte des 19. Jahrhunderts, als ein Viertel der Bevölkerung Schwedens in die USA auswanderte. In dieser Tetralogie, die aus den Romanen *Utvandrarna* (1949), *Invandrarna* (1952), *Nybyggarna* (1956) besteht, und in *Sista brevet till Sverige* (1959) schilderte er nach einem umfassenden Quellenstudium das Schicksal mehrerer Emigranten, die um 1850 aus sozialer Not und um des reinen Überlebens willen Schweden verlassen und sich schließlich in Minnesota (USA) niedergelassen hatten.

Ab 1943 – nach der Kriegswende mit Niederlagen der deutschen Wehrmacht in Stalingrad und Nordafrika – gab es dann doch schon deutliche Proteste gegen die Zensur, so drei Tage vor Erscheinen einer neuen Auflage des betreffenden Buches:

> „Die Veröffentlichung dieses Buches stellt keinen Verstoß gegen schwedisches Recht dar. Die Wahrheit kennen und zu verbergen ist dagegen kriminell. Das ‚Martyrium Polens‘ ist ein Appell an das Gewissen der zivilisierten Welt. Und Schweden behauptet immer noch, Teil der zivilisierten Welt zu sein.“ (*Dagens Nyheter*, 25. September 1943)

In *Dagens Nyheter* vom 1. und 6. August 1944 erschienen zum ersten Mal Berichte über die Vernichtungslager und „*likfabriker*“ [„Leichenfabriken“] mit ihren Gaskammern, hier über das Lager Natzweiler-Struthof/Elsass. Erst am 11. April 1945 wurde von *Dagens Nyheter* anlässlich eines Hinweises auf den russischen Film „Der Marsch auf Berlin“ detailliert und in aller Deutlichkeit über das berichtet, was in den deutschen Konzentrations- und Vernichtungslagern geschah.

> „Dies ist eine Reportage über die sogenannten Vernichtungsanlagen in Majdanek, wo nach Berichten 1380 000 Menschen getötet wurden.[16] Darunter Tausende von Kindern zwischen drei und zehn Jahren. Endlose Reihen von Haufen mit Schuhen und Spielsachen sprechen stumm zu uns, aber vielsagender als die Knochenhaufen, die rund um das Lager gefunden wurden.“[17]

Es gibt hinsichtlich der Berichte zur Judenverfolgung und dem Holocaust eine aufschlussreiche Statistik: Für den Zeitraum von 1938 bis 1945 wurden bei vier ausgewählten Zeitungen alle drei Tage die 1. Seite und alle sechs Tage alle Seiten auf Nachrichten zum Thema „Judenverfolgung/politische Flüchtlinge“ ausgewertet. Es gab insgesamt 1383 Beiträge. Ein Drittel der Texte erwähnte Konzentrationslager und Massenvernichtung, aber nicht auf den „ersten Seiten“. Auf einer Skala von 0 bis 250 bewegte sich die durchschnittliche Häufigkeit etwa bei 50 bis 90, absolute Höhepunkte waren die Reichskristallnacht 1938 mit 230 und das Kriegsende 1945 mit 200, einen kleinen Spitzenwert gab es 1943 mit 150, aber bei Ausweitung des Krieges und der Zunahme der Verbrechen in Osteuropa von 1939 bis 1942 lag die Häufigkeit von 50 bis 90

---

16 Die genauen Opferzahlen variieren. Spätere Quellen geben zwischen 235 000 und 360 000 Opfer an.

17 Ester Pollack (2020) schreibt hierzu: “As the Holocaust escalated, the Swedish press fell silent and the normalisation of passivity and the non-engagement in WWII Sweden […]”

nur wenig über den Werten von 1934 bis 1937 mit 50 bis 60. Bei den meisten zunächst angepassten Zeitungen wie *Dagens Nyheter* überwog am Anfang eine Art „sachliche Gleichgültigkeit" – Antisemitismus wurde als ein Teil der deutschen Normalität angesehen. In den wenigen NS-Deutschland kritischen Zeitungen wurde am häufigsten und eindeutigsten – soweit dies bei der Pressezensur möglich war – über die Judenverfolgung berichtet, bei den NS-Deutschland freundlichen Zeitungen am wenigsten und wenn überhaupt, dann „verständnisvoll" oder als „Feindpropaganda" abgetan. (Pollack 2020)

Resümee – „Wir haben nichts gewusst"

„Wir haben nichts gewusst" – war die übliche Antwort, wenn in Schweden, und nicht nur in Schweden, nach dem Krieg die Menschen auf ihre Reaktion auf die deutschen Kriegsverbrechen und den Völkermord angesprochen wurden. Was konnten sie wissen, was wollten sie wissen? Die schwedische Regierung wusste genau, was schon vor dem Krieg in Deutschland („Judengesetze") und nach Kriegsausbruch in Osteuropa passierte und passiert war. Die Briten hatten den SS-Geheimcode geknackt und besaßen somit schon früh Informationen über die Kriegsverbrechen in Osteuropa, die sie an andere Regierungen weitergaben. Aber auch über ihre eigenen Diplomaten und Geschäftsleute hatte Schweden hinreichende Kenntnisse erhalten. So berichtete schon 1941 der schwedische Militärattaché in Kroatien über Pogrome und den Massenmord an der jüdischen Bevölkerung. Die Regierung gab diese Informationen nicht weiter, weil sie unter allen Umständen und um jeden Preis – selbst unter Aufgabe einer echten Neutralität – ihr Land aus dem Kriegsgeschehen heraushalten wollte.

Natürlich wusste auch die Presse über eigene Kontaktleute hinreichend Bescheid, aber es gab die schon erwähnten klaren Anweisungen seitens der Regierung, nichts Kritisches über NS-Deutschland zu veröffentlichen, die bis hin zum Einzug von Zeitungen und dem Verhängen von Geldstrafen auch durchgesetzt wurden. Aber nutzten die Medien den kleinen Spielraum „frei" zu berichten, der ihnen noch blieb? Es waren nur einige wenige wie die schon mehrmals erwähnte *Göteborgs Handels- und Sjöfartstidning*.

Nach der Kriegswende 1943 wurde die strenge Zensur gelockert, was aber nicht aus „moralischen Gründen" geschah, sondern weil man sich nun auch auf allen Ebenen von Deutschland distanzierte und sich den westlichen Alliierten annähern wollte. Eine Frage, die mir nach meiner Einschätzung in den schwedischen Zeitkritiken zu wenig gestellt wird, ist die, warum die wenigen kritischen Berichte über NS-Deutschland in der Leserschaft nicht emotionaler und interessierter aufgegriffen wurden, auch wenn – wie oft kritisiert – die Analysen und kritischen Kommentare von anerkannten Wissenschaftlern und Politikern fehlten. Vermutlich lag es auch daran, dass man von Deutschland – anders als von der Sowjetunion – ein eher positives Bild hatte, geprägt durch eine Jahrzehnte lange Achtung vor der deutschen Kultur und Wissenschaft und nicht zuletzt auch durch die vielen privaten und geschäftlichen Beziehungen.

Man hatte in Schweden wohl das „Deutschlandbild“, das die meisten Deutschen auch von sich selber hatten. Die wenigen kritischen und warnenden Stimmen waren in Deutschland bereits mundtot gemacht worden und so war es wohl auch in Schweden. Nach der „Demütigung von Versailles“ und der Wirtschaftskrise war man berauscht vom wirtschaftlichen Aufstieg, es gab wieder Arbeit für alle, und wer wollte nach den ersten schnellen militärischen Erfolgen noch den „Führer“ kritisieren? Selbst „moralische Instanzen“ wie die Kirchen berichteten stolz in ihren Kirchenbüchern, dass ihre Gemeinde endlich „judenfrei“ sei, was auch schon vorher auf vielen Ortstafeln mit Stolz vermerkt war.

Von Deutschlands „Erwachen“ und Aufstieg war man somit auch in Schweden nicht unbeeindruckt und die Hinweise auf den sittlich-moralischen Verfall Deutschlands (u. a. die Judengesetze, den Vernichtungskrieg in Osteuropa) blieben unbemerkt. Überraschend auch, dass es nach 1943, als die Zensur der Medien gelockert wurde und man offener berichten konnte, keine öffentlichen Demonstrationen gegen Deutschland gab und nicht die kritische Auseinandersetzung mit den eigenen Appeasement-Politikern gesucht wurde. Göran Leth (2007:168–192) wirft später den schwedischen Medien Verrat vor, indem er schreibt, dass sie Rücksicht auf die Täter nahmen, nicht aber auf die Opfer. Viele Menschen in Schweden hatten sich über die Jahre an ihr eigenes „Deutschlandbild“ gewöhnt, und wer revidiert schon gerne seine Gewohnheiten, gibt zu, dass er sich geirrt hat? War das Schreckliche so unvorstellbar und unfassbar groß, dass man es nicht glauben wollte oder konnte? Man „musste“ nicht wissen, aber wer wissen „wollte“, der „konnte“ wissen. Auch schreiben Zeitungen natürlich immer das, was ihre Leser gerne lesen. Haben sie erst einmal ihre Leser manipuliert, geraten sie nun selber unter einen „Anpassungsdruck“, wenn sie ihre Leser und Leserinnen nicht verlieren wollen. So schrieben einige Zeitungen eben angepasst, andere deutschlandkritisch und andere deutschlandfreundlich. Damit spiegelt die schwedische Presse in etwa das „Deutschlandbild“ wider, das sich die meisten Schweden und Schwedinnen von Deutschland machten. Man wollte angesichts und in unmittelbarer Nähe eines übermächtigen und aggressiven Nachbarn unter keinen Umständen in einen Krieg hineingezogen werden.

An diese Grundeinstellung zu den vorher erwähnten Gegebenheiten schlossen sich dann nach Kriegsende nahtlos ein selbstgefälliges Selbstbild und Selbstverständnis an. Schweden war die „Friedensnation", hatte mit über 30 000 Juden insgesamt mehr Juden aufgenommen als jedes andere Land in Europa, hatte mit der Aktion der Weißen Busse Tausende von Häftlingen aus Konzentrationslagern befreit, hatte großzügige Nachkriegshilfe geleistet, sich an Friedensaktivitäten beteiligt (Folke Bernadotte ist später einer dieser Aktionen in Jerusalem zum Opfer gefallen). Raoul Wallenberg[18] hatte Hunderten von ungarischen Juden gefälschte Visa für die Ausreise besorgt. Wallenberg ist ein Beispiel dafür, dass es in Schweden wie auch in vielen anderen Ländern einzelne Menschen gab, die den Mut hatten, die Mauer des „absolut Bösen" zu durchbrechen, die das Unmögliche möglich machten und denen es gelang, ihre Mitmenschen aus den schlimmsten Situationen zu retten. Dag Hammarskjöld,[19] Generalsekretär der Vereinten Nationen, kam am 18. September 1961 ums Leben, als sein Flugzeug zwischen Kongo und Sambia abstürzte, ob auf Grund eines Motorschadens oder von Rebellen abgeschossen, ist bis heute ungeklärt. Er wollte in einem Konflikt im Kongo vermitteln. Jedoch gab es keinen Anlass für die meisten Schweden und Schwedinnen, sich mit diesen Helden zu identifizieren. Aber dennoch wurden deren Humanität, Großzügigkeit, Heldenmut und der soziale Fortschritt und die „Sauberkeit" im politischen und gesellschaftlichen Leben im eigenen Land nicht nur zu wichtigen Teilen des nationalen „kollektiven Gedächtnisses", sondern bestimmten auch das Bild, das man sich im Ausland von Schweden machte.

Es zeichnet Länder aus, wenn sie ihre politische Vergangenheit reflektieren und kritisch analysieren und ihr liebgewordenes Selbstbild in Frage stellen und ggf. revidieren. Dieser Prozess setzte etwa 40 Jahre nach Kriegsende in Schweden ein, nachdem es schon vorher immer wieder kritische Stimmen

---

18 Raoul Wallenberg war ein schwedischer Geschäftsmann und Diplomat. Bekanntheit erlangte er durch seinen Einsatz zur Rettung ungarischer Juden während des Holocaust im Zweiten Weltkrieg. Nach Kriegsende wurde er in Budapest von den Sowjets festgenommen und man hatte danach niemals mehr etwas von ihm gehört. Als erster Sekretär der schwedischen Gesandtschaft in Budapest gab Wallenberg sogenannte *schwedische Schutzpässe* an jüdische Menschen aus. Diese Dokumente identifizierten die Inhaber als schwedische Staatsbürger, die dadurch nach Schweden gelangen konnten und somit dem Holocaust entkamen. Auf diese Weise wurden 800 Juden und Jüdinnen gerettet.

19 Dag Hjalmar Agne Carl Hammarskjöld war ein parteiloser schwedischer Staatssekretär unter sozialdemokratisch geführten Regierungen und von 1953 bis zu seinem Tod 1961 der zweite Generalsekretär der Vereinten Nationen. Kurz nach seinem Tod wurde ihm der Friedensnobelpreis zugesprochen.

gegeben hatte, allerdings in vielen – auch demokratischen – europäischen Ländern bis heute nicht. Auf Initiative von Göran Persson (Staatsminister von 1996 bis 2006) wurde das Forum für *Levande Historia* [„Lebende Geschichte“] gegründet, das seinen Ausgang vom Thema *förintelsen* [Vernichtung][20] nahm und dann weitere Aspekte wie u. a. „Menschenrechte“ und „Migration“ miteinbezog. Im Rahmen dieses Forums schrieben die Historiker Stéphane Bruchfeld und Paul A. Levine (1998) das Buch *Om detta må ni berätta: en bok om förintelsen i Europa 1933–1945* [Darüber solltet ihr berichten: ein Buch über die Vernichtung in Europa 1933–1945] – ein Bericht, der jedem Menschen in Schweden unentgeltlich zugänglich gemacht wurde. Bruchfeld und Levine kritisieren an den Zeitungsberichten über die deutschen Kriegsverbrechen – wenn es solche denn überhaupt gab – besonders, dass diese meistens unkommentiert wie andere „Nachrichten“ irgendwo auf den letzten Seiten standen.

Am schärfsten werden die Medien von der Historikerin Gaye Tuchman (1978) kritisiert, die in der Normalisierung von Schweigen und Passivität eine Form von „symbolischer Vernichtung“ sieht. Hier wird die grundsätzliche Frage gestellt, wann eine oft durchaus gebotene Neutralitätspolitik in ihr Gegenteil umschlagen kann. Ist die eine Seite der übermächtige Aggressor und die andere Seite von der Vernichtung durch diesen Aggressor bedroht, kann Neutralität auch zu nichts Anderem werden als zu „verweigerter Hilfeleistung“ und „billigender Hinnahme“ der Kriegsverbrechen.

Neben der Kritik von Ingrid Lomfors, auf die im 3. Kapitel noch genauer eingegangen wird, soll im Folgenden auf drei Veröffentlichungen hingewiesen werden, die sich mit der Rolle der schwedischen Medien und der Deutschlandpolitik Schwedens während und vor dem Zweiten Weltkrieg eingehend auseinandersetzen (Boethius 1991; Åmark 2011; Guillou 2014). Aber bei aller berechtigten Kritik an der fragwürdigen schwedischen „Anpassungspolitik“ muss man – zumindest heute – mit einer gewissen Verwunderung feststellen, dass erst das gute Verhältnis zu NS-Deutschland die Voraussetzung für die humanitäre Rettungsaktion des Schwedischen Roten Kreuzes für mehr als 15 000 KZ-Häftlinge war.

Schweden ist das gute Beispiel einer lebendigen Demokratie, ein Land, das – im Unterschied zu manchem anderen Land – den Mut hat, sein nationales „kollektives Gedächtnis“ auch noch viele Jahre nach den Geschehnissen zu hinterfragen und ggf. zu korrigieren. Wir sollten diesen Prozess und seine Ergebnisse, die auch unsere Vergangenheit betreffen, mit Interesse verfolgen

---

20 Mit diesem Begriff sind in diesem Zusammenhang immer der deutsche Vernichtungskrieg und der Holocaust gemeint.

und auch kommentieren, aber nicht die üblichen „moralischen Fragen" stellen oder gar den „moralischen Zeigefinger" erheben, wie es z. B. Herbert Obenaus (1985) tut, wenn er schreibt, „dass der Transport von kranken und sterbenden Gefangenen in den Weißen Bussen einen dunklen Schatten auf das Schwedische Rote Kreuz und auf Folke Bernadotte wirft" (in Lomfors 2012: 159). Was man Politikern und Menschen in den besetzten oder auch neutralen Ländern wie Schweden in Bezug auf Kollaboration und „Anpassung" auch immer vorwerfen mag, Ursache für das Fehlverhalten von einigen Ländern und Politikern in dieser Katastrophe war einzig und allein NS-Deutschland.

Wir sollten uns schon selber fragen, wie unsere Großeltern und Urgroßeltern reagierten, als plötzlich die Wohnungen und Häuser ihrer jüdischen Nachbarn leer standen, als in Berlin im Morgengrauen Gruppen von Juden mit ihren Frauen und Kindern durch die noblen Straßen der westlichen Stadtviertel Berlins zum S-Bahnhof Grunewald zogen, wo von „Gleis 17" die Judentransporte direkt u. a. in das Ghetto Litzmannstadt (Łodz), in die Konzentrationslager und in die Vernichtungslager u. a. Theresienstadt, Treblinka, Sobibor und Auschwitz abgingen. Von Berliner Bahnhöfen fuhren etwa 50 000 Jüdinnen und Juden in den Tod.

Dieser Bericht mit seinen vielen Fragen zu der bisher schlimmsten Katastrophe der Weltgeschichte wäre nicht geschrieben worden, wenn Deutschland anders entschieden hätte, als es völlig legal – die christlichen und bürgerlichen Parteien stimmten für das „Ermächtigungsgesetz, nur die SPD dagegen – am 23. März 1933 in der Kroll-Oper in Berlin die „Demokratie abschaffte" und das Land unter seinem Führer Adolf Hitler zu einer Diktatur machte.

Das Verhältnis „Schweden-Deutschland" nach dem Zweiten Weltkrieg

Der eigentlich weitsichtige und doch nach dem Krieg stark kritisierte schwedische Außenminister Christian Günther, der zwar meistens zögerlich reagierte, wenn es um Maßnahmen gegen Deutschland ging, aber als „Nordist" während des Krieges Deutschland gegenüber eher kritisch eingestellt war, schreibt am 8. Mai, dem Tag der deutschen Kapitulation:

> „Als gestern die Nachricht von der deutschen Kapitulation kam, empfand man nur eine unbeschreibliche Erleichterung. Dänemark und Norwegen frei, Schweden wurde der Krieg erspart. In Europa war der Krieg vorbei. Stockholm hat wohl niemals vorher einen derartigen Jubel erlebt. Heute, ja heute ziehen Schatten auf und die sind düster. Europa, Kontinentaleuropa zerstört, verwüstet. Ein Hass, der alles andere übersteigt. Ein Hass

> zwischen den Nationen und ein Hass innerhalb der Nationen. In Armut, ohne Nahrung, ohne Wohnstätten, ohne Werkzeuge. Wenigstens in den befreiten Ländern gibt es Hoffnung. Aber in Deutschland? Da gibt es keine Hoffnung. Nicht einmal hier bei uns habe ich ein Wort des Mitleids gehört. Dass es in den befreiten Ländern keinen Platz für Mitleid gibt, ist ganz natürlich, aber dass man auch hier vergisst, dass es auch in Deutschland Millionen unschuldiger Menschen gibt, die nun schrecklich, körperlich und seelisch, leiden müssen ohne das geringste Anzeichen eines Lichtblicks. Nein, jetzt „schickt es sich nicht“, Mitleid zu hegen.
>
> Und der finstere Schatten „Russland“, mächtiger als niemals zuvor, mächtiger, während Amerika und England ihre Hauptkräfte gegen Japan einsetzen. Mächtig und nicht zu durchschauen. Was Schweden angeht, gibt es an diesen Tagen zwei aktuelle Fragen: Sollten die Russen die deutsche Kapitulation in Bornholm und in Narvik entgegennehmen und somit „zufällig“ diese Orte besetzen, um sie dann niemals mehr zu verlassen? Ein Alptraum. Was verbirgt sich hinter den russischen Linien? Niemand weiß es, nicht einmal die Alliierten. [...] Wie viele Deutsche werden nach Russland verschleppt? Wo sind jetzt unsere Berlinfreunde? Man weiß nicht einmal etwas über die in Berlin gebliebenen Mitglieder unserer Botschaft, obwohl schon so viele Tage seit Berlins Kapitulation vergangen sind. Besser nicht daran zu denken. (in Persson 2002: 393 f.)[21]

Nach dem Angriff Russlands auf die Ukraine 2022 stellte Schweden einen Antrag auf Mitgliedschaft in der NATO und verabschiedete sich somit 77 Jahre nach Ende des Zweiten Weltkrieges von seiner weit über 100 Jahre währenden Neutralität.

***

In Schweden gab es jedoch trotzdem schon nach 1945 einen „Platz für Mitleid“, auch ein Aspekt im Verhältnis „Schweden – Deutschland“, der nicht verschwiegen werden sollte. Im seit Jahrzehnten kältesten Winter 1946/47 drohte Tausenden von Kindern in Deutschland und Österreich der Tod. Die Säuglingssterblichkeit lag bei 20%. Das Schwedische Rote Kreuz schickte auf Initiative von Folke Bernadotte – dazu mehr in seinem Buch *I stället för vapen* (1948) – Lebensmittelpakete und Medikamente. Durch die „Schwedenspeisung“ erhielten etwa 200 000 deutsche Kinder zwischen drei und sechs Jahren von 1946 bis 1949 mehrmals täglich einen Teller warme Suppe. Es gab die Initiative *Rädda Barnen* [Rettet die Kinder] und in Schweden die „Eine-

21 Es handelt sich um den Bericht *Utdrag ur anteckningar förda under andra världskriget,* der sich im Archiv von Christian Günther, Vol. 3, im *Riksarkivet* befidet.

Kronen-Sammlung" – wobei jeder Schwede regelmäßig eine Krone spenden sollte, was nach Kaufkraft heute mehr als ein Euro ist.

Daneben bildete sich auch eine Unzahl vieler kleiner Initiativen, von denen ich die des schwedischen Pastors Birger Forell[22] erwähnen möchte, dem Mitbegründer der „Flüchtlingsstadt" Espelkamp. Wie mir sein Sohn Urban Forell vor etwa 50 Jahren in Espelkamp, wo ich damals lebte, berichtete, war sein Vater Legationspfarrer bei der schwedischen Botschaft in Berlin, die wohl zwei Eingänge hatte, von denen einer von der Gestapo überwacht wurde, über den anderen aber Verfolgte Zugang und Aufnahme fanden. Die deutsche Regierung verlangte Forells Abberufung, der umgehend von der schwedischen Regierung Folge geleistet und dieser zurückbeordert wurde. In den unzerstörten Baracken für die Herstellung von Munition in Espelkamp-Mittwald in Ostwestfalen – was zu jener Zeit noch kein Wohnort war – hatten sich ab 1945 Hunderte von Vertriebenen und Flüchtlingen niedergelassen, um „ein Dach über dem Kopf zu haben". Laut Kontrollratsbeschluss mussten militärische Objekte gesprengt werden. Birger Forell, der schon aus seiner Zeit als Pfarrer für deutsche Kriegsgefangene in England gute Beziehungen zu dem damaligen Oberkommandierenden der britischen Besatzungszone, General Bishop, hatte, verhinderte die Sprengung und leitete die Gründung einer „neuen Stadt" mit in die Wege und organisierte von Borås aus Hilfsprojekte, die man am besten mit dem Begriff: „Hilfe zur Selbsthilfe" charakterisieren kann. Zu den ersten Sendungen aus Borås gehörten Werkzeuge, Schreibhefte und Schreibmaterial.

22 Birger Forell studierte ab 1919/1920 Theologie an den Universitäten Tübingen und Marburg. Von 1929 bis 1942 war er Pfarrer an der schwedischen Kirche in Berlin und ein entschiedener Unterstützer der Bekennenden Kirche. Er half Verfolgten des NS-Regimes und wurde von der Gestapo überwacht. Auf Drängen der Nationalsozialisten wurde er nach Schweden zurückberufen und war von 1942 bis 1951 Pfarrer in Borås. 1943 wurde er vom Weltkirchenrat zur Betreuung der deutschen Kriegsgefangenen nach England geschickt. 1944 gründete er in Borås das *Komitee für christliche Nachkriegshilfe*. 1945 gründete er mit Unterstützung der englischen Kirchen und nach einer längeren Diskussion mit dem englischen Kriegsministerium in der Grafschaft Nottinghamshire in Kooperation mit dem YMCA-Mitarbeiter John Barwick das Studienlager Norton Camp. Dort konnten deutsche Kriegsgefangene aus allen englischen Lagern das Abitur ablegen. Ab 1947 setzte sich Forell dafür ein, dass auf dem Gelände einer ehemaligen Munitionsanstalt der Wehrmacht in Mittwald bei Espelkamp die Flüchtlingsstadt Espelkamp gegründet wurde. 1948 konstituierte sich in Mittwald eine Niederlassung des *Komitees für christliche Nachkriegshilfe*, das als *Schwedenhilfe* gespendete Lebensmittel, Bekleidung und Geld verteilte. 1951 gab er sein Amt als Pfarrer in Borås ganz auf und gründete die *Deutsch-Schwedische Flüchtlingshilfe*, die heimatvertriebenen Bauern bei der Wiederansiedlung half.

Die Pastoren Plantiko und Forell (rechts) vor der schwedischen Kindertagesstätte in der ehemaligen Munitionshalle 16 in Espelkamp nach Kriegsende; Die Tafel rechts an der Wand weist auf die „Schwedenhilfe“ hin. Foto: Manfred Steinmann.

1.2 Schwedische Lager im Schatten des Dritten Reichs

Einen besonders aufschlussreichen Einblick in das Verhältnis zwischen Schweden und Deutschland während des Zweiten Weltkriegs gibt das Buch von Tobias Berglund und Niclas Sennerteg *Svenska Koncentrationsläger i Tredje Rikets Skugga* (2008), worauf im Folgenden des öfteren zurückgegriffen wird.

Schweden als Einwanderungsland bis zum Zweiten Weltkrieg

Noch im 19. Jahrhundert gehörte Schweden zu den ärmsten Ländern Europas. Erst im Laufe des 20. Jahrhunderts wurde aus dem damaligen „Auswandererland“ das heutige „Einwandererland“. Fast ein Drittel der Bevölkerung verließ ab der zweiten Hälfte des 19. Jahrhunderts ihr Heimatland, eindrucksvoll beschrieben von Vilhelm Moberg (1979). In den 1930er Jahren folgten dann auch bald „Einwanderungs- und Aufenthaltsgesetze" (1927) für Ausländer, die 1938 nochmals verschärft wurden, als politisch Verfolgte und besonders Juden mit ihren Familien aus Deutschland und später aus den von Deutschland besetzten Ländern nach Schweden drängten. Zugunsten von bestimmten Ministerien und Behörden, die verantwortlich für „Migration" waren, wurden die Machtbefugnisse des Reichstags als demokratische Instanz eingeschränkt und geschwächt.

Auch gab es in der schwedischen *Högerpartiet* [Rechtspartei] immer schon nationalistische und judenfeindliche Kreise, die eine rassenbiologische Einwanderungskontrolle vorschlugen, weil sie davon ausgingen,

> „[...] dass Schweden eine der ‚reinsten' Nationalitäten sein eigen nennt, wie sie kein anderes Land in Europa aufweisen dürfte. Und nach unserer Auffassung müssen wir versuchen, diesen beinahe idealen Zustand zu erhalten, der für unser völkisches Gedeihen von so außerordentlicher Bedeutung ist." (Lindberg 1973: 31)

Die Zielrichtung war eindeutig. Auch wenn hier im Weiteren noch ein Unterschied zwischen den großstädtischen „Kulturjuden" aus Wien und Berlin und den ärmeren Einwanderern aus dem Osten gemacht wurde, wollte man sich „die anderen unkultivierten, asozialen und habgierigen Menschen" [*okultivirade, asociala och giriga människor*] (ebd.) – oder diejenigen, die man dafür hielt – aus dem Land halten. Die verschärften Einwanderungsgesetze galten somit auch dem „Schutz der nordischen Rasse" [*skydda den nordiska rasen*] (ebd.: 28). Der Antrag des Sozialdemokraten Georg Branting, die Einwanderungsgesetze dahingehend zu ändern, dass Juden als politische Flüchtlinge anerkannt wurden und man somit Tausende Juden hätte retten können, wurde von der Mehrheit der Abgeordneten abgelehnt. Wie sich diese Einstellung auf geflüchtete Juden auswirkte, wird eindringlich am Beispiel des deutschen Juden Adam geschildert. Adam hatte sich in Frankfurt a. M. auf die Laufbahn eines Rabbiners vorbereitet, kam nach der Machtergreifung in ein Konzentrationslager und konnte 1939 über die „Schutzquoten für verfolgte Juden" nach Schweden ausreisen. In Skåne (Südschweden) arbeitete er zunächst mit seiner Frau auf einem Bauernhof. Verdächtig wurde er dadurch, dass er plötzlich ein Motorrad besaß und zweimal die kommunistische Zeitung *Världen* [Die Welt] an andere Personen weitergegeben haben sollte. Seitdem galt er als jemand, der sich mit Politik beschäftigt und „nicht zuverlässig schwedische Interessen vertritt". Am 10. September wurde er als „gefährliche Person" und „Sicherheitsrisiko" inhaftiert und unter Freiheitsentzug in das geschlossene Lager Långmora (im Buch als Konzentrationslager bezeichnet) interniert. Eine ordentliche Gerichtsverhandlung hatte nicht stattgefunden (ebd.: 26–29).

Die 16 schwedischen Lager

Zu den verschiedenen Lagern in Schweden gehörten auch die im Buch aufgeführten 16 Lager für zivile Ausländer. Das erste wurde 1940 von der schwedischen Koalitionsregierung eingerichtet. Auf Beschluss der Sozialbehörde (*Socialstyrelsen*) und ihrer Beamten konnten Ausländer ohne eine ordentliche Gerichtsverhandlung (d. h. ohne Rechtsbeistand, Einspruchsmöglichkeit usw.) auf unbestimmte Zeit in diese Lager eingewiesen werden. Verdächtigungen von Nachbarn und die Willkür einzelner Beamter reichten oft für diese Form von Freiheitsentzug aus. Somit konnten es eine alte Aktennotiz, ein vager Kontakt oder eine unvorsichtige Bemerkung sein, die zu einer Inhaftierung führten. Zuständig waren einzelne Ministerien und die Sozialbehörde. Etwa 3000 Menschen waren in diesen Lagern inhaftiert. Der Tagesablauf in den Lagern war streng reglementiert (Malzeiten, Arbeitseinsätze, Ruhezeiten usw.). Es gab leichtere und schwerere Arbeiten (Wegebau, Waldarbeit usw.), ein System von Belohnung und Bestrafung; der Briefverkehr wurde kontrolliert, es gab Kontaktsperre und ebenso, wenn auch selten, Leibesvisitationen. Bei Verstößen und Ordnungswidrigkeiten drohte die Überweisung in das berüchtigte Gefängnis Falun, in dem z. B. der deutsche Sozialdemokrat Herbert Wehner[23] einsaß. Natürlich sind die Arbeitsverhältnisse und Lebensbedingungen in den schwedischen Lagern nicht mit denen in deutschen Konzentrationslagern zu vergleichen. Wie das Lagerleben im Einzelnen verlief, hing oft von der politischen Einstellung und der menschlichen Qualität und dem Charakter der jeweiligen Lagerleiter ab. Für ihre Berufung reichte es manchmal aus, dass sie als Lehrer Deutsch unterrichtet hatten, Deutschland gegenüber wohl eher unkritisch eingestellt waren.

23 Herbert Richard Wehner war ein deutscher Politiker (Mitglied der KPD 1927–1942 und der SPD ab 1946). Er war von 1966 bis 1969 Bundesminister für gesamtdeutsche Fragen, anschließend bis 1983 Vorsitzender der SPD-Bundestagsfraktion. Nach der Machtübernahme der Nationalsozialisten in Deutschland – er war bereits Mitglied des Zentralkomitees – organisierte er Untergrundarbeit und befand sich von 1937 bis 1941 im Exil im Hotel Lux in Moskau. 1941 wurde er nach Schweden geschickt, um von dort aus den kommunistischen Widerstand gegen das NS-Regime in Deutschland aufzubauen. Dadurch entkam er zwar den stalinistischen Säuberungen, wurde aber 1942 in Schweden verhaftet und erlebte das Kriegsende in einem Gefängnis. In dieser Zeit wurde er unter dem Vorwurf, sich dem Parteiauftrag entzogen zu haben, aus der KPD ausgeschlossen.

Die wenigen erhaltenen Dokumente geben einen Eindruck davon, wie mit den Inhaftierten umgegangen wurde. Es gab Lagerleiter, die die ihnen von einer „höheren Macht" verliehenen Machtbefugnisse dazu nutzten, Entscheidungen zu treffen, die eher von ihren eigenen Vorurteilen (Antisemitismus, Kommunistenhass usw.) bestimmt waren, als von der objektiven Sachlage (der angeblichen Gefahr für den schwedischen Staat). Ein Verhaltensmuster, das man auch aus anderen ähnlichen Einrichtungen in anderen – allerdings weniger demokratischen – Ländern kennt. Am schlimmsten waren die Verhältnisse im Lager Rengsjö bei Bollnäs.

Die Lagerinsassen

Bei den Zwangsinhaftierten handelte es sich um zivile Ausländer, von denen einige schon mehrere Jahre in Schweden gelebt hatten, aber dann in zunehmender Zahl um Menschen, die wegen ihrer politischen Einstellung und wegen der Judengesetze aus Deutschland und dann später auch aus den von Deutschland besetzten Ländern nach Schweden geflüchtet waren. So galten Kommunisten und Juden als besonders verdächtig, wobei allerdings der schon erwähnte Antisemitismus zwar eine gewisse, aber nicht die entscheidende Rolle spielte.

Die Verbrechen Stalins und der sowjetische Überfall auf das Nachbarland Finnland („Winterkrieg") hatten zu einem berechtigten Misstrauen gegenüber den kommunistischen Parteien und deren Mitglieder geführt. Die europäischen kommunistischen Parteien gehörten der von Moskau gesteuerten „Komintern" (1928–43) an, deren Ziel die Machtübernahme in den jeweiligen Ländern durch das Proletariat mittels einer gewaltsamen Revolution war. Diese „Kommunistische Internationale" galt als „5. Kolonne" Moskaus. Somit befanden sich unter den Inhaftierten auch aktive Kommunisten, in denen man durchaus eine Bedrohung für den schwedischen Staat sehen konnte, aber die meisten Häftlinge waren unpolitisch und wussten nicht, wofür sie bestraft wurden. Die Verfasser verweisen in diesem Zusammenhang auf einen Ausspruch von Anne Applebaum[24] hin, die ein Konzentrationslager als einen Ort

24 Anne Elizabeth Applebaum ist eine US-amerikanische Journalistin und Historikerin. Ihre Arbeiten über die jüngere Geschichte Osteuropas wurden mehrfach ausgezeichnet. Sie wuchs in einer jüdischen Familie auf. Nach exzellenten Hochschulabschlüssen war sie bei verschiedenen bedeutenden Zeitungen und Zeitschriften in den USA tätig und hatte Lehraufträge an Hochschulen, u. a. auch in Deutschland an der Universität Heidelberg und der Humboldt-Universität Berlin. Ansehen erlangte sie durch ihre Bücher *Der Gulag* und *Der Rote Hunger* (zum

bezeichnet, wo ein Mensch hingebracht wird, nicht für das, was er getan hat, sondern auf Grund dessen, was er ist (in Lindberg 1973: 230).

Zu den prominentesten Häftlingen gehörten Kommunisten, die später eine „politische Karriere“ machten wie der bereits erwähnte in der Bundesrepublik der Nachkriegsjahre einflussreiche SPD-Politiker Herbert Wehner. Mehrere später bedeutende DDR-Politiker und Funktionäre hatten einen Teil der Kriegsjahre in schwedischen Lagern verbracht, u.a. Anton Plenikowski (Zentralkomitee), Paul Verner und Herbert Warnke (Zentralkomitee und Politbüro), Karl Mewis (Botschafter in Polen), Max Seydewitz (Intendant beim DDR-Rundfunk), Erich Glückauf (Chefredakteur und Mitarbeiter am Institut für Marxismus-Leninismus beim ZK der SED). Bei der Mehrzahl der Inhaftierten handelte es sich jedoch um aus Deutschland und den besetzten Nachbarländern geflüchtete Juden und politisch unbedeutende, zumindest „ungefährliche“ Menschen, wie am Beispiel des deutschen Pazifisten Ulrich Herz ausführlich beschrieben wird. Herz flüchtete 1934 nach Schweden und machte eine Ausbildung an der Volkshochschule Birkegården. 1940 wurde er direkt von der Schule weg verhaftet und im Lager Smedsbo wegen „pazifistischer Propaganda“ inhaftiert. Auf Grund der Initiative schwedischer Freunde wurde Herz nach zweieinhalb Jahren Haft unter einschränkenden Auflagen (Arbeitsverbot, Reiseverbot usw.) entlassen. Seine eigenen „Petitionen“ wurden abgelehnt. In dem Bericht des stellvertretenden Lagerleiters Cremer heißt es: „Herz ist eine Mischung von Naivität und doktrinärer Einseitigkeit“. Dieser Lagerleiter war – wie sich später herausstellte – Gestapo-Agent (in Lindberg 1973: 62 f.).

Herz wurde nach dem Krieg Hochschullehrer in Schweden und war Leiter der schwedischen *Amnesty International* Bewegung und Sprecher im schwedischen *Sveriges Folksriksdag* [Volksreichstag] für Abrüstung.

Schwedische „Konzentrationslager“ (nach Berglund und Sennerteg 2008)

Den Grund dafür, dass schon vor dem Krieg und besonders scharf nach Kriegsausbruch die aus Deutschland geflohenen Juden und politischen Gegner des NS-Regimes beobachtet und entsprechend (mit Freiheitsentzug usw.) behandelt wurden, sehen Berglund und Sennerteg (2008) darin, dass die schwedische Regierung bestrebt war, sich dem NS-Staat gegenüber botmäßig zu verhalten und keinen Anlass für Kritik zu bieten. Nach der Machtzunahme

Aushungern der Ukraine in den 1930er Jahren, auch bekannt unter der Bezeichnung „Holodomor“), in denen sie die stalinistischen Maßnahmen als gezielte Vernichtungspolitik kritisiert.

Hitlers und der Besetzung der Nachbarländer Norwegen und Dänemark – die politische Reaktion darauf war mehr als „bescheiden“ – wollte sich Schweden unbedingt seine Selbständigkeit und Neutralität bewahren. Sollte Deutschland die endgültige Macht über ganz Europa erlangen, so wollte man sich für den Fall, dass man seine Unabhängigkeit verliert, zumindest günstige Bedingungen sichern. In diesem Zusammenhang zitieren die Verfasser den Satz des schwedischen Historikers Karl Molin, der schreibt, „dass die schwedische Demokratie in seiner Angst zu sterben, sehr nahe daran war, Selbstmord zu begehen“ (ebd.: 38). Die These der Verfasser, dass die Lager in erster Linie eine „außenpolitische“ Funktion hatten, wird dadurch plausibel, dass nach der deutschen Niederlage bei Stalingrad Ende 1942/Anfang 1943 die schwedische Regierung ihre „Anpassungspolitik“ änderte. Bis Ende 1943 verbesserten sich somit auch in den Lagern die Haftbedingungen für Juden und für politische Inhaftierte, die jetzt auch in immer größerer Zahl entlassen wurden. Man hatte erkannt, dass man mit Deutschland „auf das falsche Pferd gesetzt hatte“.

Die Lager in der Berichterstattung und Öffentlichkeit vor und nach 1945

Während des Krieges gab es zwar keine Pressezensur im eigentlichen Sinn, aber die Presse war gehalten, sich an gewisse Vorgaben der Regierung zu halten. „Alles, was das Missfallen des Dritten Reiches wecken könnte, war abzuschwächen oder zu eliminieren“ (ebd.: 67). Wenn schon mal kritisch über Deutschland berichtet wurde, hatte die NS-Regierung sofort scharf darauf reagiert. Natürlich wurde über die „Reichskristallnacht“ und die sich immer mehr verschärfenden Judengesetze berichtet, aber meistens in verharmlosender Form und i. d. R. auf den „letzten Seiten“.

Was diese Lager in Schweden anging, betonte die Presse eher deren Notwendigkeit zum Schutze Schwedens wie z. B. die sozialdemokratische *Dala Demokraten* und *Dagens Nyheter*. Selbst die deutschlandkritische liberale *Göteborgs Handels- och Sjöfartstidning* verlangte lediglich, dass die Internierungen nach ordentlichen Gerichtsverfahren zu erfolgen hätten – „nach altem Brauch und alter Sitte“ (*enligt gammal sed*) (ebd.: 17). Lediglich die kleinere linke Zeitung *Arbeteren* veröffentlichte eine Artikelserie zu den Lagern, in denen mehrfach der Begriff „Konzentrationslager in Schweden“ (*koncentrationläger i Sverige*) (ebd.: 16) verwendet und auf die Verhältnisse dort hingewiesen wurde. Mit der Verwendung dieses Begriffes[25] wollte sie die dortigen

25 Die Autoren versuchen den Gebrauch dieses umstrittenen und sensiblen Begriffs als Titelüberschrift am Ende des Buches auf wenig überzeugende Weise zu begründen. Weil dieser Begriff in den letzten 150 Jahren einen Bedeutungswandel

Missstände verdeutlichen.

Unmittelbar vor Ende des Zweiten Weltkriegs und in den Jahren danach erweckten die schwedischen Internierungslager vor dem Hintergrund der Berichte über die Verbrechen und Grausamkeiten in den deutschen Konzentrations- und Vernichtungslagern kein besonderes Interesse in der Öffentlichkeit. Bis heute gibt es immer wieder in den Zeitungen Zeitzeugenberichte von den KZ-Überlebenden, die kurz vor Kriegsende durch das schwedische Rote Kreuz mit den Weißen Bussen nach Schweden kamen und dort blieben, zunächst von ihnen selbst, inzwischen von ihren Familienangehörigen. Neben dem, was in den deutschen Konzentrationslagern geschehen ist, würden natürlich Berichte aus schwedischen Lagern blass und harmlos aussehen.

Aber auch die schwedische Politik hatte kein Interesse an der Aufarbeitung dieses dunklen Kapitels während des Krieges. Die Archive der Lager waren zunächst 50 Jahre unter Verschluss, viele Unterlagen und Dokumente wurden inzwischen aussortiert oder sind auf andere Weise verschwunden. Viele in den Nachkriegsjahren bedeutende Politiker waren in den zuständigen Ministerien für die Einrichtung der Lager und die Inhaftierungsmodalitäten zuständig und verantwortlich. So war z.B. Tage Erlander – Staatsminister (entspricht dem deutschen „Bundeskanzler") von 1946 bis 1968 – während des Krieges Staatssekretär im Sozialministerium und viele Lagerangelegenheiten gingen über seinen Schreibtisch (ebd.: 50). Einer der beiden Buchautoren, Niclas Sennerteg, erwähnt aus einem Gespräch mit einem pensionierten sozialdemokratischen Politiker und Freund von Tage Erlander dessen Bemerkung über ihn: „Ich weiß nur, dass Tage hinterher ein sehr schlechtes Gewissen im Hinblick auf all dies gehabt hat" (ebd.: 10). Es gibt auch Berichte, dass Tage Erlander später bei Besuchen von geretteten Häftlingen mit einem „höflichen Schweigen" begrüßt wurde, über das er später selbstkritisch berichtete.

Keiner der für die Lager verantwortlichen schwedischen Politiker, die nach Kriegsende weiterhin hohe Posten in der schwedischen Politik innehatten, hat später über diese Lager und ihre diesbezügliche Tätigkeit und Funktion berichtet.

Man kann die Kritik der beiden schwedischen Historiker an der Politik ihres Landes Deutschland gegenüber während und kurz vor dem Krieg und an dem Verhalten einzelner schwedischer Politiker nach dem Krieg – so wie sie

durchlaufen hat, sollte er – außer für Konzentrations- und Vernichtungslager im Deutschen Reich und in den besetzten Nachbarländern, auch wenn er bei uns oft unterschiedslos für beide Lagertypen verwendet wird – nicht für andere Formen von Lagern (z.B. Gulags in der UdSSR, Internierungslager in China usw.) als Bezeichnung benutzt werden.

hier dargestellt wird – durchaus nachvollziehen. Doch sollte man auch hier in Betracht ziehen, dass sich die Einrichtung und Existenz dieser Lager mit ihrer besonderen Bestimmung und den menschenunwürdigen Haftbedingungen nicht zuletzt dem brutalen und mörderischen Vorgehen des NS-Staates gegen seine vermeintlichen und echten Feinde im eigenen Land und später in den besetzten Nachbarländern verdankt. Es war offensichtlich auch die Absicht der Autoren, an bedeutenden schwedischen Nachkriegspolitikern Kritik zu üben. Inwieweit und in welchem Umfang eine solche berechtigt ist, vermag ich wegen des widersprüchlichen und vielschichtigen Sachverhalts nicht zu entscheiden.

1.3 Norwegen und Dänemark unter der deutschen Besatzung

Der Überfall auf Norwegen und die Quisling-Regierung

Am 9. April 1940 wurde Norwegen von deutschen Truppen angegriffen und in der Folge besetzt. Der Widerstand brach nach zwei Monaten zusammen, aber Norwegen lehnte die Kapitulation ab. Die Regierung und König Haakon VII flüchteten zunächst ins Landesinnere und dann später auf einem englischen Schiff nach London, wo anschließend die Exilregierung gebildet wurde. Der SS-Führer Josef Terboven wurde zum „Reichskommissar" von Norwegen ernannt. Es regierten kommissarische Staatsräte, die die deutschen Befehle umsetzten. Zunächst war wohl eine Situation wie in Dänemark angestrebt, eine Art „nordische Kooperation", der auch gewisse nationalistische Kreise nicht ganz abgeneigt gegenüberstanden wie z. B. die *Nasjonal Samling.* Ab 1941 galt der zivile Ausnahmezustand. Am 1. Februar 1942 wurde der Kollaborateur Vidkun Quisling[26] zum Staatschef ernannt, der sich voll in den Dienst der deutschen Besatzer stellte. Die norwegische *Samarbetsregeringen* [Zusammenarbeitsregierung] beteiligte sich auch – ebenso wie Koalitionsregierungen und einheimische Ordnungskräfte in anderen besetzten Ländern – an der Judenverfolgung. Jüdischer Besitz wurde beschlagnahmt und 1942 wurden

26 Vidkun Abraham Lauritz Jonssøn Quisling war ein norwegischer Offizier und Politiker. Von 1931 bis 1933 war er norwegischer Verteidigungsminister, danach von 1933 bis 1945 Parteiführer der von ihm gegründeten faschistischen *Nasjonal Samling.* Quisling war von 1942 bis 1945 Ministerpräsident von Norwegen und der von der deutschen Besatzungsmacht eingesetzten Marionettenregierung. Quisling wurde im September 1945 wegen Hochverrats zum Tod durch Erschießen verurteilt. Bis heute gilt der Name *Quisling* als der Inbegriff von Kollaboration und Verrat und ist als Bezeichnung für einen Kollaborateur in verschiedene Sprachen eingegangen.

2200 Juden und Jüdinnen verhaftet und 772 wurden mit dem Schiff „Donau“ über Danzig in die Vernichtungslager deportiert; 33 überlebten. Die deutschen Besatzungstruppen (Wehrmacht) waren zeitweise um 400 000 Mann stark, konnten aber kleinere Orte und abgelegene Gebiete in den Gebirgsregionen nie völlig unter ihre Kontrolle bringen. Somit ergaben sich ideale Voraussetzungen für die Bildung von Widerstandsgruppen, die – besonders in den Küstenregionen – vom englischen Geheimdienst unterstützt wurden. Die gut organisierte norwegische Heimatfront (*Hjemmefronten)* hatte 1944 über 40 000 feste Mitglieder. Es bestanden hier also schon andere Voraussetzungen als in anderen besetzten Ländern und besonders ganz andere geografische Verhältnisse als im „Flächenland“ Dänemark.

Natürlich wurde diese neue Kollaborationsregierung nicht vom Volk akzeptiert und zusammen mit den Besatzern abgelehnt, und somit nahm in der Folge der Widerstand zu und damit auch die immer brutaleren Repressalien der Besatzer. Politische Gegner, Kommunisten, Gewerkschaftler, Polizisten und Militärangehörige und Juden wurden zunächst in Lagern bei Oslo, Trondheim, Bergen und Tromsø interniert, in denen es bereits zu Folterungen und Hinrichtungen kam. Die ersten Norweger kamen schon am 29. August 1940 in das KZ Sachsenhausen, wurden dann aber im Dezember 1940 wieder zurückgeschickt. Zu regelmäßigen Transporten nach Sachsenhausen kam es ab Frühjahr 1941. Aus den Internierungslagern in Norwegen wurden die Inhaftierten dann ab Herbst 1943 in die deutschen Konzentrationslager transportiert. „Die Anzahl norwegischer Gefangener in Deutschland wurde im Oktober 1944 von der Botschaft in Stockholm mit 8000 bis 9000 Zivilinternierten berechnet; zu denen noch 1125 militärische Kriegsgefangene hinzukamen“ (Persson 2002: 66). Für die „Zivilinternierten“ gab es gewisse „Freiheiten“, aber von den nach Deutschland verschleppten sogenannten „Nacht- und-Nebel-Häftlingen“,[27] meist mutmaßliche Mitglieder des Wider-

27 Der später so bezeichnete Nacht-und-Nebel-Erlass war ein „Führererlass“ Adolf Hitlers während des Zweiten Weltkrieges, verordnet am 7. Dezember 1941 als geheime „Richtlinien für die Verfolgung von Straftaten gegen das Reich oder die Besatzungsmacht in den besetzten Gebieten“. Danach wurden rund 7000 des Widerstands verdächtigte Personen aus Frankreich, Belgien, Luxemburg, den Niederlanden und Norwegen nach Deutschland verschleppt und dort heimlich abgeurteilt oder bei erwiesener Unschuld in Haft behalten, ohne dass die Angehörigen irgendwelche Auskünfte erhielten. Ihr spurloses Verschwinden sollte der Abschreckung dienen. Der Erlass wurde vom Oberkommando der Wehrmacht (OKW) unter Wilhelm Keitel in Kraft gesetzt und nach Kriegsende als Kriegsverbrechen und Verbrechen gegen die Menschlichkeit eingestuft. Im Schriftverkehr der Behörden wurde dieser Begriff nicht verwendet, stattdessen die Bezeichnung

stands, kamen mehr als die Hälfte in Deutschland durch Arbeit, Hunger oder Exekution um. 925 norwegische Juden und Jüdinnen konnten sich nach Schweden retten. 763 Juden und Jüdinnen wurden direkt von Norwegen aus über Stettin nach Auschwitz transportiert und dort ermordet. Insgesamt überlebten 28 oder 29 Juden den Holocaust. Die größte Zahl von Opfern gab es jedoch unter den Zwangsarbeitern, überwiegend russische und jugoslawische Kriegsgefangene, die im Straßenbau und dem Ausbau von Befestigungsanlagen längs der Atlantikküste eingesetzt waren, wo man englische Landungen befürchtete. In diesen Arbeitslagern, die auch als „Todeslager" bezeichnet wurden, kamen mehr als 13 000 Männer um. Besonderer Widerstand ging von kleineren Küstenorten aus, die zur Vergeltung oft dem Erdboden gleichgemacht und deren Bewohner deportiert wurden.

Während der deutschen Besatzung konnten etwa 50 000 Menschen aus Norwegen über die 1619 Kilometer lange Grenze nach Schweden flüchten, wo sie oft – wie auch andere aus Europa Geflüchtete – zunächst nicht immer „willkommen" waren und erst ab der „Kriegswende" 1943 Erleichterungen und Unterstützung erfuhren; unter ihnen befand sich auch Willy Brandt. Ab diesem Zeitpunkt wurden auch Norweger in Schweden für den Widerstand in ihrem Heimatland militärisch ausgebildet.

Trotz des mehrheitlich starken Widerstands der Norweger gelang es der Waffen-SS, etwa 6000 Norweger für die Fünfte SS-Panzerdivision „Viking" zu rekrutieren. Weitere 9000 „Freiwillige" kämpften auf der deutschen Seite. Wie in anderen besetzten Ländern beteiligte sich auch die norwegische „Staatspolizei" bereitwillig an dem Aufspüren und der Festnahme von Juden und Jüdinnen, die dann den Deutschen übergeben wurden (Persson 2002: 450). Deutsche Pläne sahen vor, bei Kriegsende nach dem Prinzip der „verbrannten Erde" wichtige Versorgungsanlagen und Industriebetriebe zu zerstören. Dazu kam es nicht mehr, auch wenn sich die letzten Einheiten der deutschen Wehrmacht erst Monate nach der offiziellen Kapitulation (5. Mai 1945) am 4. September 1945 in Spitzbergen ergeben hatten.

Nach Kriegsende wurden über 50 000 Norwegerinnen und Norweger wegen Kollaboration vor Gericht gestellt. 28 000 bekamen Geldstrafen oder ihnen wurden die bürgerlichen Rechte aberkannt, 18 000 wurden zu Gefängnisstrafen verurteilt. 34 wurden zum Tod verurteilt und 25 hingerichtet, darunter auch der Führer der Nationalen Sammlung (*Nasjonal Samling*), Vidkun Quisling.

Nach 1945 organisiert die „Norwegian White Buses Association" regelmäßig Busreisen mit Schülerinnen und Schülern zu den deutschen Konzen-

NN, worunter man auch „nullum nomen" (ohne Namen, namenlos) verstehen konnte.

trationslagern in Polen und Deutschland mit eigenen Guides und zunächst auch noch in Begleitung von Überlebenden unter dem Motto „Jeder junge Norweger soll ein deutsches Konzentrationslager gesehen haben." Die letzten Stationen sind i. d. R. die Lager Sachsenhausen und Ravensbrück. Die durch diese Reisen fast 80 Jahre nach dem Krieg hervorgerufene sehr starke Emotionalisierung junger Menschen, verbunden mit ablehnenden Gefühlen gegen Deutschland, wird in inzwischen in Norwegen diskutiert.

Die Hilfsaktionen für norwegische Häftlinge

Wie ließen sich bei diesen schwierigen politischen Gegebenheiten Hilfsaktionen für die norwegischen Inhaftierten in den deutschen Lagern organisieren?

Die Hilfsaktionen für skandinavische Häftlinge konnten zunächst nur über die neutralen Staaten Schweden und die Schweiz und das Rote Kreuz laufen. Peter Anker von der norwegischen Exilregierung in London vertrat Norwegen beim Internationalen Komitee vom Roten Kreuz (IKRK) in Genf. Über das IKRK konnten schon relativ früh Pakete an Inhaftierte geschickt werden, was aber mit einem gewissen bürokratischen Aufwand verbunden war. Listen mit den Namen und Haftnummern der Häftlinge mussten erstellt und die Sendungen quittiert werden. Es gab genaue Bestimmungen darüber, was geschickt werden durfte. Die Rechnungen gingen vom IKRK an die jeweiligen Regierungen, bei den Norwegern an die Exilregierung in London. Zuständigkeitsprobleme behinderten die Sendungen, denn nach deutscher Auffassung gab es nur Kriminelle und keine politischen Häftlinge und – wenn überhaupt – war der Kontaktpartner die Quisling-Regierung. Im Geheimen bestanden natürlich Verbindungen zwischen dem „freien Norwegen" und Schweden. Bereits im Sommer 1940 wurde in Stockholm die „Norwegische Hilfszentrale" (*Den Norske Relief-Central*) eingerichtet. Deren Chef und treibende Kraft war von Anfang an und bis Dezember 1944 Niels Christian Ditleff.[28] Dit-

28 Niels Christian Ditleff wurde in der norwegischen Hafenstadt Larvik geboren. Er durchlief eine Seemannsausbildung und verließ die norwegische Marineakademie als Leutnant. Anschließend schlug er eine diplomatische Laufbahn ein. Er war von 1903 bis 1906 ins norwegische Generalkonsulat in Le Havre entsandt. Zwischen 1920 und 1926 war er Vizekonsul und Geschäftsträger in Havanna, Bilbao und Lissabon. Ab 1926 war er in Warschau stationiert, wo er 1930 zum Botschafter aufstieg. Im Frühjahr 1939 richtete Ditleff in Warschau eine Transitstation für jüdische Flüchtlinge aus der Tschechoslowakei ein und sorgte dafür, dass die Flüchtlinge Essen, Kleidung und Transportmöglichkeiten nach Gdingen erhielten, von wo sie auf Schiffen nach Norwegen fuhren. Als sich die deutschen Streitkräfte im September 1939 Warschau näherten, versuchte er früh, deutsche Militär-

leff hatte schon als norwegischer Botschafter in Warschau bei Kriegsausbruch 1939 Erfahrungen mit humanitärer Hilfe gesammelt. Er war die „Seele" der norwegischen Hilfsarbeit. Die „Norwegische Hilfszentrale" organisierte die schwedischen und anderen Hilfseinsätze in Norwegen, aber auch für Häftlinge in Deutschland. Ditleff arbeitete vor allem mit dem Schwedischen Roten Kreuz zusammen und lernte auf diese Weise auch dessen Vorsitzenden, Prinz Carl, und den 2. Vorsitzenden, Graf Folke Bernadotte, kennen. Er sollte auch noch ein großes Kontaktnetz zu schwedischen Eliten aus Wirtschaft und Politik aufbauen, die auf vielfältige Art in die Hilfsarbeit für Norwegen miteinbezogen werden konnten." (Persson 2002: 70 f.)

Wichtig für die Hilfsarbeit war neben den Standorten Genf und Stockholm auch noch Berlin, wo sich das „Berlin-Kommitee" (*Berlin-kommitén*) in dem Schloss Groß-Kreutz vor den Toren Berlins gebildet hatte. Dazu kurz die sonderbare Vorgeschichte: Ein Mitglied der norwegischen Hjort-Familie war mit dem Besitzer von Schloss Groß-Kreutz verheiratet, der gute Beziehungen zu deutschen Nationalsozialisten unterhielt. Auch die Hjort-Familie gehörte in Norwegen 1937 zu den Mitbegründern der *Nasjonal Samling* von Viktum Quisling. Allerdings wurde Johan Hjort, der in Norwegen einen besatzungskritischen juristischen Beitrag veröffentlicht hatte, daraufhin als Zivilgefangener nach Deutschland deportiert. Der Adelsfamilie gelang es, das Schloss als ein Sonderlager für prominente norwegische Zivilgefangene einzurichten, wo die Lebensbedingungen natürlich deutlich besser waren als in anderen Lagern und Gefängnissen. Johan Hjort kam auf das Schloss Groß-Kreutz, später dann auch der wegen seiner Forschungen zu den nordischen Sprachen in Deutschland hochangesehene Rektor der Universität Oslo, Professor Seip. Der Mediziner Bjørn Heger vervollständigte 1944 diese Dreiergruppe, die neben der Organisation der „legalen" Paketsendungen usw. auch bald eine rege illegale Tätigkeit entwickelte.

> „Sie starteten ein fieberhaftes und lebensgefährliches Sammeln von Namen von Norwegern, die in deutschen Haftanstalten inhaftiert waren. In Groß-Kreutz wurde eine effektive norwegische Untergrundzentrale aufgebaut, mitten im Herzen Deutschlands." (Persson 2002: 72)

---

behörden zu kontaktieren, um eine geordnete Evakuierung von Diplomaten und deren Angehörigen zu veranlassen. Er konnte einen vierstündigen Waffenstillstand aushandeln, um die Evakuierung von rund 1200 Personen zu organisieren. Nach dem deutschen Überfall auf Norwegen flüchtete Ditleff nach Stockholm, wo er Mitglied der norwegischen Gesandtschaft war. (Zu Ditleff und seiner wichtigen Rolle bei der Aktion der Weißen Busse mehr im 2. Kapitel.)

Wichtige Helfer waren hier auch die norwegischen Seemannspfarrer Arne Berge und Conrad Vogt-Svendsen in Hamburg, die eine gewisse „Bewegungsfreiheit“ in Deutschland genossen. Auf illegalen Wegen gelangten diese Namenslisten dann nach Stockholm und London.

> „Im Frühjahr 1945 lagen zwei parallele Kartotheken mit insgesamt 7500 Namen, eine in Stockholm und eine in London, vor. Somit konnte Ditleff am 12. Februar 1945 ein vollständiges Verzeichnis in zwei Bänden, samt einer Übersicht über die Konzentrationslager, Zuchthäuser und Gefängnisse in Deutschland mit der genauen Anzahl der norwegischen Gefangenen in jedem einzelnen Folke Bernadotte vor seiner Abreise nach Deutschland übergeben.“ (ebd.: 72 f.)

Der Norweger Ditleff und seine Bedeutung als wichtiger Mithelfer

Im Januar 1944 nahm Ditleff Kontakt zu der „Groß-Kreutz-Gruppe“ auf und traf mehrmals mit dem dänischen Admiral Carl Hammerich zusammen und erfuhr von den geheimen Plänen des dänischen *Jyllandkorps*. Ditleff war die treibende Kraft bei der Zusammenführung dieser und auch anderer Gruppen und Aktivisten, die sich die Rettung der skandinavischen Gefangenen zum Ziel gesetzt hatten – und zwar unbedingt, bevor die Alliierten Deutschland ganz besetzt hatten. Man war sich bewusst, was in den letzten Kriegswochen noch alles mit den Häftlingen passieren konnte, für die die Lage immer gefährlicher wurde. Man kannte Hitlers Drohung, man wusste um die Todesmärsche – und tatsächlich häuften sich dann auch noch bis kurz vor der Befreiung schreckliche Ereignisse in den Lagern wie Massenerschießungen und der Tod durch Hunger und Krankheit; hinzu kam vor Lübeck die Versenkung der Schiffe durch alliierte Flugzeuge, auf die Häftlinge aus dem KZ Neuengamme geschafft worden waren und die bei diesen Angriffen fast alle umkamen. Ditleff machte bereits am 30. November 1944 dem schwedischen Außenministerium zur Rettung skandinavischer Häftlinge und Gefangener konkrete Vorschläge, die als Grundlage für die spätere Aktion der Weißen Busse anzusehen sind. Diese beinhalteten, dass eine Delegation unter Leitung von Folke Benadotte als Chef des Schwedischen Roten Kreuzes Himmler und andere Naziführer treffen sollte; ein persönlicher Brief des Königs an Hitler sollte überreicht werden. Bestimmte Gruppen norwegischer Gefangener sollten aus der Haft entlassen oder in Schweden bzw. in Lagern im besetzten Dänemark oder Norwegen bei freiem Zugang durch das Schwedische Rote Kreuz bis Kriegsende interniert werden. Darin heißt es:

> „ […] oder erlaubt wird, dass das Schwedische Rote Kreuz in Absprache mit den zuständigen deutschen Behörden eine ausschließlich schwedische Hilfsexpedition vorbereitet, die deutsche Häfen anlaufen und […] skandinavische Gefangene in Deutschland und innerhalb deutscher Machtgebiete aufnehmen und repatriieren kann, dies bis zu einem Waffenstillstand, Friedensschluss oder wenn die deutsche Regierung eine solche humanitäre schwedische Expedition im Einvernehmen mit den deutschen Behörden zu einem früheren oder späteren Zeitpunkt zulassen kann." (ebd: 109)

Die norwegische Exilregierung war am Anfang nicht sonderlich an schwedischen Hilfseinsätzen interessiert und auch das schwedische Außenministerium griff diese Vorschläge zunächst nicht auf.

> „In dem ‚Weißbuch' des schwedischen Außenministerium 1956 (Carlgren) wird vermutet, dass das Außenministerium die Kontrolle über alle Verhandlungen mit den Deutschen behalten – d. h. das Internationale Komitee vom Roten Kreuz und andere Institutionen und Personen außen vorhalten wollte." (ebd: 110)

Auch die Zusammenarbeit zwischen Ditleff und der norwegischen Exilregierung kühlte sich merklich ab. Für Ditleff war die Exilregierung in London zu passiv und arbeitete oft zu „bürokratisch" und zu langsam. Der gingen Ditleffs Pläne zu weit, man ordnete die Rettung der Gefangenen größeren Plänen unter und betrachtete sie in anderen Zusammenhängen. Favorisiert wurde hier eher eine Rückführung und Repatriierung der Häftlinge und Gefangenen nach Kriegsende im Rahmen der UNRRA.[29] „London" wollte wohl auch hier

29 Die Nothilfe- und Wiederaufbauverwaltung der Vereinten Nationen oder kurz UNRRA (*United Nations Relief and Rehabilitation Administration*) war eine Hilfsorganisation, die bereits während des Zweiten Weltkrieges am 9. November 1943 auf Initiative der Vereinigten Staaten, der Sowjetunion, des Vereinigten Königreiches und Chinas gegründet wurde. Nach Kriegsende wurde sie von den Vereinten Nationen (UN) übernommen. Die Organisation half den besonders vom Krieg betroffenen Menschen und Ländern beim Wiederaufbau und der Einrichtung ziviler Verwaltungsstrukturen. So wurde in Europa das größte Hilfsprogramm für Polen realisiert. Eine der wichtigsten Aufgaben war auch die Repatriierung der *Displaced Persons* (DPs), das heißt, der während des Krieges zwangsweise verschleppten Personen (Kriegsgefangenen, Zwangsarbeiter u. a.). Die UNRRA kümmerte sich auch um die Menschen, die nicht in ihre Heimatländer zurückkehren konnten oder wegen der dort herrschenden wirtschaftlichen und politischen Verhältnisse nicht zurückkehren wollten. Zivilen Organisationen wie z. B. dem Roten Kreuz gegenüber war die UNRRA weisungsberechtigt. So kamen auch viele Menschen noch nach Kriegsende durch das Rote Kreuz nach Schweden.

nicht ganz „das Heft aus der Hand geben" und sah diese eher privat motivierten Aktivitäten kritisch. Ditleff drängte Folke Bernadotte zu schnellem Handeln und stimmte auch einer rein schwedischen Aktion zu, damit nicht kostbare Zeit verloren ging.

Dänemark und die „friedliche" Besetzung

Ganz anders war die Situation zunächst in Dänemark. Obwohl ein Nichtangriffspakt (Mai 1939) zwischen Dänemark und dem Deutschen Reich bestand, besetzten deutsche Truppen am 9. April 1940 das Land, ohne auf nennenswerten militärischen Widerstand zu stoßen. Dänemark protestierte, aber die bisherigen Institutionen konnten weiterarbeiten und die Verwaltungsstrukturen wurden beibehalten. Das Parlament und das Königshaus konnten ihre Arbeit fortsetzen. Die territoriale Integrität blieb erhalten; bis 1943 behielt Dänemark seine Flotte und sein kleines Heer. Allerdings unterlagen die Zeitungen einer Zensur (kritische Berichte über Deutschland waren verboten) und die diplomatischen Beziehungen zu Deutschlands Kriegsgegnern (bis auf die USA und Großbritannien) mussten abgebrochen werden. Es gab Repressalien gegen aus Deutschland Geflüchtete, die – wenn sie nicht nach Schweden gelangen konnten – an Deutschland ausgeliefert werden mussten. Dieser vorläufige Zustand wurde oft als „friedliche Okkupation" bezeichnet.

Für Deutschland war es wichtig, von einem „befriedeten" Land aus seine Militärtransporte sicher auf den Kriegsschauplatz Norwegen zu bringen. Auch spielte Dänemark eine wichtige Rolle als Lieferant für Nahrungsmittel, insbesondere Fisch.

Erkennbaren Widerstand in Form öffentlicher Proteste gab es erst nach dem deutschen Überfall auf die Sowjetunion, als dänische Kommunisten verhaftet und später in das KZ Stutthof bei Danzig verbracht wurden. Im Ausland politisch aktive Dänen gründeten den illegalen Freiheitsrat (*Danmarks Frihetsråd*) und gewannen an Einfluss in Dänemark (durch Streiks usw.). In einem Ultimatum verlangte Deutschland ein Streikverbot, Ausgangssperren, die Auslieferung von Juden und NS-Gegnern, die Einführung der Todesstrafe und Militärgerichte für Vergehen wie Sabotage. Die immer noch funktionierende dänische Regierung und der König lehnten dieses Ultimatum ab. Ende 1942 wurde der SS-Obergruppenführer und Gestapoführer Dr. Best[30] als

30 Karl Rudolf Werner Best war ein deutscher Jurist, Polizeichef, SS-Obergruppenführer und Politiker der NSDAP. Als „Theoretiker, Organisator und Personalchef der Gestapo" hatte er eine wichtige Funktion bei der Etablierung der Gestapo und der Gründung des Reichssicherheitshauptamtes (RSHA). Die Konzeption

„Reichsbevollmächtigter" eingesetzt und es folgten Eingriffe in die dänische Souveränität und Selbstverwaltung, auch wenn der dänische Staatsminister formell noch weiter im Amt blieb. Das dänische Heer war schon vorher aufgelöst und die Militäreinrichtungen von der Wehrmacht übernommen worden. Es wurden deutschlandfreundliche Wachkompanien aufgestellt.

Mit der Kriegswende 1943 erlitt die bisher siegreiche Wehrmacht Rückschläge und Verluste – so dass die Stimmung im Land kippte und man sich nun mehr und mehr den westlichen Alliierten zuwandte. Es kam ab 1944 immer häufiger zu Auseinandersetzungen zwischen bewaffneten Widerstandsgruppen und der Wehrmacht. Etwa 18 000 Dänen flohen in das benachbarte Schweden. Die geplante Deportation der dänischen Juden scheiterte. Wohl durch Informanten in der deutschen Botschaft bekamen dänische Widerstandsgruppen Kenntnis von dem Vorhaben und organisierten in kürzester Zeit eine beispiellose Rettungsaktion. Etwa 8000 Juden, Frauen, Männer und Kinder, wurden in Rettungs- und Fischerbooten über den nur wenigen Kilometer breiten Sund nach Schweden gebracht. Die noch im Land verbliebenen Juden, etwa 800 an der Zahl, kamen in das KZ Theresienstadt und nicht – wie sonst üblich – in die deutschen Vernichtungslager in Polen. Die meisten dänischen Juden überlebten den Holocaust, etwa fünfzig fielen ihm zum Opfer.

Der immer stärker werdende Widerstand und die Zunahme von Streiks und Sabotageakten, durch die die militärischen Verbindungen zu Norwegen

---

und die erstmalige Aufstellung sogenannter Einsatzgruppen geht auf ihn zurück. Diese waren später für schwerste Verbrechen im besetzten Osteuropa verantwortlich. Nach Heydrichs Ermordung wurde er zunächst dessen Stellvertreter in der Führung des SD, ab 1942 dann deutscher Statthalter im besetzten Dänemark. Der vorherige „Scheinfrieden" endete mit den ersten dänischen Widerstandsaktivitäten, die im Verlauf der deutschen militärischen Niederlagen immer mehr zunahmen. Nicht ganz eindeutig ist seine Rolle, die er bei der geplanten Deportation der Juden gespielt haben soll, die – vermutlich mit Wissen von Dr. Best – vom deutschen Botschafter Duckwitz an die Dänen weitergegeben und von den schwedischen Medien verbreitet wurde, woraufhin eine beispiellose Rettungsaktion in beiden Ländern in Gang gesetzt wurde. Im KZ Theresienstadt sollen dänische Juden besser behandelt worden seien als die Juden aus anderen Ländern, denen sie sogar „Platz machen mussten" – d. h. die dann nach Auschwitz deportiert wurden. Nach Kriegsende stellte sich Dr. Best am 4. Mai 1945 den dänischen Behörden und wurde verhaftet. Bei den Nürnberger Kriegsverbrecherprozessen wurde zunächst Anklage gegen ihn erhoben, aber seine Angelegenheit ging dann nach Dänemark zurück, wo er bei einem Kriegsverbrecherprozess am 20. September 1948 zunächst zum Tode verurteilt wurde, dann aber zu fünf Jahren Haft begnadigt wurde. Seine Rolle bei der Deportation von Juden und seine „Befehlsverweigerungen" Hitler und Himmler gegenüber hatten sicher zu dieser milden Strafe beigetragen.

gestört wurden, führte auf deutscher Seite zu immer brutaleren Gegenmaßnahmen wie Lagerhaft, Folter und Hinrichtungen. Vom 29. August bis zum 6. Oktober 1944 herrschte militärischer Ausnahmezustand und die gesamte Regierungsgewalt lag in den Händen der deutschen Militärverwaltung. Auch befürchtete man eine alliierte Invasion in Jütland, und da man der dänischen Polizei nicht mehr traute, wurden im September 1944 über 2000 dänische Polizisten in die Konzentrationslager Neuengamme und Buchenwald gebracht. Insgesamt kamen etwa 600 Dänen und Däninnen in deutschen Lagern um. Die Lage im Land wurde immer chaotischer, bewaffnete Kollaborateure und Widerständler bekämpften sich. Im Frühjahr 1945 brachte ein Generalstreik das öffentliche Leben zeitweise zum Erliegen. Erst nach der deutschen Kapitulation am 4. Mai 1945 konnte die öffentliche Ordnung allmählich wiederhergestellt werden.

Der Däne Therkel Stræde (2012: 30) fasst die Situation in folgenden Sätzen als ein Fazit zusammen:

> „Die Deutschen benahmen sich als Besatzungsmacht in Dänemark grundsätzlich so wie in anderen besetzten Ländern auch. Es standen ihnen sämtliche Instrumente für eine hemmungslose Gewaltherrschaft zur Verfügung; ihre Befehlshaber, Truppen und Beamten hatten die Übung und die Motivation, sie anzuwenden, und taten es schließlich in den letzten Besatzungsmonaten, nur eben zeitverspätet und in milderer Form als in anderen Ländern. Das ist ein durchaus wichtiger Unterschied, denn wegen dieser Verzögerung rettete sich Dänemark aus dem zweiten Weltkrieg mit weniger Verlusten an Menschenleben und Zerstörungen sowie weniger wirtschaftlichem Schaden als andere besetzte Länder. Dadurch war eine schnellere Rückkehr zur „Normalität" möglich, wo die großen ethischen Fragen nach Kollaboration und Widerstand gegenüber dem Alltagspragmatismus bald wieder in den Hintergrund traten."

Schwedisch-dänische Hilfsaktionen für dänische Häftlinge

Vor diesem mehrschichtigen politischen Hintergrund stellt sich die Frage, wie in Dänemark Aktivitäten zur Unterstützung und Rettung dänischer Häftlinge in den deutschen Konzentrationslagern entstehen konnten und teilweise auch durchgeführt wurden.

Die humanitäre Hilfsarbeit für dänische Häftlinge lief zunächst über das Sozialministerium und musste – zumindest teilweise – ohne Wissen der deutschen Machthaber illegal vor sich gehen. Internierungslager in Frøslev und Horserød wurden eingerichtet und bald darauf gab es auch Transporte in

Lager in Deutschland. Es war wichtig, Personenlisten aufzustellen und Informationen darüber zu bekommen, wo sich die Inhaftierten aufhielten, wie ihre Lebensverhältnisse waren, welche Kontaktmöglichkeiten es gab und wie man sie mit Hilfssendungen unterstützen konnte.

> „Schon am 2. Oktober 1943 wurden 472 Juden und 150 Kommunisten deportiert. Im November 1943 konnte man die ersten Lebensmittelpakete an Kommunisten im ‚Arbeitslager' Stutthof [ein KZ bei Danzig – *Anm. d. Verf.*] schicken. […] Ein Paket im Monat war von deutscher Seite erlaubt." (Persson 2002: 89)

Diese Hilfsaktionen wurden trotz deutscher Einschränkungen vom Dänischen Roten Kreuz mit Unterstützung des Außenministeriums durchgeführt. „Pakete wurden auch an Dänen in den Konzentrationslagern Sachsenhausen und Ravensbrück geschickt. Auch Juden im KZ Theresienstadt konnten Pakete erhalten" (ebd.: 90). Häftlinge in den KZ-Außenlagern bekamen i. d. R. keine Hilfssendungen. Im September 1944 wurden dänische Polizisten in das KZ Buchenwald deportiert. Aber bald erhielten sie den Status von „Kriegsgefangenen" und kamen in [westliche] Gefangenenlager, wo die Lebensbedingungen besser als in den Konzentrationslagern waren. Mit der Zunahme des dänischen Widerstands kam es zwischen September 1944 und Februar 1945 zu weiteren Transporten in das KZ Neuengamme. „Nach einer sorgfältigen Statistik des dänischen Außenministeriums belief sich die Gesamtzahl der nach Deutschland deportierten Dänen auf 6083 Personen. Davon kamen genau 1981 Polizisten und 472 Juden nach Theresienstadt und 150 Kommunisten nach Stutthof. Von diesen Dänen starben 531 in Deutschland, zehn verloren ihr Leben während der Heimtransporte und 44 starben später in Folge der während ihres Aufenthalts in deutschen Konzentrationslagern erlittenen Lebensbedingungen (Krankheiten, Misshandlungen usw.). Diese forderten insgesamt 585 dänische Todesopfer, also fast 10% der Inhaftierten" (ebd.: 91).

Es gab schon früh Pläne für eine Rückführung der in Deutschland inhaftierten Dänen. Die treibende Kraft war der dänische Admiral Carl Hammerich, der später – von der Gestapo inhaftiert – bei einem alliierten Bombenangriff auf das Hauptquartier der Gestapo in Kopenhagen am 21. März 1945 umkam. Hammerich knüpfte in Stockholm Kontakte zu dem Norweger Ditleff und in Deutschland zu dem norwegischen Seemannspfarrer Heger und dem Norweger Seip von der „Groß-Kreuz-Gruppe". Die Frage war, was mit den skandinavischen Gefangenen bei bzw. nach dem Zusammenbruch Deutschlands passieren sollte. Die Transporte mussten auf dem Landweg durchgeführt werden; Bahn- See- und Luftwege wären nicht mehr benutzbar gewesen. Man plante ein Hilfskorps von etwa 425 Personen – überwiegend Militärangehörige (des dänischen *Jyllandskorps*) und die Bereitstellung von Bussen und anderen Transportfahrzeugen.

Bis 1944 wurden konkrete Pläne entwickelt und das Projekt bekam den Namen *Det danske Hjaelpekorps* [Das dänische Hilfskorps] und wurde jetzt finanziell und organisatorisch vom dänischen Sozialministerium unterstützt. Die konkreten Vorbereitungen umfassten die Aufstellung von Namenslisten, die Bereitstellung von Transportmitteln, zu diesem Zeitpunkt auch noch die Dänische Staatsbahn, die Verpflegung während der Transporte, Quarantänestationen an der deutsch-dänischen Grenze, die medizinische Versorgung und die Finanzierung des Projektes. Am 1. Dezember 1944 gab es die Zusage von Dr. Best, dass alle dänischen Gefangenen bis auf wenige Ausnahmen (Mörder, Saboteure, Spione und kommunistische Funktionäre) aus Deutschland in das dänische Lager Frøslev gebracht werden sollten. Das dänische Sozialministerium billigte den sehr konkreten Repatriierungsvorschlag der norwegischen Regierung für dänische und norwegische Häftlinge. Die dänische Beteiligung an dem dänisch-norwegischen Projekt sah wie folgt aus: „120 Fahrzeuge mit Platz für je 25 Personen – somit eine Transportkapazität von ca. 3000 Personen, die innerhalb weniger Tage bereitgestellt werden konnte, die Rekrutierung von notwenigem Personal wie Gruppenführern, Ärzten, Krankenschwestern, Chauffeuren und Mechanikern, eine Koordinationsstelle in Südjütland und die Einrichtung von Depots mit Lebensmitteln, Medikamenten, Ersatzteilen für Fahrzeuge usw."(ebd.: 94).

Dieses großangelegte dänisch-norwegische Projekt wurde so niemals realisiert. Es hatte auch den großen Nachteil, dass es erst nach Kriegsende durchgeführt werden sollte. Die Dänen hatten bereits Erfahrungen mit kleineren Rückführungsprojekten Anfang Dezember. So wurden zwischen dem 5. und 11. Dezember 1944 198 Polizisten vom KZ Buchenwald mit fünf Bussen, Ambulanzen und weiteren Begleitfahrzeugen zum Lager Frøslev gebracht. Zehn weitere Personen konnten zwischen dem 12. Dezember 1944 und 20. Januar 1945 aus dem KZ Neuengamme abgeholt werden. Am 2. Februar folgten noch weitere Transporte und insgesamt konnten bis Ende Februar 341 inhaftierte Dänen aus den Lagern Mühlberg, Neuengamme und Buchenwald nach Dänemark zurückgebracht werden.

Die Aktion der Weißen Busse sollte eine alleinige schwedische Angelegenheit werden, so hilfreich auch die dänischen Erfahrungen und die spätere dänische Unterstützung mit Fahrzeugen und die norwegischen Vorschläge (Ditleff) waren. Es gab zwar am 23. Dezember 1944 bereits eine feste Absprache mit der schwedischen Regierung über eine norwegisch-dänische Hilfsaktion, aber zur gleichen Zeit kam Folke Bernadotte von seinen ersten Gesprächen mit führenden SS-Leuten aus Deutschland zurück und man hatte wohl schon Vereinbarungen hinsichtlich einer allein schwedischen Aktion getroffen. Von deutscher Seite wäre eine Zusammenarbeit mit norwegischen und dänischen Organisationen wahrscheinlich nicht akzeptiert worden. Auch wollte man das „Fass nicht wieder neu aufmachen", denn die Zeit drängte, über allem hing das Damoklesschwert der Drohung Hitlers, dass kein Häftling lebend in die Hände der Alliierten geraten sollte.

Ähnlich wie in Norwegen stellte sich auch nach Kriegsende in Dänemark die Frage, wie man mit den Kollaborateuren verfahren sollte, aber hier war die Situation nicht so eindeutig wie in Norwegen, denn zunächst arbeitete die alte Regierung unter der deutschen Besatzung relativ selbständig weiter. Der Druck der Besatzer erhöhte sich zunehmend, die Dänen verloren mehr von ihren Freiheitsrechten und der Widerstand (Streiks und Sabotageakte) wuchs und die Verfolgungen und Strafaktionen seitens der deutschen Seite wurden immer brutaler, an denen sich auch bestimmte dänische Gruppen und Organisationen (HIPO) beteiligten.

Nach Kriegsende wurde eine Kommission gebildet, die die zunächst legalen deutschfreundlichen Netzwerke entwirren musste, um dann herauszufinden, inwieweit ihre Mitglieder an strafbaren Aktionen beteiligt waren. In den folgenden Prozessen wurden 14 000 Personen als Verräter (*landsvigere*) vor Gericht gestellt, 78 wegen Mord und Folterung zum Tode verurteilt und 46 hingerichtet.

2 DIE WEISSEN BUSSE: EINE HUMANITÄRE AKTION FÜR KZ-HÄFTLINGE

2.1 Die Situation zu Kriegsende

Hitlers Drohung und die „Rettung im letzten Augenblick"?

Durch die Hilfsaktion des Schwedischen Roten Kreuzes unter Leitung von Folke Bernadotte, bekannt unter der Bezeichnung „Die Weißen Busse" (*Vita bussarna*), konnten Tausende von Häftlingen unmittelbar vor Kriegsende aus Konzentrationslagern im damaligen „Deutschen Reich" aus der Haft befreit, nach Schweden gebracht und somit vor ihrer drohenden möglichen Ermordung gerettet werden. Zeitgleich liefen auch Verhandlungen des Internationalen Komitees vom Roten Kreuz mit Behörden des „Deutschen Reichs" über die Befreiung von Häftlingen aus deutschen Lagern.[1] In der Sekundärliteratur werden sowohl die Begriffe „Rettung" wie auch der Begriff „Befreiung", seltener die etwas umständlichen, aber zutreffenderen Formulierungen „Entlassung in die Freiheit" oder „Freilassung" verwendet, die für viele Häftlinge auch die „Rettung" vor dem Tod bedeutete. Darüber, wie viele der „Befreiten" auch ohne die Aktion des Schwedischen Roten Kreuzes, auf die ich mich in meinem Beitrag beschränke, überlebt hätten, lassen sich keine Aussagen machen. Mit Sicherheit wären Tausende von Häftlingen – auch wenn Hitlers und Himmlers Drohung, alle Gefangenen und KZ-Häftlinge zu liquidieren, bevor sie von den Alliierten befreit würden, nicht mehr zur Ausführung kam – bis Kriegsende umgekommen oder ermordet worden, wie es sich z. B. an den Opferzahlen in den Lagern Bergen-Belsen, Neuengamme und Ravensbrück zeigte.

Es gibt aber bis heute von schwedischen Kritikerinnen und Kritikern der Aktion die Behauptung, dass es sich lediglich um einige Wochen vorgezogene „Rückführung" ausschließlich skandinavischer Häftlinge gehandelt habe, die den einzigen Zweck hatte, der schwedischen Regierung als Alibi für ihre deutschlandfreundliche Einstellung während des Krieges zu dienen. Die Beiträge anderer Historiker und besonders die „Erzählungen" der Zeitzeugen (Betroffenen) widerlegen eindeutig diese These.

1 Hierzu und zu der Befreiung von französischen Frauen aus dem KZ Ravensbrück, siehe Erpel (1995).

Schriftliche Anträge und genaue Instruktionen hatte Folke Bernadotte, zweiter Vorsitzender des Schwedischen Roten Kreuzes, bei seiner ersten Reise nach Berlin von seiner Regierung nicht mitbekommen, lediglich ein Schreiben von Prinz Carl, dem Bruder des schwedischen Königs Gustav V, in dem es um die Rückführung dänischer und norwegischer Zivilgefangener – also nicht um KZ-Häftlinge – ging. In der Zeit vom 17. bis 21. Februar hatte Folke Bernadotte Gespräche mit Kaltenbrunner[2] und Ribbentrop,[3] danach dann auch mit Himmler, dem Reichsführer-SS, zu dem Folke Bernadotte eine bemerkenswerte Beschreibung liefert. Dieser wirkte auf ihn wie:

> „[…] ein ziemlich unbedeutender Büroangestellter, wäre man ihm auf der Straße begegnet […] er zeigte sich auffällig und überraschend verbindlich, er gab Proben von Humor mit einer Tendenz zum Galgenhumor, er machte gerne Gebrauch von einem Scherz, um die Stimmung aufzuheitern. Ganz und gar nicht fand sich etwas Diabolisches in seinem Aussehen. Von dem kalten, eisigen Blick, von dem man oft berichtete, bemerkte ich nichts." (Bernadotte 1945: 13)

Dieses konziliante Verhalten war gar nicht so untypisch für einige NS-Verbrecher. So soll der Chefarzt des KZ Ravensbrück, Prof. Dr. Gebhardt,[4] Häftlinge höflich angesprochen und ihnen einen Stuhl angeboten haben, bevor er an ihnen die oft tödlichen Versuche durchführte. Was waren dies für Menschen? Man hatte ja eine großbürgerliche Erziehung genossen und „wusste, was sich gehörte." Beide, Himmler und Gebhardt, waren Absolven-

---

2 Ernst Kaltenbrunner war ein österreichischer Nationalsozialist, zuerst in Österreich und später im nationalsozialistischen Deutschen Reich ein hochrangiger SS-Funktionär und von 1943 bis Kriegsende Chef der Sicherheitspolizei und des SD sowie Leiter des Reichssicherheitshauptamtes (RSHA). Als Leiter des RSHA war er der Chef des berüchtigten Gestapo-Amtes, des Reichskriminalpolizeiamtes und des Sicherheitsdienstes (SD), der für die Einsatzgruppen, die im Rücken der Ostfront bis Kriegsende rund 1000000 Menschen ermordeten, verantwortlich war. Kaltenbrunner gehörte zu den 24 Hauptangeklagten im Nürnberger Kriegsverbrecherprozess und wurde am 1. Oktober 1946 in zwei von drei Anklagepunkten schuldig gesprochen. Er wurde zum Tod durch den Strang verurteilt und am 16. Oktober 1946 hingerichtet.

3 Ullrich Friedrich Willy Joachim Ribbentrop, ab Mai 1925 durch Adoption von Ribbentrop, war ein deutscher Politiker (NSDAP). In der Zeit des Nationalsozialismus war er ab 1938 Reichsminister des Auswärtigen. Ribbentrop gehörte zu den 24 Hauptangeklagten im Nürnberger Kriegsverbrecherprozess. Er wurde am 1. Oktober 1946 schuldig gesprochen, wegen Verschwörung, Kriegsverbrechen und Verbrechen gegen die Menschlichkeit zum Tod durch den Strang verurteilt und am 16. Oktober 1946 hingerichtet.

4 Mehr zu Gebhardt in Kasten (2019).

ten humanistischer Gymnasien in Bayern, sie hatten Kant und die antiken Moralphilosophen gelesen, letztere in den Originalsprachen Latein und Altgriechisch. Häftlinge des KZ Ravensbrück berichten von gewissen „Freundlichkeiten“ des Lagerkommandanten des KZ Ravensbrück, Suhren, als sie von den Weißen Bussen abgeholt wurden.

Die weiteren entscheidenden Verhandlungen führte Folke Bernadotte mit Heinrich Himmler. Es mutet uns heute seltsam und befremdlich an, den Neffen des schwedischen Königs und den Massenmörder Himmler in Gesprächsrunden, bei denen Geschenke, Freundlichkeiten und Höflichkeiten ausgetauscht und ausgewählte Getränke und Appetithappen gereicht wurden, in Berlin, Hohenlychen und ein letztes Mal in Lübeck an einem Tisch zusammensitzen zu sehen, in Lübeck dann allerdings schon während eines Luftalarms in einem Luftschutzkeller und dann nur in einem von einer Stearinkerze matt erleuchtetem kargen Raum der provisorischen schwedischen Gesandtschaft, die dort untergebracht war. Die Gespräche werden von den Beteiligten als angespannt und konzentriert, aber aggressionsfrei, gelegentlich auch als freundlich und verständnisvoll beschrieben. Darf man mit Diktaturen verhandeln, mit ihren Vertretern reden? Nicht, wenn diese durch Verhandlungen nur ihre Menschenrechtsverletzungen und Eroberungen verteidigen, vielleicht aber doch, wenn sich dadurch im letzten Augenblick Menschenleben retten lassen. Wie muss Folke Bernadotte zumute gewesen sein, als er mit einem Todgeweihten verhandelte, dem in wenigen Wochen nur noch die Wahl zwischen Hinrichtung und Selbstmord bleiben wird?

Wie sah „dieser letzte Augenblick“ aus? Deutschlands Niederlage war bereits entschieden, die Städte, Industrieanlagen, die Infrastruktur usw. waren weitgehend zerstört, große Teile des Landes besetzt und andere für immer verloren, aber an allen Fronten wurde noch weiterhin erbittert gekämpft. Die „Rote Armee“ näherte sich Berlin, die Truppen der Westalliierten standen am Rhein. Der „Führer“ Adolf Hitler lebte in einer, seiner eigenen – der „Götterdämmerung“ ähnlichen – Realität, in die ihm immer noch viele Deutsche und Österreicherinnen und Österreicher wie die Lemminge in den Abgrund zu folgen bereit waren. Die leitenden Männer der Abwehr (bis zum Attentat auf Hitler am 20. Juli 1944 Admiral Canaris, dann sein Nachfolger Walter Schellenberg[5]) wussten schon früh, dass „der Krieg“ für Deutschland verloren war.

5 Walter Friedrich Schellenberg war ein deutscher SS-Brigadeführer und Generalmajor der Polizei (ernannt am 21. Juni 1944). Schellenberg war ab 1944 Leiter der vereinigten Geheimdienste vom Sicherheitsdienst des Reichsführers SS (SD) und Abwehr im Reichssicherheitshauptamt (RSHA). Er wurde im Wilhelmstraßen-Prozess wegen Kriegsverbrechen zu sechs Jahren Haft verurteilt. Dort sagte Folke

Dies war spätestens 1944 auch Heinrich Himmler klar, der Kontakte zu den westlichen Alliierten suchte und hier auf eine Vermittlung durch Schweden hoffte, ein „rein nordisches" Land, für das er immer und bis zuletzt eine sentimentale Sympathie hegte.

Wie war die Lage in den Konzentrationslagern? Die deutschen Lager in Polen waren bereits in sowjetischer Hand, zwei reine Vernichtungslager von den Deutschen „eingeebnet" und die Spuren der millionenfachen Morde weitgehend beseitigt. Die Juden und Roma-Sinti des KZ Auschwitz-Birkenau wurden vor der Aufgabe und Räumung des Lagers fast alle ermordet, die anderen Häftlinge auf die berüchtigten Todesmärsche geschickt. Die Inhaftierung in einem Konzentrationslager war immer schon eine Art Todesurteil. Zynisch begrüßten die KZ-Kommandanten oft die Neuankömmlinge mit den Worten: „Merkt euch, es gibt nur einen Weg aus dem Lager, den durch den Schornstein." Nur ganz wenige Häftlinge wurden nach verbüßter „Schutzhaft" regulär aus den Lagern entlassen. Im Männerlager des Frauen-KZ Ravensbrück sollen allein in den ersten 15 Monaten bis zu 30% der Inhaftierten umgekommen sein (Kasten und Kubica 2021:21).

In den Konzentrationslagern im „Reich" wurde systematisch gemordet und in den letzten Monaten starben mehr Häftlinge an Krankheiten und Hunger als je zuvor – wie die Französin Lili Leignel zu dem KZ Bergen-Belsen zutreffend bemerkt, es war: „[...] das Lager des ‚langsamen Todes'"(2017: 91). Nach Hitlers Entscheidung sollte es keine Überlebenden geben, die über die NS-Verbrechen hätten berichten können.

> „Diesen Endkampf werde ich mit meiner ganzen Energie und mit allen mir zur Verfügung stehenden Mitteln führen. Mit nationalsozialistischer Gründlichkeit werde ich dafür sorgen, dass niemand außer den übriggebliebenen deutschen Kriegsgefangenen den Untergang des Volkes beweinen wird. Somit befehle ich: für die endgültige Vernichtung wird der Reichsführer-SS Himmler bevollmächtigt. Unter ihm wird ein Teil der Luftwaffe ausgesucht, deren spezielle Aufgabe es sein wird, alle wichti-

Bernadotte als Entlastungszeuge für ihn aus. Nachdem Schellenberg Canaris Ende Juli 1944 festgenommen hatte, konnte er auch teilweise dessen militärischen Geheimdienstapparat zerschlagen beziehungsweise darauf Einfluss nehmen. In seinen Zuständigkeitsbereich fiel u. a. die *Aktion Bernhard*, bei der Häftlinge im KZ Sachsenhausen massenhaft britische Pfundnoten zur Schwächung der Wirtschaft Großbritanniens fälschen mussten. Als das Ende des Dritten Reiches absehbar war, trat er im Auftrag Himmlers in Kontakt mit westlichen Institutionen und über Folke Bernadotte mit dem Schwedischen Roten Kreuz. Schellenberg unterstützte die Aktion der Weißen Busse und Folke Bernadotte erwähnte oft die gute Zusammenarbeit mit Schellenberg.

> gen Städte, Industrieanlagen und Fabriken zu zerstören, die am Kriegsende noch übriggeblieben sind. [...] Im Rahmen dieses Auftrags sollen innerhalb bestimmter Gebiete je nach Verlauf des Kriegs oder auf einen bestimmten Befehl hin getötet werden: sämtliche Häftlinge in Gefängnissen, Zuchthäusern und Konzentrationslagern, ungeachtet der Tatsache, ob es sich um Untersuchungs-, Straf-, Arbeits- oder Schutzhäftlinge oder Geiseln aus anderen Ländern handelt. Was die Kriegsgefangenen angeht, behalte ich mir besondere Maßnahmen und Schritte vor." (aus Hitlers Geheimtreffen mit dem Reichskabinett am 24. Februar 1945, aus den Unterlagen des „Freien deutschen Pressedienst" in Stockholm, in Persson 2002: 23). [Aus dem Schwedischen zurückübersetzt vom Verf.]

An eine Rettungsaktion für Häftlinge dachte und glaubte zu diesem Zeitpunkt niemand, am allerwenigsten die Häftlinge selber, wie vielen Zeitzeugenberichten zu entnehmen ist.

Erste Vorbereitungen der Hilfsaktion

Nicht zuletzt wegen dieser Drohung entschloss sich die schwedische Regierung, eine Rettungsaktion für skandinavische Häftlinge unter der Leitung von Folke Bernadotte zu unterstützen und durchzuführen. Aber der eigentliche Initiator der Aktion war nicht Folke Bernadotte, sondern Niels Christian Ditleff, bis zum Überfall Deutschlands auf Polen norwegischer Botschafter in Warschau. Zu dieser Zeit hatte er schon mit großem Geschick die Evakuierung von Diplomaten mit den deutschen Militärstellen ausgehandelt und organisiert und war auch vorher an Aktionen zur Rettung von Juden beteiligt. Ditleff machte auch von Anfang an klar, dass nur über direkte Kontakte mit Reichsführer-SS Himmler die Zustimmung für Hilfsaktionen in größerem Umfang zu erlangen war.

Nach der Besetzung Norwegens ging er nach Stockholm, wo er Mitglied der norwegischen Gesandtschaft wurde. Er hatte enge Kontakte zu norwegischen Personen, die sich um die in Deutschland inhaftierten Norweger und Norwegerinnen kümmerten wie auch zur norwegischen „Groß-Kreutz-Gruppe". Ditleff und den Schweden ging es zunächst nur um die skandinavischen Häftlinge. Man kann es als charakterliches Versagen Folke Bernadottes ansehen, dass er die entscheidende Rolle Ditleffs niemals gewürdigt und diese auch später so gut wie nie erwähnt hat, wohl um keinen Schatten auf seinen Heldenmythos fallen zu lassen. Auch sollte – wie später noch erwähnt – das ganze Projekt „schwedisch" sein und bleiben.

Eine besondere Rolle spielte die „Groß-Kreutz-Gruppe". Groß-Kreutz war ein Ort und größeres Gut im Bezirk Potsdam-Mittelmark, in dem prominente Norweger (u.a. der Rektor der Universität Oslo) interniert waren und von wo aus man mit Unterstützung „freier" Norweger (Seemannpastoren aus Hamburg) Hilfsaktionen für in Lagern und Gefängnissen inhaftierte Norwegerinnen und Norweger organisierte (siehe S. 50, *in diesem Band*). Man ermöglichte Briefverbindungen zu Familien, organisierte Paketsendungen mit Hilfsgütern, bemühte sich um Besuche bei Inhaftierten und – für die spätere Rettungsaktion besonders wichtig – stellte Namenslisten von Häftlingen und den jeweiligen Haftorten zusammen.

Schon auf einem Treffen am 22. September 1944 mit amerikanischen und britischen Diplomaten machte Niels Christian Ditleff Folke Bernadotte Vorschläge zur Rettung skandinavischer Häftlinge, woraufhin Letzterer umgehend einem Gespräch mit dem schwedischen König zusagte. „Ich werde schon morgen nach Drottningholm fahren und mit dem König über die Angelegenheit sprechen" (Persson 2002:108). Am 30. November 1944 übergab Ditleff dann dem schwedischen Außenministerium einen konkreten Vorschlag zur Rettung von Häftlingen, der als eigentlicher Start für die Aktion der Weißen Busse anzusehen ist, aber erst am 29. Dezember 1944 zog die norwegische Exilregierung mit einem Schreiben an ihre Botschaft in Stockholm nach. Bereits in diesem Schreiben wurde u.a. ein Treffen von Folke Bernadotte mit Himmler oder Kriminalkommissar Göring in Berlin vorgeschlagen, ein persönlicher Brief des Königs an Hitler war vorgesehen. Es sollte zunächst die Freilassung bestimmter inhaftierter Gruppen und Personen bzw. deren Internierung im neutralen Schweden bzw. im besetzten Norwegen oder Dänemark verlangt werden. Dem Schwedischen Roten Kreuz sollte der Zugang zu deutschen Häfen und Straßen gewährt werden, um mit Unterstützung deutscher Stellen weiterführende Hilfsaktionen (u.a. Häftlingstransporte) durchführen zu können, wie sie etwa bei einem Waffenstillstand oder Friedensschluss oder auch schon vorher sinnvoll und erforderlich hätten sein können.

Am 5. Februar 1945 schickt Ditleff – diesmal im Namen der norwegischen Exilregierung – ein „offizielles Memorandum" an das schwedische Außenministerium mit der dringenden Bitte, eine Delegation des Schwedischen Roten Kreuzes nach Berlin zu schicken. Deren Aufgabe sollte es sein, dort die Zustimmung für die Sendung eines schwedischen Expeditionskorps zur Rettung skandinavischer KZ-Häftlinge nach Schweden zu erhalten und dieses Korps sollte dann möglichst schnell in Schweden zusammengestellt werden. Der schwedische Außenminister Günther reagiert umgehend und beauftragt Richert, den schwedischen Botschafter in Berlin, über Schellenberg, SS-General und Mitarbeiter Himmlers, in Erfahrung zu bringen, ob Himmler zu einem Treffen mit Folke Bernadotte bereit sei.

In diesem Zusammenhang ist es erwähnenswert, dass es bereits vor der großangelegten Rettungsaktion der Weißen Busse schon größere und kleinere erfolgreiche Versuche gab, mit den NS-Behörden zu verhandeln und Häftlinge aus Lagern zu befreien. Der schwedische Generalkonsul in Paris, Raoul Nordling, der später zur „Rettung von Paris" beigetragen und mit dem Schweizer Carl Burckhardt, Präsident des Internationalen Komitees vom Roten Kreuz, über die geplante schwedischen Rettungsaktion gesprochen hatte, hatte auch Gespräche mit Folke Bernadotte geführt. Bereits 1944 wurden in Dänemark – wo die Lage allerdings eine ganz andere war als in Norwegen – unter Admiral Carl Hammerich in Zusammenarbeit mit dem „Jyllandkorps" umfassende Pläne für die Rückführung dänischer Häftlinge gemacht, die aber nie ganz zur Ausführung kamen, wohl aber für die spätere Hilfsaktion unter Folke Bernadotte hilfreich waren (ebd.: 92–94). Immerhin konnten zwischen dem 5. und 11. Dezember 1944 198 dänischen Polizisten aus dem KZ Buchenwald in das Internierungslager Frøslev in Dänemark überführt werden. Bis Februar 1945 kamen – mit Zustimmung von SS-Obergruppenführer Dr. Best, Reichsstatthalter in Dänemark, – weitere 550 erkrankte Häftlinge unter dänischer Leitung nach Dänemark zurück. In der Schlussphase der Rettungsaktion der Weißen Busse sollten dänische Fahrzeugkontingente wieder eine wichtige Rolle spielen.

Aber auch an einige gelungene Einzelaktionen sollte in diesem Zusammenhang erinnert werden. Der Schwede Raoul Wallenberg und der Schweizer Carl Lutz retteten Tausende Juden durch sogenannte Schutzbriefe vor dem Holocaust. Dem Schweizer Diplomaten Jean-Mary Musy gelang es Anfang Februar 1945 nach Verhandlungen mit Himmler 1200 Juden aus dem KZ Theresienstadt in die Schweiz zu bringen. Allerdings ging die Schweizer Regierung mit ihren wenigen mutigen „Fluchthelfern" während und nach dem Krieg nicht immer sehr „freundlich" um, wobei die Schweiz ohnehin ein wohl eher fragwürdiges Beispiel für „Neutralität" war und weiterhin ist. Juden und Jüdinnen, die in die Schweiz flüchten wollten, wurden an der Grenze aufgegriffen und wieder nach Deutschland zurückgeschickt. Grenzsoldaten, die mal „ein Auge zudrückten", wurden wegen dienstlicher Vergehen bestraft. Durch den Film „Schindlers Liste" wurde auch die Krakauer Rettungsaktion des Fabrikanten Oskar Schindler bekannt.

Otto Weidt, der in Berlin – natürlich illegal – Juden in seiner Bürstenbinderwerkstatt beschäftigte, schaffte es sogar, jüdische Mitarbeiter aus Auschwitz zurückzuholen. Durch Beziehungen und Bestechung von Gestapo- und SS-Leuten gelang es einzelnen Personen – wie von Überlebenden berichtet wird – immer wieder, ihre Angehörigen oder Freunde aus einem KZ herauszuholen.

Schweden verhält sich „diplomatisch"

Über das Zustandekommen und den Erfolg der Mission von Folke Bernadotte wurde viel gemutmaßt. War es die Autorität des als deutschfreundlich bekannten schwedischen Königshauses, war es die zuletzt latent vorhandene Drohung eines schwedischen Kriegseintritts zugunsten der Alliierten, oder war es die absurd anmutende Vorstellung, dass sich dadurch einzelne SS-Führer eine Art „Persilschein" nach der Niederlage und ihrer Verhaftung verschaffen konnten? Am 26. März fand der erste Transport schwedischer Frauen Richtung Schweden statt (siehe S. 83 ff., *in diesem Band*). Zum Erfolg beigetragen hatte sicherlich auch, dass es nicht nur auf schwedischer, sondern auch auf deutscher Seite, wie z. B. in der Person des Chefs der Abwehr Walter Schellenberg, Menschen gab, die sich persönlich für das Vorhaben – aus was für Gründen auch immer – einsetzten. Es war vielleicht auch diplomatisch klug und in dieser speziellen Situation nicht ungeschickt, dass sich das schwedische Außenministerium und Staatsminister Albin Hansson trotz norwegischem und dänischem Drängen eher neutral – vielleicht auch mehr als neutral – verhielten und keinen Druck auf die deutsche Regierung ausübten. Man wusste, dass Hitler solchen Bestrebungen grundsätzlich ablehnend gegenüberstand, und dass ein Deutschland, dessen Untergang unmittelbar bevorstand, unberechenbar und u. U. zu keinerlei Zugeständnissen oder zu „Schlimmerem" bereit war. Bei einem Scheitern des Projektes hätte man in Schweden als Regierung nicht blamiert dagestanden; bei einem Gelingen sich aber den Erfolg „auf die eigenen Fahnen schreiben können", denn man hatte einiges bei den beiden skandinavischen Nachbarländern wieder „gutzumachen". Dies ist wohl auch der Grund dafür, warum man Teile der Aktion nicht aus der Hand geben wollte, obwohl es im Hinblick auf die dänischen Angebote durchaus angebracht und auch sinnvoll gewesen wäre.

Über die später an der Rettungsaktion direkt oder indirekt beteiligten Länder Norwegen und Dänemark wurde in den ersten Kapiteln nur kurz, ausführlicher hingegen über Schweden berichtet, das für Tausende von Häftlingen nach Kriegsende ein Gastland, für manche für immer eine neue Heimat geworden war. Das untergehende Deutschland war nicht mehr Akteur, sondern nur noch Schauplatz der Ereignisse, und trotzdem hing doch alles davon ab, welche Entscheidungen deren Machthaber kurz vor ihrem Ende und Untergang treffen würden. Es waren auch letztlich nicht nur die Regierungen der drei skandinavischen Länder, denen die Rettungsaktion zu verdanken war. Es waren – wie so oft – einzelne engagierte Menschen, die alles ihnen nur Mögliche taten, um ihre Mitmenschen zu retten, wobei ihnen ihre Arbeit oft genug von den offiziellen Institutionen (Regierungen usw.) mehr erschwert als erleichtert wurde. In diesem Zusammenhang muss an erster Stelle wieder der Norweger Niels Christian Ditleff erwähnt werden, der selbst bei der norwegischen Exilregierung in London mit seinen Plänen oft auf Ablehnung stieß. Auch die schwedische Regierung mit ihrem Außenminister Christian Günther verhielt sich zunächst ziemlich „bedeckt" und nicht immer kooperativ und hilfsbereit.

2.2 Folke Bernadotte trifft Heinrich Himmler

Die erste Reise am 17. Februar

Folke Bernadotte fuhr in seiner Eigenschaft als 2. Vorsitzender des Schwedischen Roten Kreuzes am 17. Februar 1945 nach Berlin, um mit deutschen Dienststellen (Außenministerium und Heinrich Himmler) Kontakt aufzunehmen. Alles war vorher mit dem schwedischen Außenministerium und dem schwedischen Botschafter in Berlin abgesprochen worden, aber einen offiziellen Regierungsauftrag hatte – wie schon erwähnt – Folke Bernadotte nicht. Alles sollte einen eher „privaten" Charakter haben. Folke Bernadotte bringt als persönliches Geschenk für Himmler – wohl wissend um dessen Interesse an der altnordischen Kultur – ein „Runenbuch" aus dem 17. Jahrhundert mit. Nach anfänglichem Zögern war man in der schwedischen Regierung inzwischen von der Notwendigkeit eines aktiven Einsatzes zur Rettung von KZ-Häftlingen überzeugt und auch dazu bereit. Folke Bernadotte gibt seine ersten Eindrücke von Berlin wie folgt wieder:

> „Das Berlin, das ich diesmal erlebte, wandelte bereits auf den Spuren des Krieges. Die Menschen, die man auf den Straßen sah, wirkten noch recht wohlgenährt (1945: 24). […] Da standen also die Berliner in langen Schlangen vor den Lebensmittelgeschäften oder arbeiteten an Barrikaden und warteten darauf, dass der Feind in die Stadt eindrang. Und um sie herum verbreiteten sich Gräuel der Verwüstungen. Wenn man auf den Straßen in den zentralen Stadtteilen herumging, hatte man den Eindruck, dass vier

von fünf Häusern durch die mit ungeheurer Gewalt durchgeführten Bombenangriffe der Alliierten zerstört waren. Trotzdem lebten die Menschen weiterhin in ihren Kellern. […] Die Bahnen funktionierten weiter, es sei denn, es hatte gerade einen Bombenangriff gegeben, und das Gleiche galt für Gas, Elektrizität und Telefon (ebd.: 25). […] Das Eigentümliche, aber auch sehr Charakteristische, ist inzwischen, dass man auf jeden Fall in gewissen Kreisen nicht wahrhaben wollte, dass es vor allem anderen Hitler war, der die Verantwortung für all dieses Elend trug. Mit einer Art Sentimentalität, die wohl nun ein für alle Mal typisch ist für die Deutschen, standen große Teile des deutschen Volkes in diesen letzten Monaten und Wochen des Dritten Reichs nach wie vor fest zu ihrem ‚Führer'. Man hatte ihm den Treueeid geschworen, deswegen musste man ihm jetzt auch beistehen. Die fantastischen Träume, die Adolf Hitler geträumt hatte, waren in den Augen anderer Völker Albträume, aber für das deutsche Volk waren sie weiterhin Wunschträume." (ebd.: 26)

Arvid Richert, der schwedische Botschafter in Berlin, hielt das ganze Unternehmen zunächst für chancen- und hoffnungslos, versprach aber, bis zum Ende in Berlin zu bleiben. Was für ein Interesse sollte Deutschland in diesen letzten Wochen an derartigen Transporten mit ausländischen Fahrzeugen quer durch das zerstörte Deutschland haben? Über die Botschaftsbeamten Nylander und Brandel gelang es, einen Kontakt zu dem Österreicher Kaltenbrunner, dem Chef des Reichssicherheitshauptamts (RSHA) und des SD und Nachfolger von Richard Heydrich, herzustellen. Himmler, an diesen Tagen im Hauptquartier, und Kaltenbrunner hatten zu diesem Zeitpunkt bereits mehr Kompetenzen als das Außenministerium unter von Ribbentrop, den Folke Bernadotte während seines fünftägigen Aufenthalts auch traf. Himmler war nach Hitler – vielleicht schon neben Hitler – der wichtigste Mann im untergehenden Deutschen Reich. Kaltenbrunner, ein treuer Gefolgsmann Hitlers, stand dem ganz Unternehmen zunächst ablehnend gegenüber, lenkte aber ein, als Folke Bernadotte die Möglichkeit eines Kriegseintritts Schwedens ansprach. Auch Himmler zeigte sich zunächst abweisend, denn es musste alles vor Hitler geheim gehalten werden und das untergehende Deutsche Reich hatte zu dieser Zeit andere Sorgen. Folke Bernadotte konnte Himmler immerhin einige Zugeständnisse abringen: ein Sonderlager für skandinavische Internierte und Zivilgefangene mit Zugang für das Personal des schwedischen Roten Kreuzes in Deutschland. Folke Bernadotte ging von 13 000 Personen aus, Himmler von 2 bis 3000 (Persson 2002: 153).

Nach Treffen mit von Ribbentrop und mit Himmler kam man zu folgenden Vereinbarungen: Kraftstoff, technische Hilfe, Nahrungsmittel, medizinische

Versorgung usw. mussten aus Schweden herbeigeschafft und die Transporte in schwedischer Regie ohne deutsche Unterstützung durchgeführt werden. Einige Baracken des KZ Neuengamme sollten als Sammellager für skandinavische Internierte und Häftlinge dienen; alles musste möglichst geheim gehalten und sollte mit größter Schnelligkeit durchgeführt werden. Zwei Wochen sollten für die Vorbereitungen (von deutscher Seite: die Räumung eines Teils des KZ Neuengamme und von schwedischer Seite: die Bereitstellung der Fahrzeuge) reichen, aber diese Vorbereitungszeit wurde von beiden Seiten nicht eingehalten. Für alle logistischen Fragen musste allein das Schwedische Rote Kreuz aufkommen. Als sehr hilfreich sollten sich hier die Unterstützung dänischer und norwegischer Organisationen und Aktivisten, darunter die Groß-Kreutz-Gruppe bei Berlin und der norwegische Diplomat Ditleff erweisen, der bereits ähnliche Aktionen vorbereitet, Personenlisten usw. aufgestellt hatte. Über die geplante Aktion durfte nicht in den Medien berichtet werden; Hitler sollte auf keinen Fall davon erfahren.

Die zweite Reise am 6. März

Am 6. März fuhr Folke Bernadotte ein zweites Mal nach Berlin, wo er sich diesmal fast zwei Wochen aufhielt. Nach dem ermutigenden ersten Besuch hatte sich die Situation verschlechtert. Die Expedition wurde von deutscher Seite als „unnötig" angesehen, auch konnten die schwedischen Zeitzusagen nicht eingehalten werden. Am 3. März sollten die Fahrzeugkolonnen des Schwedischen Roten Kreuzes bereitstehen und abfahrbereit sein (ebd.: 186). Aber so gut wie nichts war bis dahin geschehen.

Folke Bernadotte brachte eine Reihe von Vorschlägen und Wünschen mit, Vorschläge von norwegischer Seite und Wünsche von Gilel Storch,[6] der sich unermüdlich für seine jüdischen Glaubensbrüder einsetzte. Es wurde auch auf die katastrophale Versorgungslage in den Lagern hingewiesen und seitens des Roten Kreuzes der Wunsch geäußert, künftig an der Verteilung von Lebensmittelpaketen beteiligt zu werden. Hiermit wurde ein „wunder Punkt" berührt, denn auf deutscher Seite wollte man verhindern, dass internationale

---

6 Gilel Storch war ein jüdischer Unternehmer. Er stammt aus Vitebsk und lebte später in Riga. Schon mit 18 Jahren war er Repräsentant der *Jewish Agency* und engagierte sich in dieser Eigenschaft für einen jüdischen Staat in Palästina. 1940 floh er vor den Sowjets nach Stockholm, wo er den schwedischen *World Jewish Congress* vertrat. Er arbeitete später mit Folke Bernadotte zusammen und war daran beteiligt, dass 300 Juden schon 1944 nach Schweden kamen und so gerettet wurden. Die meisten seiner Familienangehörigen wurden während der *Shoa* umgebracht.

Organisationen Einblick in die tatsächlichen Verhältnisse in den deutschen Lagern erhalten konnten. Der bereits vereinbarte Zutritt für das Lager Neuengamme sollte dem Roten Kreuz auch erst nach Trennung der norwegischen und dänischen Häftlinge von den anderen Gefangenen gewährt werden. Bernadotte beklagte, dass Ernst Kaltenbrunner[7] offensichtlich gegen Himmler arbeitete. Ein Treffen mit Himmler kam nicht zustande; von dessen Seite gab es keine festen Abmachungen, sondern lediglich mündliche Versprechen. Es gab Gespräche mit dem etwas zwielichtigen Felix Kersten[8] und Walter Schellenberg, dem Nachfolger des SD-Chefs Canaris. Kersten und Schellenberg unterstützten Folke Bernadottes Pläne und hatten auch einen gewissen Einfluss auf Himmler. Immerhin konnte Folke Bernadotte das Gut Friedrichsruh, ein Anwesen der Familie Bismarck unweit von Hamburg, besuchen und inspizieren, das als „Hauptquartier" für die schwedische Hilfsaktion vorgesehen war.

Als positives Ergebnis ist wohl die Nachricht Folke Bernadottes vom 7. März anzusehen, die im „Weißbuch" des schwedischen Außenministeriums – wie folgt – notiert ist:

> „ […] dass die zuständigen Deutschen alles für eine gelungene Durchführung der Aktion getan haben und dass eine zweite Aktion, nämlich die Überführung der nach Neuengamme transportierten Häftlinge nach Schweden, nicht ausgeschlossen zu sein scheint." (ebd.: 189)

Die dritte Reise am 28. März

Am 28. März fährt Folke Bernadotte zum dritten Mal nach Berlin. Am 30. März konnte er den neu eingerichteten „skandinavischen Block" im KZ Neuengamme in Begleitung des KZ-Kommandanten Obersturmbannführer Pauly besuchen, und seine unmittelbaren Eindrücke sollen im Folgenden wiedergegeben werden:

> „Wir fuhren mit dem Auto bis zum Einfahrtstor in Neuengamme. Die Tore wurden geöffnet und dann hinter uns wieder geschlossen. Ich war der erste Vertreter einer neutralen humanitären Organisation, der die Erlaubnis

7 Siehe S. 60, Fußnote 2, *in diesem Band.*

8 Eduard Alexander Felix Kersten war ein erfolgreicher Massagetherapeut, der als persönlicher Masseur des Reichsführers-SS Heinrich Himmler Bekanntheit erlangte. Er machte seinen Einfluss auf Himmler geltend und setzte sich u. a. für die Rettung von Juden und KZ-Häftlingen ein. Er vermittelte u. a. das Treffen zwischen Norbert Masur, dem schwedischen Vertreter des jüdischen Weltkongresses (WJC), und Himmler Ende April 1945. Sein Verhältnis zu Folke Bernadotte war eher angespannt. Dazu mehr in Kap. 3.6, *in diesem Band.*

erhalten hatte, ein Lager zu besuchen. Als unser Personal aus verschiedenen Lagern Häftlinge abholte, hatte man sie nicht reingelassen. Stattdessen wurden die Häftlinge gruppiert und vor die Lagertore geführt, um sie dort in wartende Busse und Krankenwagen einsteigen zu lassen (Bernadotte 1945: 85). […] Gerne hätte ich bei meiner ersten Begegnung die Dänen und Norweger auf eine mehr herzliche Art und Weise begrüßt, aber es war ein Gebot der Vorsicht, meine Gefühle nicht Überhand nehmen zu lassen. Ich inspizierte die Baracken in Anwesenheit des Lagerkommandanten und somit konnte ich nur flüchtig mit den Norwegern und Dänen sprechen. […] Die Verhältnisse in dem Lager waren natürlich nicht zufriedenstellend, welches auch von den deutschen Dienststellen zugegeben wurde. Die Häftlinge mussten extrem eng zusammenwohnen. In den meisten Baracken hatte man Pritschen, auf denen Säcke lagen, auf den Boden gestellt, auf denen die Häftlinge liegen mussten. Mit großer Beunruhigung stellte ich mir vor, was passieren würde, wenn sich Epidemien im Lager ausbreiten würden. […] Die Disziplin in einem deutschen Konzentrationslager ist äußerst streng und ich muss zugeben, dass es in mir brodelte, als ich zwischen den Norwegern und Dänen herumging und sehen musste, wie sie nach den geltenden Lagerregeln die Mützen vom Kopf reißen und sich in „Hab-Acht-Stellung" aufstellen mussten, sobald deutsches Wachpersonal in ihre Nähe kam. Ich konnte feststellen, dass sie sich deutlich ruhiger und glücklicher fühlten, weil das Schwedische Rote Kreuz nun im Lager mitarbeiten würde." (ebd.: 87–90)

Aus der Sicht eines Häftlings schreibt der Däne Karl Selling Møller über den Besuch Bernadottes:

„Das war ein spannendes Erlebnis diesen Mann [Folke Bernadotte] zu sehen, der veranlasst hatte, dass wir in dieses Lager gekommen waren. Und dann war es noch dazu ein besonderes Erlebnis, miterleben zu dürfen, wie er diese Lagerleitung ignorierte, Thumann, ich kann mich nicht erinnern, ob Pauly auch noch mit dabei war, wahrscheinlich war er das, als er [Folke Bernadotte] das Lager inspizierte. Wir durften zwar nichts sagen, aber wir pfiffen ‚*Du gamla, Du fria, Du fjällhöga nord*' [„Du alter, Du freier, Du gebirgiger Norden" – die schwedische Nationalhymne – *Anm. d. Verf.*] und das war einfach fantastisch, diesen Mann zu sehen. Er ging frei umher und behandelte die Lagerleitung so, als wäre sie Luft für ihn und existiere überhaupt nicht. […] So erlebten wir Bernadotte als einen stolzen, schmucken Mann. Und eigentlich war er auch unsere Rettung." (Møller 2012: 228)

Der dänische Häftling J. B. Holmgård berichtet später über diese Begegnung, wie entgegenkommend, diensteifrig und kriecherisch die „Henker" Pauly und sein Stellvertreter Thumann sich auf Folke Bernadottes Spuren bewegten, wohl „charakteristisch für die Henker des Herrenvolks" (Persson 2002: 272). Ganz anders dagegen der sachliche Bericht des Dänen Mogens Henrik Nielsen:

> „Dann kam das Gerücht nach Neuengamme, dass die Bernadotte-Aktion im Gange sei und unsere Leute abholen sollte. Und tatsächlich: Bernadotte kam. Die Gefangenen wurden in Blöcke gesammelt. Und da ich krank war, wurde ich am 9. April 1945 von Neuengamme nach Hause gefahren. Wir kamen an diesem Tag nach Dänemark, nach Padborg, blieben an der deutsch-dänischen Grenze 24 Stunden, kamen dann nach Helsingborg und erreichten Ramlösa in Schweden." (Nielsen 2012: 221)

Mit dem Lagerkommandanten Pauly konnte Folke Bernadotte einige wichtige Vereinbarungen treffen. Die schwedische Rote-Kreuz-Delegation bekommt zu jeder Zeit – auch nachts – Zugang zu allen Abteilungen des „skandinavischen" Lagerbereichs. Ein Krankenrevier mit entsprechender medizinischer Ausrüstung wird eingerichtet. Die Häftlinge können sich tagsüber frei bewegen und haben Zugang zu anderen Baracken. Es sollen Freizeit- und kulturelle Angebote gemacht werden. Arbeitseinsätze außerhalb des Lagers dürfen nicht mehr angeordnet werden, mit Ausnahme für Berufsverbrecher. Freier Briefverkehr soll ermöglicht werden. Im Falle einer notwenigen schnellen Evakuierung kann auch dänische Transporthilfe in Anspruch genommen werden. Das würde bedeuten, dass skandinavische Gefangene nicht auf „Todesmärsche" geschickt würden, die nach Hitlers Anordnung bereits in mehreren Konzentrationslager vorbereitet wurden oder schon stattgefunden hatten.

Die Forderung, alle befreiten skandinavischen Häftlinge direkt nach Schweden zu bringen, wurde von Himmler mit dem Hinweis auf Hitlers zu erwartenden Widerstand abgelehnt. Aber Himmler machte die Zusage für einen Rücktransport der Erkrankten, der dänischen und norwegischen Frauen, eines kleinen Teils der 461 inhaftierten norwegischen Studenten, der norwegischen Zivilinternierten und der dänischen Polizisten. Bis auf die Polizisten müssten alle Personen bis Kriegsende in Schweden interniert bleiben. Aber es gelang Folke Bernadotte immer wieder, Himmler nach und nach (scheibchenweise, mit sogenannter Salami-Taktik) kleine Zugeständnisse abzuringen. Seinen Eindruck über nicht-skandinavische Häftlinge gibt Folke Bernadotte wie folgt wieder:

> „Das war ein außerordentlich beklemmender Anblick, ein Teil sah nur noch wie lebende Leichen aus, sie waren völlig apathisch. Die Russen wurden besonders brutal vom deutschen Wachpersonal behandelt." (in Persson 2002: 274)

Aber die Räumung eines Teils des KZ Neuengamme (ein Teil des westlichen Steinhauses, eine Art Krankenblock) für die Unterbringung der skandinavischen Häftlinge wurde zu einer humanitären Katastrophe. Die dort etwa 2000 inhaftierten Häftlinge – zumeist schwache und kranke – wurden in Nebenlager bei Hannover und in der Nähe von Salzgitter „umquartiert". Viele überlebten diese Maßnahme nicht. Wegen der vorrückenden Alliierten wurde das Lager Neuengamme mit dänischer Unterstützung (124 Fahrzeuge) bis zum 21. April geräumt.

Teilgebäude der Krankenhausanlage in Hohenlychen. Dr. Gebhardt, Himmlers Leibarzt, war dort leitender Arzt und führte hier seine Experimente an Häftlingen aus dem KZ Ravensbrück durch. Foto: Ulrich Kasten (2013).

Zweimal traf Folke Bernadotte mit Himmler in dem Sanatorium Hohenlychen, etwa 80 Kilometer nördlich von Berlin, zusammen. Das zweite Gespräch vom 2. April, das Folke Bernadotte „als sehr herzlich" beschreibt, dauerte vier Stunden. Bei diesen Gesprächen wie auch beim letzten Treffen Ende April ging es u. a. auch um die allgemeine „Großmachtpolitik", wobei es vermutlich ein gewisses Einvernehmen hinsichtlich der Einstellung der Sowjetunion gegenüber gab. Diese Unterredungen mit Himmler waren sicherlich für die weiteren Verhandlungen und Abmachungen hinsichtlich der Aktion der Weißen Busse von Vorteil. Inwieweit es sich hierbei bei Folke Bernadotte um reine Taktik oder um Überzeugung handelte, vermag ich nicht zu entscheiden.

Die vierte und letzte Reise am 26. April

Noch am 14. April hatte Himmler – in Übereinstimmung mit Hitler – angeordnet, dass beim Rückzug aus dem Osten kein Häftling in einem Arbeits- oder Konzentrationslager lebend zurückgelassen werden dürfe. Entweder seien diese zu töten oder auf den Weg nach Westen zu schicken, d. h. auf die berüchtigten „Todesmärsche".

Bei der vierten Deutschlandreise traf Folke Bernadotte am 26. April Himmler zunächst in Hohenlychen. Die Kliniken in Hohenlychen, unweit vom Frauenkonzentrationslager Ravensbrück, waren für Himmler inzwischen zu einer Art „Hauptquartier" geworden. Auch ließ er sich hier seit längerem von seinem Masseur und Vertrauten Felix Kersten und seinem Leibarzt Professor Karl Gebhardt medizinisch behandeln. Es war übrigens auch der Ort, an dem von Gebhardt die meist tödlichen medizinischen Versuche an Häftlingen aus dem KZ Ravensbrück durchgeführt wurden.

Im Folgenden soll es in erster Linie um die Häftlinge des KZ Ravensbrück gehen. Folke Bernadotte verlangte als Erstes, dass alle skandinavischen Häftlinge nach ihrem „Transport" durch Dänemark nach Schweden weiterbefördert werden sollten. Mit dem Hinweis auf Hitlers Verbot lehnte dies Himmler zunächst ab, stimmte dann aber zu, vorerst aber noch unter der Voraussetzung, dass es zu Kriegshandlungen im noch immer besetzten Dänemark kommen sollte. Dann schlug Folke Bernadotte vor, auch die Häftlinge der anderen Nationalitäten nach Schweden zu bringen. In wenigen Tagen würde das Lager Ravensbrück sowieso in russische Hände fallen. Er konnte noch am selben Tag einen Brief an den Lagerkommandanten Suhren schreiben:

> „Bernadotte teilte dort die Genehmigung Himmlers für das Schwedische Rote Kreuz mit, alle sich im Lager befindlichen Frauen nach Schweden mitzunehmen: zunächst sämtliche französische Frauen, dann sollten sich zu gleichen Bedingungen die Polinnen, Holländerinnen und Belgierinnen für den Abtransport bereithalten." (Persson 2002: 357)

Für die letzte Phase der Rettungsaktion wurden wegen fehlender Transportmittel und der immer schneller näher rückenden Roten Armee auch deutsche Güterzüge eingesetzt, nachdem vorher bereits Tausende von Häftlingen auf die sogenannten „Todesmärsche" geschickt worden waren.

> „1945. Meine Freundin Renia (Rina Fried) erinnert sich: Ein Waggon – ein gespenstischer Anblick – vollgepackt mit kaum noch lebenden Skeletten von Frauen. Sie ist eines dieser Skelette. Sie ist 16 Jahre alt. Wie durch ein

> Wunder ist sie bei allen Selektionen davongekommen, ein Wunder, dass sie überhaupt noch lebt. Für sie aber fuhr dieser Zug dem Tod entgegen. Die Frauen in den Waggons sind vollständig resigniert. Plötzlich: HALT! Irgendjemand hat den Zug angehalten. Die ausgemergelten Frauen wissen, was nun kommt: Schreie, Peitschenhiebe und – direkt danach – der Tod. Sie sind hilflos und gleichgültig. Die versiegelten Waggontüren werden geöffnet. Aber niemand fällt über sie her. Nebenan auf einem Nebengleis steht ein weiterer Zug. Normale saubere Waggons mit Sitzbänken und Fenstern. Höfliche ruhige Menschen, die eine fremde Sprache sprechen, helfen ihnen aus den Viehwaggons. Sie bringen etwas zu essen und zu trinken. In ihrer melodischen Sprache sagen sie: ‚Wir fahren nach Schweden – Eure Sklaverei ist vorbei'." (Persson 2002: 11)

Anschließend fuhr Folke Bernadotte nach Friedrichsruh zurück, um die Fahrzeugkolonnen des Roten Kreuzes auf den Weg zu schicken und kümmerte sich auch weiter in Dänemark mit dortigen Mitarbeitern und Behörden um die dort vor Ort zu treffenden Vorkehrungen. Über die Priorisierung der Westeuropäerinnen ist immer wieder diskutiert worden; die Osteuropäerinnen kamen zuletzt an die Reihe. War es Folke Bernadottes Taktik – wie vorher schon – immer wieder zunächst Teilforderungen zu stellen, um dann am Ende das „Ganze" zu erreichen; war es die Auflage des schwedischen Außenministeriums vom 27. März, zunächst den Französinnen den Vorzug zu geben (ebd.: 356)? War es seine familiäre Beziehung zu Frankreich, denn die Bernadottes stammten aus Frankreich? Wer vermag darüber zu entscheiden und zu urteilen?

Die Russinnen – meistens ehemalige Soldatinnen – wurden nicht erwähnt, weil bekannt war, dass sich diese von der „Roten Armee" befreien lassen und natürlich in ihre Heimat zurückkehren wollten oder mussten. Bei gemeinsamen Treffen im Rahmen unserer Vereinstätigkeit[9] berichteten die russischen Frauen – oft mit Stolz – über ihren „Kampf" im Krieg und auch während der Haft in Ravensbrück; aber viele verschwiegen auch nicht die Repressalien, denen sie nach ihrer Rückkehr in die Sowjetunion ausgesetzt waren. Da sie im Lager Ravensbrück für die deutsche Kriegswirtschaft (Siemens-Lager und „Schneiderei") gearbeitet hatten, wurde ihre Zwangsarbeit als „Kollaboration" verurteilt. Auch war es oft ein Makel, wenn man Haft und Lager in Deutschland überlebt hatte.

Wie schon beim dritten Besuch in Hohenlychen am 2. April ging es auch diesmal wieder – wenn auch nur nebenbei – für Himmler um „Großmacht-

9 „Fürstenberger Förderverein – Gedenken, Begegnen, Helfen."

politik". Folke Bernadotte und Himmler waren sich darin einig, dass der Krieg endgültig für Deutschland verloren sei" (Bernadotte 1945: 91–97). Schellenberg berichtet, dass Himmler es sogar erwogen habe, Folke Bernadotte zu bitten, in seinem Auftrag mit dem amerikanischen Oberkommandierenden General Eisenhower direkt über eine Kapitulation an der Westfront zu verhandeln (ebd.: 93). Im Gespräch mit Folke Bernadotte sah Himmler in Hitlers prinzipieller Ablehnung das größte Hindernis für „Friedensverhandlungen", für die sich Schweden als Vermittler offenhielt. Bei diesem vierten Treffen, jetzt nach Hitlers Tod, kam dieses Ansinnen Himmlers, Eisenhauer direkt zu treffen, nochmal zur Sprache. Aber wie schon am 2. April waren erst recht am 23. April derartige Verhandlungen schon längst nicht mehr möglich, denn selbst eine „Teilkapitulation" an der Westfront wäre für die Westalliierten nicht verhandelbar gewesen. Für sie gab es nur die „bedingungslose Kapitulation". Auf der Konferenz von Jalta war über die Aufteilung Deutschlands und sein weiteres Schicksal definitiv entschieden worden. Es konnte somit nur noch über „technische" Fragen hinsichtlich der Übergabe von Lagern, Städten und anderen Objekten bei einer Kapitulation verhandelt werden.

Interessant sind hierzu die Aufzeichnungen Folke Bernadottes über sein letztes Gespräch mit Himmler über diese Frage.

> „Um so viele Gebiete Deutschlands wie möglich vor der russischen Besetzung zu verschonen, würde er [Himmler] gerne an der Westfront kapitulieren, um so die Truppen der Westalliierten nach Osten vorrücken zu lassen. Die deutschen Truppen an der Westfront sollten die Waffen niederlegen und in Gefangenschaft gehen. Er war und wäre aber niemals bereit, an der Ostfront zu kapitulieren. Er werde immer ein eingeschworener Feind des Bolschewismus bleiben. Von Anfang an sei er entschieden gegen den russisch-deutschen Freundschaftsvertrag zu Beginn des Krieges gewesen. Er fragte mich, ob ich [Folke Bernadotte] bereit wäre, eine dahingehende Mitteilung an das Schwedische Außenministerium weiterzugeben, damit dieses die Westalliierten von diesem Vorschlag in Kenntnis setzt." (ebd.: 360) [*nach Folke Bernadottes Aufzeichnungen zitiert*]

Nach dem Tod Adolf Hitlers fühlte sich der „treue Heinrich"[10] nicht mehr an seinen Treueeid Hitler gegenüber gebunden, auch hatte Hitler ihn nach

10 „Der treue Heinrich" bzw. „Der eiserne Heinrich" ist eine Figur aus dem Märchen „Der Froschkönig" der Gebrüder Grimm. Der „eiserne Heinrich" hält seinem König auch die Treue, als dieser für viele Jahre in einen Frosch verzaubert wird und wird später zu einem Symbol für unverbrüchliche Treue. „Meine Ehre heißt Treue" – natürlich dem Führer Adolf Hitler gegenüber – war der Leitspruch Himmlers und der SS.

dessen „Treuebruch“ unmittelbar vor seinem Selbstmord als seinen Nachfolger abgesetzt und Großadmiral Dönitz zu seinem Nachfolger ernannt (siehe S. 139, *in diesem Band*). Auf Folke Bernadottes Vorschlag hin schrieb Himmler bei Kerzenlicht folgenden Brief an den schwedischen Außenminister Christian Günther:

> „Exzellenz! Ich habe Graf Bernadotte gebeten, Ihnen eine Anzahl Probleme vorzutragen, über welche ich heute mit ihm sprechen konnte. Nehmen Sie bitte im Voraus meinen aufrichtigen Dank entgegen, dass Sie diesen Fragen Ihr wohlwollendes Interesse entgegenbringen. Mit dem Ausdruck meiner vorzüglichen Hochachtung bin ich Ihrer Exzellenz zutiefst verbunden. H. Himmler.“ (ebd.: 362) [*Aus dem Schwedischen zurückübersetzt vom Verf.*]

Das letzte Gespräch – von Bombenangriffen unterbrochen – zwischen Folke Bernadotte und Himmler findet in der Nacht vom 23. zum 24. April im vorübergehenden Büro des Schwedischen Konsulats in Lübeck statt, über das Folke Bernadotte – wie folgt – berichtet:

> „Diese Nacht mit der gruseligen Untergangsstimmung werde ich nicht so leicht vergessen. Himmler kam in die „Dienststelle“ der Schwedischen Botschaft in Lübeck etwa gegen halb Zwölf nachts. Unmittelbar danach begannen die Sirenen zu heulen. Ich fragte Himmler, ob wir runter in die Schutzräume gehen sollen, aber ich wies auch darauf hin, dass ich nicht garantieren könne, dass wir dort alleine wären. Gegebenenfalls könnten wir nicht anderen Personen, Vorbeikommenden, verweigern, Schutz im Keller zu suchen. Himmler zögerte einen Augenblick, dann entschied er sich mit runterzugehen. Dort hatte sich eine Schar Deutscher und Schweden zusammengefunden. Himmler sprach mit den Deutschen, hörte aufmerksam zu, wie es ihnen ging, er versuchte ganz deutlich die Stimmung der Bevölkerung zu erfahren. Es war ganz offenbar so, dass er nicht erkannt wurde. Ich betrachtete ihn während der Stunde, die wir im Luftschutzkeller zubrachten. Er wirkte total übermüdet und erschöpft und kämpfte – nach allem, was ich beurteilen konnte – den schweren Kampf, seine Ruhe zu bewahren. Von Neuem ertönten die Sirenen, die Gefahr war vorüber. Wir verließen den Keller und ließen uns in einem Dienstraum der Gesandtschaft nieder für die Fragen, die Himmler noch vorbringen wollte. Ein paar Stearinkerzen auf dem Tisch warfen ein schwaches Licht auf den Tisch, um den herum wir saßen. […] Das elektrische Licht funktionierte nicht mehr.“ (1945: 112 f.)

2.3 Die Transporte durch die Weißen Busse

Personal und Ausrüstung

Nach Folke Bernadottes erster Deutschlandreise wurde am 2. März 1945 ein formeller Beschluss hinsichtlich der Rückführung von skandinavischen Häftlingen durch das Schwedische Rote Kreuz von der „Königlichen Majestät und dem Königlichen Verteidigungsministerium" gefasst (Persson 2002: 161). Nach Angaben des *Tyskland detachement 1945 / Bernadottenförening* [Deutschlandabteilung 1945 / Bernadotte-Verein] bestand das Rettungskontingent aus 308 Personen und etwa 100 Fahrzeugen (36 Busse für Krankentransporte, 19 Lastwagen, sieben Personenwagen, sieben Motorräder, ein Reparatur- und Bergungsfahrzeug und weitere Versorgungsfahrzeuge). Über den Umfang des Rettungskontingents gab es Unstimmigkeiten mit den deutschen Stellen, die nur ein deutlich kleineres Kontingent zulassen wollten. Folke Bernadotte teilte am 5. Mai 1945 der Presse die endgültige Stärke mit: 250 Personen und 75 Fahrzeuge.

Das Personal wurde überwiegend aus Freiwilligen der schwedischen Armee, die ausdrücklich auf die Risiken im Kriegsgebiet Deutschland hingewiesen worden waren, zusammengestellt. Der Sold betrug – wie für alle Soldaten – 2 Kronen 50 pro Tag. Die Rekrutierung war nicht ganz einfach; junge Wehrpflichtige kamen nicht in Betracht und die Rekrutierungen mussten unter Ausschluss der Öffentlichkeit stattfinden. Etwa 20 Personen waren Mitglieder des Schwedischen Roten Kreuzes; dies waren Ärzte, Krankenschwestern und Bevollmächtigte. Unter den Krankenschwestern befand sich auch Folke Bernadottes Schwester Maria Bernadotte.

Die Fahrzeuge wurden von der schwedischen Armee gestellt, die Kosten sollte die „Staatskasse" übernehmen. Alles, was man für die Organisation und Durchführung der Rettungsfahrten brauchte, musste mitgeführt werden, denn nichts konnte in Deutschland beschafft oder gekauft werden. Das heißt: die komplette Verpflegung, die Ersatzteile und – das größere Problem – den Kraftstoff für die Fahrzeuge. Dafür konnte unter Schwierigkeiten – die Ostsee war als „Kriegsgebiet" mehr als unsicher – das Schiff *Lillie Matthiesen* angeheuert werden, das 350 000 Liter Kraftstoff von Schweden nach Lübeck transportierte. Neben den zögerlichen Rekrutierungen gab es noch weitere Zeitverluste. Die Militärfahrzeuge hatten jahrelang ungenutzt in Garagen oder im Freien gestanden und mussten erst einmal fahrbereit gemacht werden; die militärischen Rangbezeichnungen auf den Kleidungsstücken mussten durch Kennzeichen des Schwedischen Roten Kreuzes ersetzt werden.

Das gesamte Kontingent wurde in drei Kolonnen mit je 12 Bussen, einem LKW-Kontingent und den wichtigen Begleitfahrzeugen aufgeteilt. Die Gesamttransportkapazität pro Einsatz lag bei 1000, mit der Verwendung von LKWs bei 1200 Personen. Als das Gesamtkontingent zusammengestellt war, sammelte es sich in Hässleholm (Südschweden), wo noch einmal ausdrücklich auf die großen Risiken und auf mögliche Verluste hingewiesen wurde. Das dänische Rettungskorps, das schon seit längerem Rückholfahrten aus Deutschland geplant hatte und darauf vorbereitet war, bot am 22. Februar mit 40 Bussen, 30 Lastwagen, 18 Ambulanzen, einem Dutzend Personenwagen und dem entsprechenden Personal seine Unterstützung an. Es wäre somit zu diesem Zeitpunkt schon eine gemeinsame dänisch-schwedische Aktion geworden. Ob das schon bei den deutschen Behörden angesprochen und verhandelt wurde, konnte ich nicht ermitteln. Hierzu gibt es von Folke Bernadottes Seite eine eigenartige Reaktion: Am folgenden Tag lehnte Folke Bernadotte dankbar den dänischen Beitrag ab, weil die Expedition aus organisatorischen und anderen Gründen ausschließlich schwedisch sein müsse (ebd.: 164).

Das führte natürlich später zu heftiger Kritik an Folke Bernadotte. Es gibt allerdings Aufzeichnungen, die deutlich machen, dass Folke Bernadotte zunächst auch an ein dänisch-schwedisches Gemeinschaftsprojekt gedacht hatte. Befürchtete er Einwände von deutscher Seite? Weitere spätere schwedische Vorbehalte deuten darauf hin, dass es auf Drängen von Außenminister Günther ein Prestigeobjekt der schwedischen Regierung sein und bleiben sollte. Und in einem „streng vertraulichen" Brief vom 1. März teilte von Post (schwedisches Außenministerium) mit, dass es die Regierung war, die beschlossen hatte, das dänische Angebot zurückzuweisen (ebd.: 164 f.).

Am 8. März war es dann soweit. Die schwedische Fahrzeugkolonne setzte sich aus Hässleholm in Richtung Malmö und Kopenhagen in Bewegung, es waren etwa 100 Kilometer einschließlich der Fährstrecke über den Sund. Die Militärfahrzeuge waren mit dem Symbol des Roten Kreuzes versehen, aber nun verlangten die Alliierten plötzlich, dass alle Fahrzeuge zum Schutz vor Fliegerangriffen komplett weiß angestrichen sein müssten, denn Deutschland war „Kampfgebiet". Dies geschah nun in allergrößter Eile, zum Teil noch auf den Fähren während der Überfahrten. Während der Fahrt durch Dänemark erhielt man von dänischer Seite noch wichtige Informationen und Kartenmaterial, das ihnen von deutscher Seite vorenthalten worden war. Auch musste man Sabotageakte der deutschfreundlichen nationalistischen dänischen Hilfspolizei (HIPO) befürchten. Am 12. März kam die Kolonne an ihrem künftigen „Hauptquartier" Friedrichsruh in der Nähe von Hamburg an, nur wenige Kilometer entfernt von dem späteren Sammelplatz für skandinavische Häftlinge, dem KZ Neuengamme. Das Schloss gehörte einem Enkel Otto von Bismarcks, der mit der Schwedin Ann-Marie Tengborn verheiratet war, einer Klassenkameradin von Folke Bernadotte.

Der Leiter der Expedition, Oberst Björk, und die älteren Offiziere wohnten im Schloss, der Stab in einem Wirtshaus und die weiteren Beteiligten zelteten in dem nahegelegenen Wald (ebd.: 175). Das Anwesen wurde später von den Briten bombardiert, das Schloss zerstört; bei den Angriffen wurde ein Dutzend dänische Fahrzeuge zerstört, mehrere Dänen wurden verletzt, die schwedischen Konvois befanden sich zu dieser Zeit auf der Rückfahrt mit dänischen Jüdinnen vom KZ Theresienstadt. Der Schweizer Generalkonsul und seine Frau und Personal kamen ums Leben, bei späteren Angriffen auf die Busse wurden auch ein schwedischer und ein norwegischer Busfahrer und mehrere Häftlinge getötet.

Dem schwedischen Expeditionskorps wurden etwa 40 deutsche Verbindungspersonen zugeteilt, SS-Offiziere und Gestapomänner. Sie sollten die Transporte begleiten, weniger um die Häftlinge zu bewachen, sondern vielmehr um die Schweden auf ihren Fahrten zu kontrollieren. Direkte Kontakte mit der deutschen Bevölkerung waren unerwünscht. Ihre Aufgabe war es auch, bei Straßenkontrollen und den häufigen Verstopfungen der Verkehrswege (Flüchtlingstrecks und Militärfahrzeuge) das Fortkommen der Rote-Kreuz-Fahrzeuge zu erleichtern. Zunächst war das Verhältnis zwischen den Schweden und Deutschen „kühl, aber korrekt" (ebd.: 176), aber nachdem die Schweden die ersten Einblicke in die Lager und die dortigen Verhältnisse bekommen hatten, wurde die Beziehung eher frostig und gelegentlich kam es auch zu feindseligen Zusammenstößen zwischen den Gestapoleuten und den Schweden. Aber man durfte die Aktion nicht gefährden. Alles verlief unter Kontrolle und mit Genehmigung (Fahrbescheinigungen, Ausweiskontrollen usw.) der deutschen Begleitung und der deutschen Dienststellen. Hierzu gibt der schwedische Busfahrer Helge Andersson eine ausführliche und genaue Beschreibung:

> „Wir hatten ja keine Waffen, aber die meisten Busse hatten einen Gestapomann dabei. Diese waren in Zivil gekleidet, aber nicht einheitlich. Das einzig Gemeinsame waren die schwarzen, breitrandigen Hüte. Sie trugen Pistolen unter dem linken Arm in einem Schulterhalfter unter der Jacke. Auf Wache gingen wir gemeinsam mit einem Gestapomann. […] Meine „Waffe" war eine sogenannte „Polizeikelle", die während der Kolonnenfahrten – ähnlich wie bei der Polizei – verwendet wurde. Weiterhin hatte ich eine Taschenlampe. […] Unsere Busse waren alles andere als bequeme

> Fernbusse. Es waren – wie ich schon vorher erwähnt hatte – Busse der Armee für Krankentransporte. Ziemlich kurz, aber deswegen geeignet für unsere manchmal schwierigen Wegstrecken. Wir hatten – wenn ich mich nicht irre – mindestens acht faltbare Liegen für Kranke dabei, die zusammenmontiert werden konnten. [...] An jeder Langseite [der Busse] befanden sich eine lange harte Sitzbank und in der Mitte eine lange bewegliche Holzbank. Die Fahrer saßen auf der rechten Seite und waren die einzigen, die einen Sitz mit Rückenlehne hatten und das war dann auch der einzige bequeme Sitzplatz. Vorne auf der linken Seite war dann noch eine 50 Zentimeter lange hartgepolsterte Sitzbank. Hier saßen der Beifahrer und der Gestapomann. Wenn der Beifahrer schlafen musste, um Kräfte für die nächste Fahreinheit zu sammeln, musste sich der Gestapomann auf die Motorhaube setzen oder sich anderswo einen Platz suchen. [...] Circa 30 Personen hatten einigermaßen erträglich Platz zum Sitzen, aber oft hatten wir mehr Fahrgäste. Es waren – wie schon gesagt – keine bequemen Reisen, aber die Konzentrationslager waren ja auch nicht gerade bekannt für Bequemlichkeit. In der Aussicht, mit dem Leben davonzukommen, konnten sie das schon eine Zeitlang aushalten und sie hatten ja übrigens auch keine andere Wahl. Gelegentlich, wenn die Kapazität der Busse nicht ausreichte, mussten sie auch einige lange Wegabschnitte auf den mit Planen überdachten Ladeflächen der Lastwagen zubringen. Die Busse waren mit Verdunklungsplatten aus Masonit für alle Fenster ausgestattet und die Deutschen verlangten, dass sie in den Passagierbereichen montiert wurden, damit niemand rein- oder raussehen konnte. Aber hier gelang es den Schweden, ihren eigenen Willen durchsetzen, so dass dies nur in besonderen Bedarfssituationen geschah. Die meisten der Fahrgäste hatten Läuse, das war ganz normal. Aber Läuse können ganz gefährliche Krankheiten übertragen und um das zu verhindern, puderten wir uns eifrig mit DDT-Pulver ein, unter anderem die Haare und die Unterwäsche. Mit speziellen Puderspritzen halfen wir uns gegenseitig, das Puder unter unsere Unterhemden und Unterhosen zu sprühen. (in Persson 2002: 177–179)

Schwierigkeiten und Risiken für die Transporte

Das schwedische Expeditionskorps kam mehr als 10 Tage später am vereinbarten Ort an. Hätte man das dänische Hilfsangebot angenommen, wäre alles viel schneller und effektiver verlaufen. Es nahm auch eine gewisse Zeit in Anspruch, bis die Schutzgarantien für „freie Fahrt" mit den Alliierten geregelt waren, denn der Luftraum über Deutschland wurde von alliierten Tieffliegern beherrscht und die Straßen mit den Flüchtlingstrecks und deutschen Militärfahrzeugen waren besonders bevorzugte Ziele. Das schwedische Außenministerium versprach, die Alliierten immer rechtzeitig über die Wege und Fahrtzeiten zu informieren. Die Sowjets reagierten gar nicht erst auf die schwedischen Anfragen; die Briten versprachen, die wichtigen Informationen und Nachrichten an ihre Flugeinheiten weiterzugeben, wollten aber keine Garantie übernehmen. Man war „unable to give a safe-conduct" (ebd.: 181). Hierzu der kurze Bericht der polnischen „Ravensbrückerin" Ewa Kabacinska:

> „Das Rote Kreuz war [nach Ravensbrück] gekommen und hatte uns mit den Bussen hierher [Raum Schwerin] gebracht, aber während der Fahrt wurden wir bombardiert. Die alliierten Angreifer glaubten wohl, dass es deutsche Busse seien. Wir mussten raus und liefen in einen Wald. Meine Mutter erzählte später, dass eine andere Frau mich tragen musste, denn Mama schaffte es nicht, sich auf den Beinen zu halten. Aber diese Frau verlor mich und meine Mama kroch auf allen Vieren herum und suchte mich im Wald, wo sie mich dann endlich fand. Dann fuhren die Busse weiter, bis sie an irgendeinem Ort in Dänemark ankamen." (Kabacinska 2017: 7)

In der Schlussphase war den Alliierten auch bekannt, dass die Wehrmacht die Rote-Kreuz-Kennzeichnung für ihre Fahrzeuge missbrauchte (Persson 2002: 302, 338). Die britischen Tiefflieger schossen aber auch noch auf die

Ewa Kabacinska-Jansson mit ihrem Sohn in der Kulturstiftung Sibirien (2015)
Foto: Erich Kasten.

aus den Fahrzeugen in die umliegenden Felder und Gebüsche Fliehenden, obwohl deutlich erkennbar war, dass es Zivilisten und keine Soldaten waren. Dabei ist es nicht zu rechtfertigen, im Krieg Fahrzeuge des Roten Kreuzes anzugreifen, bloß auf den Verdacht hin, dass sich dort unbefugte Personen verbergen könnten. Damit würde grundsätzlich die Legitimation des Roten Kreuzes (humanitäre Hilfe) und der damit verbundene Schutzcharakter in Frage gestellt. Sind in einem Krieg alle Mittel erlaubt?

Diese Gefährdung bestand natürlich auch bei der Benutzung der dringend benötigten Seewege zwischen Schweden und Deutschland und betraf im Besonderen die bereits erwähnte Fahrt der „Lillie Matthiessen" mit ihrer explosiven gefährlichen Ladung – Kraftstoff für die Fahrzeuge der Transporte mit den Weißen Bussen. Alles dies führte zu Verzögerungen, aber auch von deutscher Seite kamen immer wieder neue „Querschüsse". So sollten einmal plötzlich die sämtlichen skandinavischen Häftlinge von Buchenwald mit dem Zug nach Neuengamme transportiert werden, wo noch nichts für die Aufnahme vorbereitet war wie z. B. die Räumung des Krankenblocks. Die schwedische Rote-Kreuz-Aktion mit Bussen sei somit überflüssig. Kaltenbrunner versuchte immer wieder, die Abkommen zwischen Folke Bernadotte und Himmler/Schellenberg zu sabotieren.

Der erste Einsatz: KZ Sachsenhausen

Im Folgenden wird nur auf einzelne Einsätze Bezug genommen, die exemplarisch für andere Einsätze stehen. Es wird überwiegend aus der Sicht des Personals des Schwedischen Roten Kreuzes berichtet. Aus der Sicht der Häftlinge gibt es hier nur wenige Zeitzeugnisse; diese stehen dann im 4. Kapitel des Buches im Mittelpunkt.

Die ersten Transportkolonnen starteten am 15. März von Friedrichsruh zum Konzentrationslager Sachsenhausen, etwa 50 Kilometer nördlich von Berlin. Es waren insgesamt sieben Fahrten; die Fahrstrecke betrug etwa 550 Kilometer. 2200 dänische und norwegische Gefangene wurden nach Neuengamme gebracht. Seine ersten Eindrücke beschreibt Sven Frykman, der Leiter dieser Transporteinheiten, wie folgt:

> „Der Buskonvoi fuhr gegen fünf Uhr nachmittags von Friedrichsruh los und trat die 540 Kilometer lange Fahrt bei strahlendem Frühlingswetter an. Das Radio, das die ganze Zeit über eingeschaltet war, spielte lustige Operettenmelodien und brachte jede Stunde die Mitteilung, dass keine feindlichen Fliegerverbände über Norddeutschland unterwegs waren.

> Überall herrschten Frieden und Fröhlichkeit und unsere Geschwindigkeit war gut – im Durchschnitt 60 Kilometer in der Stunde. Hier und da musste die Geschwindigkeit verringert werden, wenn wir auf lange Kolonnen von Trecks stießen, die – so schien es – niemals in diesem vom Krieg verheerten Deutschland enden wollten. Die Straßenränder lagen voll mit toten Pferden und Kühen, die nicht mehr weiterkonnten; es war schaurig, diese aufgeschwollenen Leiber anzusehen, die einen abscheulichen Gestank verbreiteten. […] Berlins nördliche Vorstädte sahen aus einer gewissen Entfernung ziemlich unbeschädigt aus. So schien das ganze Viertel noch in einem gut bewohnbaren Zustand zu sein, auch wenn es gelegentlich größere Lücken voller Schutthaufen gab. Dagegen bot Berlin selbst einen furchtbaren Anblick. Der Vollmond schien vom wolkenlosen Himmel und so konnte man das Elend in seinem ganzen Ausmaß sehen. Eine Grottenstadt mit Höhlenbewohnern war alles, was von dieser Weltmetropole übriggeblieben war. Wir fuhren auf den größten und berühmtesten Straßen, vorbei am kaiserlichen Palast, an all den einst schönen Schlössern, vorbei am Kurfürstenpalast, der königlichen Bibliothek, […] Häuser „Unter den Linden" gab es nicht mehr. Wegen des Mondlichts, das durch all diese leeren Fenster und Portale schien, wirkte die Stadt vielleicht noch grotesker als bei Tageslicht. An manchen Stellen brannte es noch nach den letzten Bombenangriffen, die Feuerwehr war im Einsatz." (in Persson 2002: 210 f.)

Um fünf Minuten vor Fünf erreicht die Kolonne das KZ Sachsenhausen, wo die Aufnahme der 280 skandinavischen Häftlinge mit „deutscher Ordnung und Disziplin" vor sich geht. Die sieben Kranken werden in einen besonderen Bus getragen, wo sich Ärzte um sie kümmerten. Das Gepäck wird verladen und um halb sechs setzt sich die Fahrzeugkolonne Richtung Neuengamme in Bewegung. Der Allgemeinzustand der Häftlinge wird von Frykman als relativ gut beschrieben. Berichten zufolge hätten Lebensmittelpakete sie am Leben erhalten und die Behandlung hätte sich in der letzten Zeit deutlich verbessert.

Der Norweger Per Stoveland beschreibt die Rettungsaktion aus der Sicht eines Häftlings.

> „Wir hatten ziemliche Angst, dass aus unserer Reise nichts werden würde [die Weißen Busse wurden immer wieder von Flugzeugen der Alliierten angegriffen], denn wir erwarteten gerade an diesem Tag die Weißen Busse. Aber als es dann Nacht wurde, marschierte die erste Gruppe, die bereitgestanden hatte und in einer Baracke im Lager isoliert gewesen war, durch das Tor hinaus zu den Weißen Bussen. Sie waren trotz alledem gekommen. Sie waren außerhalb des Lagers in Deckung gegangen. […] Sie fuhren los

> und wir warteten immer noch. Aber man kann sich vorstellen, welche Risiken das Buspersonal einging. Sie fuhren unter unmenschlichen Verhältnissen und balancierten zwischen zwei Fronten. Und sie schafften es innerhalb einer Woche zurückzukommen und auch die letzte Gruppe, zu der wir gehörten, abzuholen. Und dann marschierten wir ein letztes Mal durch das verhasste Tor. […] Eine lange Reihe von Bussen und Leute vom Roten Kreuz in ihren schwedischen Uniformen warteten auf uns. […] Das war so fantastisch, also das ist eine der ergreifendsten Situationen in meinem Leben.“ (Stoveland 2012: 321 f.)

Etwas anders liest sich dagegen die Beschreibung des wohl schon früher in das KZ Sachsenhausen verlegten dänischen Häftlings Henry Meyer:

> „Es war Nacht, als wir in dem gefürchteten Lager Sachsenhausen ankamen und was wir in diesem Konzentrationslager sahen und erlebten, vermag keine Schreibfeder zu schildern. Ich kann über all die Methoden berichten, die sich diese Nazigehirne ausdachten, um ihre Opfer zu quälen. Ich kann darüber berichten, wie und mit welchem Erfindungsreichtum sie sich der Techniken bedienten, mit denen die Opfer gefoltert wurden. Das Mittelalter und die Folterkammern der Jesuiten waren – verglichen mit den Hinrichtungsstätten der Nazi-Schurken – Kinderspielzimmer. Aber meine Schreibfeder kann niemals das Röcheln der Sterbenden und die Schreie der Geprügelten wiedergeben. Die Hilferufe an den Himmel aus den Artikeln und Büchern, die an diesen Tagen von denen geschrieben werden, die die Schrecken und die Greul überlebten, werden niemals ganz verstanden werden. Ein Grauen, gegen welches das Fegefeuer wie ein Ferienparadies erscheint. […] Im März 1945 kursierten unter den skandinavischen Häftlingen Gerüchte von der Evakuierung des Lagers. Eines schönen Tages standen wirklich 30 weiß angemalte schwedische Busse vor dem Lager und wir bekamen den Befehl einzusteigen. Freundliches schwedisches Rote-Kreuz-Personal und schwedische Krankenschwestern, die uns zulächelten und uns nicht nur wie Menschen, sondern auch freundlich, ja richtig liebevoll behandelten. Es war kaum möglich, dass so etwas in Wirklichkeit passieren konnte. Es musste ein Traum sein.“ (in Persson 2002: 213 f.)

Im KZ Sachsenhausen waren 200 000 Personen inhaftiert, von denen 30 000–40 000 umkamen oder ermordet wurden, die Hälfte davon russische Kriegsgefangene.

Transporte aus dem KZ Dachau und dem KZ Mauthausen

Die Transporte aus den weiter entfernten Lagern in Süddeutschland (KZ Dachau nördlich von München) und Österreich (KZ Mauthausen östlich von Linz) ließen sich nicht so zügig durchführen wie vorgesehen; mal fehlte der nötige Kraftstoff oder es gab andere Probleme wie z. B. Diskussionen mit den Lagerleitern, die Häftlinge zurückhalten wollten wie in Mauthausen mit dem Lagerkommandanten Seydlitz. Die Rückholaktion von Dachau dauerte vom 19. bis zum 24. März 1945. Weitere Transporte aus Mauthausen folgten zwischen dem 30. März und 2. April, dazu später mehr. Von den 640 skandinavischen Häftlingen mussten über 40 zurückgelassen werden, weil sie nicht transportfähig waren. Lebensmittel konnten für diese nur zurückgelassen werden, nachdem man das zuständige Lagerpersonal bestochen hatte (ebd.: 215 f.).

Das KZ Mauthausen galt als das Lager für Todeskandidaten, über welches man wenig wusste. Man ging von 54 Norwegern und Dänen aus, die befreit werden konnten, aber wie man später erfuhr, befanden sich noch weitere 11 Norweger und auch 16 Norwegerinnen im Lager, die man erst kurz vorher aus dem Frauenkonzentrationslager Ravensbrück hierher überführt hatte. Der schwedische Arzt Hans Arnoldsson, der die Transporte begleitete, berichtet:

> „Punkt Fünf am Morgen erwachte das Lager zum Leben. Das war ein einziges Geschrei und Gebrüll; die Häftlinge wurden von ihrem Nachtlager hochgejagt und in Gruppen zur Arbeit in den Kalksteinbruch getrieben. Die Arbeit war hart, für die meisten von ihnen dasselbe wie der Tod, erzählte mir später ein Norweger, den wir abholten. Solange sich die Häftlinge noch rühren konnten, wurden sie jeden Morgen in den Steinbruch getrieben und kehrten spät am Abend wieder zurück. Kameraden wurden gezwungen diejenigen zum Arbeitsplatz zu tragen, die nicht mehr selber gehen konnten. Dort bekamen die Schwachen, vielleicht auch Schwerkranken, einen Vorschlaghammer in die Hand und mussten im Sitzen oder kriechend solange arbeiten, wie sie noch eine Unze Kraft hatten. […] Die prozentuale Todesrate stieg wesentlich durch den Mangel an Kleidung und Schuhzeug. Oft mussten die Häftlinge fünf Monate in ein und derselben Unterwäsche herumlaufen. Sie hatten keine Möglichkeit, ihre Kleidung selber zu waschen. Gleichwohl wurden sie vom Blockältesten mit Prügel bestraft, wenn eine Laus in irgendeinem ihrer Kleidungsstücke gefunden wurde. Prügel war die normale Strafe für kleinere Vergehen. Das konnte danach beurteilt werden, wie viele Schläge man in Mauthausen bekam, aber normalerweise überlebten Gefangene nicht mehr als 30 bis 40 Schläge. Eine andere Strafe war, dass man in gestreckter Haltung

und ohne Essen für mehrere Tage an dem elektrischen Stacheldrahtnetz oder an einer Mauer angebunden wurde. Das Aufhängen an mit auf dem Rücken zusammengebundenen Handgelenken war auch ganz gewöhnlich. Öffentliche Hinrichtung durch den Strick wurde auch in großem Ausmaß praktiziert. Die Strafen wurden mit ungeahntem Erfindungsreichtum variiert und mit penibler Gründlichkeit ausgeführt." (in Persson 2002: 216 f.)

Besondere Probleme bei den Transporten ergaben sich aus dem Gesundheitszustand der Häftlinge. Die meisten litten unter Durchfall. Das dänische Angebot von „Nottoiletten" wurde von schwedischer Seite zunächst abgelehnt, aber nach den ersten längeren Transporten aus Süddeutschland wurde es dann doch angenommen. Die schwedische Krankenschwester Margareta Björcke berichtet von einer Fahrt von Mauthausen nach Neuengamme:

> „Am Vormittag machten wir den ersten Aufenthalt, als wir auf die Autobahn kamen. Zum Glück war das Wetter gut und als wir anhielten, leerte sich der Bus sofort, das heißt, alle, die es auf irgendeine Weise noch konnten, stürzten hinaus auf eine Wiesenböschung und zogen sich die Kleidung aus, um verbunden zu werden und um Hilfe zu erhalten. Ich habe während meiner zwölfjährigen Tätigkeit als Krankenschwester niemals so viel Elend gesehen wie hier in einem Augenblick. Beine, Rücken, Nacken – alles voller Furunkel […] allein 20 konnte ich bei einem einzigen Gefangenen zusammenzählen und dieser beklagte sich nicht einmal. […] Aber das Bewusstsein einer schwedischen Krankenschwester für Sterilität bekam hier seinen nächsten „Todesstoß". Da lag man auf Knien im Straßenstaub und legte den schlimmsten Wunden neue Verbände an und öffnete Furunkel. Man hatte nur eine Schere und eine Pinzette, die man notdürftig mit Alkohol abtrocknete und irgendwann auch mal abbrennen konnte, damit sie bei dem einen benutzt und dann bei dem nächsten wiederbenutzt werden kann. […] Wir haben auch Menschen, die mit 40° Fieber und mehr dalagen. Und fast alle sind mehr oder weniger von Durchfall befallen, nachdem sie den Inhalt ihrer Geschenkpakete aufgegessen hatten. […] Wir hatten sie gewarnt, zu viel auf einmal zu essen, aber was half das schon, und wir hatten auch nicht den Mut, ihnen die Pakete wegzunehmen." (in Persson 2002: 217 f.)

Aus den Lagern Dachau und Schömburg in Süddeutschland, Mauthausen in Österreich und Natzweiler im Elsaß holten die Weißen Busse nach der Zusammenstellung von Greayer und Sjöstrand zusammen 559 Gefangene ab. Man war gezwungen 67 schwerkranke Skandinavier zurückzulassen. Die 559 Gefangenen kamen in das Lager Neuengamme.

Im KZ Dachau waren 200 000 Personen inhaftiert, von denen 41 000 umkamen oder ermordet wurden; im KZ Mauthausen (mit Gusen) waren 195 000 Personen inhaftiert, von denen 95 000 umkamen oder ermordet wurden. (Persson 2002: 220)

Das KZ Neuengamme als Sammelplatz für skandinavische Häftlinge

Hatten die Schweden vom KZ Sachsenhausen und den anderen Lagern eher einen flüchtigen äußeren Eindruck, sollten sie das KZ Neuengamme ganz anders erleben, als sie mit ihren Fahrzeugen in die inneren Bereiche gelangten. Himmler hatte darauf bestanden, dass die skandinavischen Häftlinge vor ihrem Weitertransport nach Dänemark und Schweden zunächst an einem bestimmten Ort interniert werden müssten. Hier bot sich wegen seiner Lage das KZ Neuengamme am Stadtrand von Hamburg an. Neuengamme galt als eines der schlimmsten und am besten bewachten Lager in Deutschland. Ab dem 29. März 1945 konnte das Personal des Schwedischen Roten Kreuzes Zugang zum Lager Neuengamme bekommen und über Hilfsmittel wie Medizin, Decken, Hygieneartikel und Lebensmittel verfügen. Die Verhältnisse in dem später neu eingerichteten „skandinavischen Block“ waren um vieles besser als in den anderen Teilen des Lagers, was oft zu einer ablehnenden bis feindseligen Einstellung der anderen Häftlinge gegenüber den privilegierten skandinavischen Häftlingen führte. Wieder berichtet Sven Frykman:

> „Sieben Wachposten musste man passieren, bevor man an das erste Einfahrtstor kam, wo die Gaskammern lagen und wo immer das Entladen der Waren geschah. Zum Abholen von Häftlingen musste man auf einer breiten Straße weiterfahren, die voller Wachpersonal und Bunkern aus Beton und mit automatischen Waffen ausgestattet war. Ganze Reihen von elektrischen Stacheldrahtnetzen bildeten eine Mauer rund um das Lager. Brüllendes Wachpersonal lief herum und trieb seine Opfer vor sich her. Jedes Mal, wenn ein unglückliches Opfer an einem Wachmann vorbeikam, musste es sich die Mütze vom Kopf reißen und eine entsprechende Drehung mit dem Kopf machen. Wehe dem, der dieser Anordnung nicht Folge leistete. Die Baracken für die vorgesehene Neubelegung waren überfüllt mit Menschen, und manchmal gab es für diese geplagten Menschen nicht einmal genug Platz, um Seite an Seite zu liegen. Die vorgesehene Liegefläche betrug 30 bis 40 cm pro Person. Dort mussten Kranke und Gesunde nebeneinanderliegen. Die Armen, die nicht mehr aufstehen konnten, mussten hier ihre natürlichen Bedürfnisse erledigen und der Gestank war fürchterlich.“ (in Persson 2002: 221 f.)

Wo und wie sollte man in diesem überfüllten Lager noch zusätzlich die skandinavischen Häftlinge aus anderen Lagern sammeln und für eine unbestimmte Zeit unterbringen? Die Deutschen machten den Schweden den völlig absurden Vorschlag, neben dem Lager Neuengamme mit eigenem Baumaterial aus Schweden ein eigenes Zwischenlager zu errichten. Schließlich wurde die Räumung eines kleinen Teils des KZ Neuengamme beschlossen. Ein Teil des westlichen „Steinhauses", eine Art Krankenblock, wo die „Muselmänner" untergebracht waren– „Muselmänner", so wurden von den Mithäftlingen alte und kranke Männer, die nicht mehr arbeiten konnten und denen man kaum noch eine Überlebenschance einräumte, genannt – wurde dafür ausgewählt.

Das „Steinhaus" links vom Haupteingang im KZ Neuengamme. Foto: CC-BY-SA, Fotograf unbekannt, Nationalmuseet Danmark.

Für die etwa 2000 Häftlinge, die nun in andere Lager bei Hannover und Salzgitter umverlegt werden mussten, war das eine weitere Verschlechterung ihrer an sich schon katastrophalen Situation. Von den Schweden wurde verlangt, diese Transporte mit deren eigenen Bussen durchzuführen. Es kamen schon Häftlinge während des Transports um; viele haben die noch schlimmeren Verhältnisse in den überfüllten neuen Lagern nicht überlebt. 20 Juden, überwiegend Kinder, wurden vor Abfahrt der Transporte in Hamburg getötet. Die Schweden erfuhren nun, wie mit den Häftlingen wirklich umgegangen wurde. Oberleutnant Åke Svensson berichtet:

> „Wir bekamen zu sehen, wie die Deutschen die Häftlinge, meistens Franzosen, Belgier, Holländer, Polen und Russen, behandelten. Es war schrecklich. Diesmal mussten uns die Deutschen in das eigentliche Lager fahren lassen, wo die Mehrzahl der Passagiere das unbedeutende Stück von den Baracken bis zu der Fahrstraße nicht selber gehen konnten. Aus diesen Baracken wurde eine Ansammlung von Wesen herausgetrieben, vorwärtsgestoßen und geleitet, die kaum noch weiter wie Menschen wirkte. (in Persson 2002: 226)

Natürlich protestierte die schwedische Rettungsmannschaft gegen diese Anordnung, aber es wurde erwidert, dass es so für die Häftlinge besser sei, als wenn Deutsche den Transport durchführen würden.

Rettungsaktionen im KZ Theresienstadt und in süddeutschen Nebenlagern

Zwischen dem 30. März und 2. April gab es kleinere Transporte aus Zuchthäusern (Dresden, Halle, Torgau, Raum Leipzig und Stralsund) und größere aus dem KZ Theresienstadt über das KZ Flossenbürg und aus den Nebenlagern Schömberg, Vaihingen, Leonberg und Donaueschingen. Hierzu noch der Bericht von Axel Molin, der Leiter eines Buskonvois, der am 2. April von Friedrichsruh nach Dachau und Mauthausen unterwegs war:

> „Auf dem Weg nach Schömberg waren die Flugbewegungen sehr aktiv, wir wurden mehrere Male von alliierten Jagdfliegern überflogen, die uns aber nicht beschossen haben. Auf jeder Seite der Autobahn lagen haufenweise zusammengeschossene Fahrzeuge, aber auch schwer verletzte Menschen gab es da. An manchen Stellen, wo absolutes Chaos herrschte, kamen wir mit unserem Weißen Bus mit dem Zeichen des Roten Kreuzes nicht vorbei. Wir mussten anhalten und eine Art „erste Hilfe" leisten. In diesem Fall waren die Schäden enorm. Allmählich kamen wir bis Stuttgart, wo einer der Gestapoleute, Dr. Björn Heger, und ich eine Dienststelle für Gefangene aufsuchten, um genauer zu erfahren, wo wir die restlichen Gefangenen aus Schömberg abholen sollten. Hier herrschten große Verwirrung und Unruhe unter den Gestapoleuten. Deswegen war es schwer, einen richtigen Bescheid zu bekommen. Die Front war in der Nähe und wir konnten hören, wie nicht weit von uns Bomben explodierten. Immerhin konnten wir erfahren, dass es mehrere kleine Arbeitslager in der Nähe gab, aber wo Norweger waren, das wusste niemand genau. Es wurde uns das Lager Vaihingen genannt, in dem sich möglicherweise Norweger befinden könnten. In den letzten Tagen hatte es große Umverlegungen von Gefangenen gegeben und deswegen war es sehr schwer, genaue Informa-

tionen zu erhalten. Wir setzten die Fahrt zu dem angegebenen Lager fort, aber um es zu finden, mussten wir uns mühsam durchfragen. Vorher hatte unser begleitender Gestapomann immer wieder versucht, uns an unserer Suche zu hindern, aber wir widersetzten uns ihm und wollten die Suche fortsetzen, bis wir zu einem Ergebnis gekommen waren. Es sah hoffnungslos aus, aber mit großer Hartnäckigkeit glückte es uns, doch noch unser Ziel zu erreichen.

Als wir mit den Norwegern zusammentrafen, erfuhren wir, dass sie bereits alle Hoffnung aufgegeben hatten, noch gerettet zu werden, weil allen, die noch gehen oder kriechen konnten, befohlen wurde, das Lager zu verlassen und sich in Richtung Dachau zu begeben. Auch näherten sich die alliierten Truppen sehr schnell. Als wir alle Norweger zusammen hatten, die noch weiterhin am Leben und im Lager übriggeblieben waren, zählten wir 16 Männer. Einige waren in der vorangegangenen Woche an Flecktyphus gestorben. Die, die wir mitbekamen, waren auch sehr krank, aber wir konnten sie doch mitnehmen. Sonst wären sie ihrem sicheren Tod entgegengegangen. Wir hatten Tragen im Bus, aber nicht so viele, dass sie für alle reichten. Von den Schwerkranken bekam jeder seine Trage. Diejenigen, die nicht todkrank waren, mussten abwechselnd auf den Tragen liegen, die wir mitgeführt hatten." (in Persson 2002: 244)

Diese Schilderung beschreibt keinen Einzelfall, sie ist typisch für das, was oft genug auf den Transporten passierte; mit diesen Schwierigkeiten musste immer wieder gerechnet werden. Direkte Kontakte zu der deutschen Bevölkerung waren unerwünscht (wie z.B. „durchfragen" zu den Lagern). Oft war es das Chaos in der Frontnähe, andere Wege mussten gesucht werden, oft war es auch das „Muskelspiel" einzelner Lagerleiter, die versuchten, weniger Skandinavier freizugeben als im Lager waren. Hier bewährten sich die geheimen Namenslisten, die die Schweden von norwegischen und dänischen Organisationen erhalten hatten. Trotz der zerstörten Straßen und Eisenbahnlinien gab es in den letzten Kriegswochen noch ständig Häftlingstransporte quer durch Deutschland oder die Menschen wurden gleich auf die „Todesmärsche" geschickt.

Eine besondere Rolle spielte das KZ Theresienstadt, in dem skandinavische Juden mit ihren Angehörigen inhaftiert waren. Über deren Schicksal ist mit Sicherheit bei den letzten Begegnungen zwischen Himmler und Folke Bernadotte gesprochen worden. Himmler hatte gewisse „Versprechungen" gemacht, wegen der Geheimhaltung gab es allerdings keine schriftlichen Zusagen oder Protokolle. Auch Folke Bernadotte hatte sich dazu nicht in seinen späteren Aufzeichnungen geäußert. Die Alliierten näherten sich den Lagern, was dort in den letzten Tagen passieren konnte, war unsicher, Todesmärsche, Massenhinrichtungen, alles war möglich. Auch gab es immer noch die bekannten Drohungen von Hitler. Die Dänen drängten deshalb auf schnelles Handeln, boten sogar eine eigene Expedition mit ihren Fahrzeugen an, was aber von Folke Bernadotte abgelehnt wurde, aber auch ohne Zustimmung von deutscher Seite gar nicht durchführbar gewesen wäre.

Wegen des hohen Risikos hatten auch Außenminister Günther und der schwedische Botschafter Richert abgeraten, aber Folke Bernadotte veranlasste die Rettungsaktion, die am 15. April in Theresienstadt ihren Anfang nahm und bei der 423 skandinavische Juden und Jüdinnen in die Busse kamen.

> „Die Fahrt nach Schweden begann. Es ging direkt auf Dresden zu. Die Schweden fanden eine vollständig dem Erdboden gleichgemachte Stadt vor. Der deutsche Militärkommandant der Stadt teilte mit, dass die Autobahn Dresden-Berlin schon von den Russen abgeschnitten sei. Kapitän Harald Folke, der Einsatzleiter, hielt ‚Kriegsrat' mit den schwedischen Offizieren und sagte ihnen, dass er den Deutschen nicht glaube und befahl dem Konvoi die Chance zu nutzen und weiterzufahren. Die sowjetische Front war – wie sich zeigte – nahe, aber doch wohl 10–15 Kilometer von der Autobahn entfernt. Mit höchstem Tempo bis zu 80 km/h auf dieser Autobahn glückte es der ganzen Expedition – mit Ausnahme der Motorradordonnanz – in etwa drei bis vier Stunden das Nachtlager vor Potsdam zu erreichen. In dieser Nacht war Potsdam einem Luftangriff ausgesetzt, und gleichzeitig leitete die Rote Armee mit einem intensiven Artilleriebeschuss ihre Schlussoffensive gegen Berlin ein. Am nächsten Morgen konnten die Weißen Busse mit zugedeckten Fenstern an langen Kolonnen deutscher Zivilisten, die aus dem nun ausgebombten Potsdam flüchteten, vorbeifahren. Danach konnte man ohne Risiko Richtung Nordwest bis zur dänischen Grenze weiterfahren. Wiederum wurde Kanonendonner gehört, aber diesmal kam er von der englischen Front im Westen." (Persson 2002: 317 f.)

Bei den Fahrten durch die zerbombten deutschen Städte empfanden viele Häftlinge eine gewisse Befriedigung und Schadenfreude, aber es gab auch andere Reaktionen wie bei der Mutter von Irena: So berichtet Irena Krausz-Fainmann, die als Kind mit ihrer Mutter im KZ Ravensbrück war:

> „Ich erinnere mich daran, als wir in die Weißen Busse eingestiegen waren. Diese fuhren durch eine Stadt, die total durch Bomben zerstört war; es waren nicht einmal zwei Häuser stehen geblieben und überall brannte es. Ich erinnere mich daran, dass ich gesagt hatte: ‚Ich bin richtig glücklich darüber, dass die Deutschen jetzt auch leiden müssen.' Mama antwortete:

> ‚Das darf man so nicht sagen.' Aber ich sagte es trotzdem. Ich war richtig glücklich, als ich sah, wie die Stadt dem Erdboden gleichgemacht war." (in Åberg und Gertten 2011: 100 f.)

Das KZ Theresienstadt war ein „Monsterlager" und zugleich ein von den Deutschen zu Propagandazwecken gestaltetes „Musterlager" („Wir bauen den Juden eine Stadt"), in dem es immer wieder gelang, ausländische Delegationen wie die vom Internationalen Komitee vom Roten Kreuz zu täuschen. Die Selbstverwaltung unterstand – wie in Ghettos üblich – dem jüdischen Ältestenrat, dessen Rolle unter seinem letzten Vorsitzenden Benjamin Murmelstein bis heute umstritten ist. Es war ein besonders perfides Mittel der deutschen Vernichtungspolitik, Juden selber an ihrem Schicksal und Untergang mitwirken zu lassen. Gideon Hauser, der israelische Ankläger im Eichmann-Prozess, bezeichnete diese Methode als „satanisch".

> „Wir finden auch Juden, die den Nazis zu Diensten standen, in der jüdischen Ghetto-Polizei, in den Ältestenräten, den Judenräten. Sogar am Eingang zu den Gaskammern standen Juden, denen befohlen war, die Opfer zu beruhigen und ihnen einzureden, es gehe in eine Dusche. Dies war der satanischste Teil des Plans, alles Menschliche im Menschen zu ersticken. Ihn seiner Empfindungen und seiner Verstandeskraft zu berauben, ihn zu einem seelenlosen, feigen Roboter zu verwandeln und auf diese Weise die Umwandlung der Lager-Häftlinge in ein Teil jener Maschinerie zu ermöglichen, die deren eigene Brüder vernichtete. Dadurch konnte die Gestapo die Anzahl ihrer Leute auf ein Minimum reduzieren. Doch am Ende konnten auch die Roboter ihrem Schicksal nicht entfliehen, wurden sie doch ebenso vernichtet wie ihre Glaubensgenossen." (Hausner 2019: 13)

Von dieser „satanischen Methode" wird auch immer wieder mit Bitterkeit und Empörung in den Biografien jüdischer KZ-Überlebender berichtet.

Aus dem KZ Theresienstadt wurden 423 dänische Jüdinnen und Juden vom Schwedischen Roten Kreuz nach Schweden gebracht, von denen die meisten sich zunächst weigerten einzusteigen, weil sie an eine besonders perfide „Vernichtungsaktion" der SS glaubten. Als die Rote Armee am 8. Mai das Lager übernahm, gab es dort noch 17 247 Juden und Jüdinnen. Seit 1941 wurden 140 937 Juden und Jüdinnen in das KZ Theresienstadt transportiert, 33 529 kamen dort um, 88 196 wurden in die Vernichtungslager im Osten deportiert. (Persson 2002: 319)

Die letzten Tage im KZ Neuengamme

Bis Anfang April 1945 war die Zusammenführung der skandinavischen Häftlinge in Neuengamme abgeschlossen. Zu den sich dort bereits Inhaftierten waren durch die Bustransporte etwa noch 5000 weitere Häftlinge hinzugekommen. Die letzten Transporte gingen dann ab der 4. Aprilwoche meistens direkt über die Zwischenstationen Lübeck und Padborg (deutsch-dänische Grenze) nach Schweden. Anfang April kehrte ein Teil des schwedischen Kontingents wieder nach Schweden zurück. Das Dänische Rote Kreuz war in Sorge um die Rückführung ihrer vielen weiteren Häftlinge aus Deutschland und bot zwei größere Transporteinheiten an. Die dänischen Fahrzeuge wurden teilweise mit der dänischen Landesfahne (*Danebrog*) versehen. Die deutschen Behörden hatten keine Einwände. Aber das schwedische Außenministerium (Außenminister Günther) verhielt sich zögerlich; Folke Bernadotte stimmte zwar zunächst zu, aber das Rettungsprojekt sollte weiterhin formell in schwedischer Zuständigkeit (Außenministerium) und unter schwedischer Leitung (Folke Bernadotte) bleiben (Persson 2002: 264, 269).
Besser funktionierte die praktische Zusammenarbeit zwischen dem restlichen schwedischen und dem neu hinzugekommenen dänischen Kontingent. Ab dem 7. April standen während der letzten Periode der Rettungsaktion zwei gut ausgerüstete dänische Einheiten mit 35 Bussen, 14 Ambulanzen, sieben Lastwagen und vier Personenwagen zur Verfügung. So beschreibt der dänische Häftling Helge Hansen seinen letzten Tag im KZ Neuengamme:

> „Am 7. April sollten wir, als einer der letzten Transporte, losfahren; aber es waren keine Busse erschienen, um uns abzuholen. […] Deshalb wurden viele Gefangene von Neuengamme losgeschickt, teils mit dem Zug, teils zu Fuß, in Richtung Lübeck. Und wir wurden auch losgeschickt, per pedes, marschierten, oder besser gesagt, wir taumelten und wankten. Aber wir waren nur ein paar Kilometer weit gekommen, als die nächsten Busse erschienen, um uns aufzusammeln. Das war unsere Rettung." (Hansen 2012: 228)

Die Alliierten näherten sich Norddeutschland und die Lage für die Häftlinge spitzte sich immer mehr zu. Das gesamte Lager Neuengamme musste bis zum 20. April geräumt sein. Noch sollten 4255 dänische und norwegische Häftlinge nach Dänemark/Schweden transportiert werden. Dies konnte nur mit einer großen dänischen Unterstützung gelingen. Erneut stellte Dänemark 120 Busse und weitere Fahrzeuge zur Verfügung, nach anderen Angaben einige Fahrzeuge weniger (Persson 2002: 343 f.). Am 23. April wurde das schwedische „Hauptquartier" von Neuengamme / Friedrichsruh nach Lübeck verlegt, am 28. April dann nach Padborg / Dänemark.

Was geschah mit den übrigen Häftlingen in Neuengamme? Am 21. April wurde der größte Teil eng zusammengedrängt in Viehwaggons nach Lübeck transportiert, die anderen auf die „Todesmärsche" geschickt. Das Schwedische Rote Kreuz bot an, auch die Häftlinge, die sich in einem besonders schlimmen Zustand befanden, mit ihren Schiffen nach Schweden zu transportieren. Inzwischen gab es von Himmler – gegen Hitlers ausdrücklichen Befehl – auch die Erlaubnis, Häftlinge anderer Nationalitäten zu retten. Die meisten nach Lübeck gebrachten Häftlinge wurden auf deutsche Transportschiffe verladen. Diese Schiffe wurden am 3. Mai von britischen Flugzeugen angegriffen und versenkt. Etwa 10 000 Häftlinge aus Neuengamme und das Schiffspersonal kamen um; auf der „Cap Arcona" allein 5000 (ebd.: 382 f.) – nach anderen Angaben 7000 Personen. Die britische Regierung drückte ihr Bedauern aus, betonte aber, dass man auf die Risiken hingewiesen habe. Am 11. Mai legte um 16 Uhr das Frachtschiff S/S Hamburg aus Duisburg/Ruhrort in Malmö an. Eine Woche vorher waren in Flensburg vom Roten Kreuz 2000 Häftlinge an Bord gebracht worden, Wasser und Lebensmittel reichten nur für etwa zwei Tage. Mehr als 400 Häftlinge waren durch Hunger und Krankheiten (Flecktyphus und Durchfall) so geschwächt, dass sie mit Tragen an Land gebracht werden mussten (Åberg und Gertten 2011: 65).

Im KZ Neuengamme waren 106 000 Personen inhaftiert, von denen 55 000 umkamen oder ermordet wurden.

Rettung für alle Häftlinge – das Frauenkonzentrationslager Ravensbrück

Die letzte Periode, die mit der Beteiligung dänischer Fahrzeugkontingente begann und später auch den Transport in Güterzügen mit einbezog, sollte – besonders während der letzten Woche – die gefährlichste, folgenreichste und vielleicht auch erfolgreichste der ganzen Rettungsaktion werden. Ab dem 23. April durften zum ersten Mal auch nichtskandinavische Häftlinge offiziell vom Schwedischen Roten Kreuz nach Schweden gebracht werden. Dies kam in erster Linie den Frauen der verschiedensten Nationalitäten im KZ Ravensbrück zugute. Allerdings wurden bereits am 5. April etwa 300 französische Frauen mit LKWs des Internationalen Komitees vom Roten Kreuz (IKRK) aus dem KZ Ravensbrück in die Schweiz gefahren. Mit dem IKRK gab es seit längeren Verhandlungen mit deutschen Dienststellen. Bei dieser Aktion handelte es sich um einen Austausch gegen deutsche Zivilgefangene in Frankreich (vgl. Jacobeit 1995: 24, 31).

In den letzten Tagen vor der Auflösung des Lagers wurden mehrere Güterzüge eingesetzt, weil die Buskapazitäten bei weitem nicht ausreichten. Bis zur Evakuierung und Auflösung des Lagers sollen sich noch 18 000 bis 30 000 Gefangene im Lager befunden haben (Persson 2002: 379). Der schwedische Busfahrer Helge Andersson berichtet von seiner Ankunft in Ravensbrück:

Ansicht der Barackenreihen des Frauen-KZ Ravensbrück um 1940. Fotograf unbekannt, Mahn- und Gedenkstätte Ravensbrück, Foto-Nr. 1642.

„Zeitig am Morgen fuhren wir die Busse dorthin, wo die „Beladung“ vorgenommen werden sollte. Unsere künftigen Fahrgäste waren schon in langen Reihen aufgestellt und die überwiegend weiblichen SS-Wachen[11] gingen umher. […] Bei den ersten Transporten (Skandinavierinnen) geschah die „Beladung“ noch mit echt deutscher Gründlichkeit – mit Namenslisten und genauem Abzählen. Schon beim zweiten und dritten Mal konnten wir so viele mitnehmen, wie es Platz gab ohne irgendwelche genauen Kontrollen. Viele waren in gestreifter Häftlingskleidung gekleidet, bei anderen war zivile Kleidung mit untergemischt, z. B. eine Art Mantel mit dem weißen Kreuz auf dem Rücken. Die meisten waren kahlgeschoren. Ein Teil versuchte ihre Kurzhaarigkeit mit einem Kopftuch oder anderen Stofffetzen zu verbergen. Ohne Ausnahme waren die Bekleidung und die Schuhe verschlissen, schmutzig und in einem elenden Zustand. Dem Alter nach war es eine Mischung von bis zu jungen Zwanzigjährigen und Frauen im mittleren Alters. Sie waren mager und sahen grau und abgespannt aus, aber die meisten konnten noch ohne fremde Hilfe gehen. Sie schienen natürlich aufzuleben, als es für sie klar war, dass wir uns um sie kümmern würden.

11 Die Aufseherinnen – hier als „SS-Wachen“ bezeichnet – waren nicht Angehörige der SS, jedoch waren sie ihnen als deren „Gefolge“ zugeordnet und sie unterstanden deren Befehl. Die SS war ein reiner „Männerorden“.

> Aber sie erzählten, dass die SS-Aufseherinnen versucht hatten, ihnen die Vorfreude dadurch zu verderben, dass sie ihnen gesagt hatten, dass sie zu den Gaskammern transportiert würden und wo sie getötet und anschließend verbrannt werden würden. Bei den anderen Transporten waren es dann meistens Französinnen, Belgierinnen und Holländerinnen. Ich erinnere mich, dass, wenn wir wegen der natürlichen Bedürfnisse anhalten mussten, welches wegen der Anordnung der Deutschen nur auf offenem Feld geschehen durfte, damit niemand fliehen konnte, die Frauen herumliefen und nach grünen Pflanzen und Gräsern suchten, die sie pflückten und aufaßen. Besonders begehrt war Löwenzahn, der hier und da im Frühling schon kleine Blattrosetten gebildet hatte. Mit den Fingern und kleinen Stöcken gruben sie die Pflanzen mit den Wurzeln aus, säuberten sie von Erde und aßen sie dann auf." (in Persson 2002: 329)

Weitere Zeitzeugenberichte von geretteten Frauen aus Ravensbrück werden im Mittelpunkt des vierten Kapitels dieses Buches stehen.

Im KZ Ravensbrück wie auch in anderen Lagern bildeten die Skandinavierinnen wegen ihrer „arischen" Herkunft eine eher begünstigte Minderheit. Insgesamt waren hier 102 Norwegerinnen und etwa 20 Däninnen inhaftiert. Die regelmäßigen Paketsendungen, die offensichtlich auch bei ihnen ankamen, erleichterten ihnen das Überleben. Von den Norwegerinnen kamen sieben in Ravensbrück und eine in Auschwitz um, eine weitere starb später an Flecktyphus in Schweden (Persson 2002: 365 f.). Die 124 skandinavischen Frauen waren schon am 8. April von schwedischen Bussen direkt über Padborg nach Schweden gebracht worden. Nach dänischen Quellen waren es nur 76 Norwegerinnen, 22 Däninnen und die beiden französischen Gräfinnen de Fleurie und de Rambuteau (ebd.: 367). Natürlich gab es in den Lagern unter den Häftlingen einen Personen- und Prominentenkult, besonders „wertvolle" prominente Häftlinge konnten gewisse Privilegien haben. Auch wird von Korruption bei den zuständigen Dienststellen berichtet. Die oft willkürlich von einzelnen Beamten in den Weg gelegten Hindernisse bei den Transporten konnten durch Bestechung ausgeräumt werden; mit „milden Gaben" (Zigaretten, Schnaps und Schokolade) wurde oft ein gewisses Entgegenkommen bei strittigen Fragen wie z. B. die Unterschrift unter ein Dokument erwirkt.

Am 22. April fahren 15 dänische Ambulanzen unter Leitung des schwedischen Leutnants Arnoldsson von Friedrichsruh ab, um die Kranken aus Ravensbrück abzuholen. Bei ihrer Ankunft teilt ihnen Lagerkommandant Sturmbannführer Suhren mit, dass das ganze Lager geräumt werden soll und dass man auch alle anderen Frauen, etwa 15 000 an der Zahl, abholen könne. Erstmalig sollte sich jetzt an der Rettungsaktion auch das Internationale

Komitee vom Roten Kreuz mit 12 eigenen Fahrzeugen beteiligen (ebd.: 369 f.). Eine neue Hiobsbotschaft kam von Suhren, die besagte, dass die Rote Armee schon vor Berlin stünde und die Rettungswege zum Teil schon abgeschnitten seien. Jetzt war es Suhren, der auf einen möglichst schnellen Abtransport drängte. Etwa 1200 Frauen, fast ausschließlich Französinnen, wurden noch am 22. April direkt nach Padborg transportiert. Padborg war zugleich auch Quarantäneort. Daneben gab es dann immer wieder entgegengesetzte Anordnungen wie den „Führerbefehl" vom 24. April, der die weitere Inhaftierung in den Lagern befahl. Suhren, der eigentlich froh war, wenn das Lager möglichst schnell geräumt würde, hielt sich als typischer „Befehlsempfänger" zunächst an den Führerbefehl und versuchte Frauen im Lager zurückzubehalten, nach direktem Befehl „von oben", besonders die polnischen „Versuchskaninchen" für medizinische Experimente (Kasten 2019).

Den Schweden war aufgefallen, dass viele Frauen zunächst der Rettungsaktion misstrauten. Das Wachpersonal hatte ihnen gesagt, dass die Fahrten zu den Gaskammern gingen. Das gleiche wird über den Transport der 300 Französinnen in die Schweiz berichtet, bei dem die Frauen bis zuletzt eine heimtückische Aktion der SS vermuteten.

Am 24. April starteten die nächsten Transportkolonnen, die erst einen Tag später in Ravensbrück ankamen. Die Fahrten wurden immer gefährlicher und beschwerlicher. Es gab wiederholt die Angriffe englischer Tiefflieger; an den Straßenrändern lagen beschädigte und zusammengeschossene Fahrzeuge; östlich von Hamburg behinderten deutsche Militärfahrzeuge das Fortkommen, westlich von Berlin waren es die vielen Trecks und Flüchtlingsströme, die versuchten, sich vor den Sowjets zu retten (ebd.: 373). Neben den dänischen Ambulanzen wurden jetzt auch die Lastwagen des IRK eingesetzt; auf jede Ladefläche kamen etwa 65 Personen. Eine Transportkolonne wurde westlich von Schwerin, eine andere etwas später bei Wismar von britischen Kampfflugzeugen, die zunächst über den Transportkolonnen zur Rekognoszierung kreisten, mit den Bordwaffen angegriffen. Wie dramatisch und lebensgefährlich diese Transporte waren, schildert die Luxemburgerin Yvonne Useldinger:

> „Ende April 1945, als die westlichen Nationen in Ravensbrück aufgerufen wurden, um durch das schwedische Rote Kreuz befreit zu werden, gab es viel Bewegung im Lager. Es ging dem Ende zu. Eine große Nervosität herrschte auch unter der SS. Die Gaskammern und das Krematorium hatten aufgehört zu funktionieren. Das große Sterben aber steigerte sich. Unbequem für die SS wurden die lebendigen Zeugen, besonders die politischen, die mitgeholfen haben, Ravensbrück aufzubauen, die die Verbrecher und Verbre-

chen kennen. Es wurde nicht mehr vergast, aber es wurde erschossen. [...] Die erste Nacht verbrachten wir im Männerlager. Dann raus, vor das Lager. Kanadische Fahrer mit Lastwagen luden uns auf. In einem Wald wurden wir für die nächste Nacht untergebracht. Dann weiter über Wismar. An uns vorbei fuhren Lastwagen mit deutschen Soldaten, getarnt mit dem Roten Kreuz. Unsere Wagen fuhren langsamer, ebenfalls mit dem Roten Kreuz versehen. Die Deutschen waren schon längst vorbei, als über uns Flugzeuge erschienen. Unser Kanadier, ein Schwarzer, stoppte und befahl uns, in die Böschung zu gehen, er selbst blieb am Steuer sitzen, auch einige Häftlinge verließen den Lastwagen nicht. Im Tiefflug kamen englische Flieger über die Böschung, und, was wir nicht fassen konnten, sie schossen mit Maschinengewehren auf diese wehrlosen Frauen. In die Erde haben wir uns eingegraben, andere liefen kopflos zurück in den Lastwagen und über die Straße. Die Flieger haben gesehen, dass wir keine Soldaten waren. Sie kamen zurück und wiederholten diesen Terrorakt wie wildgewordene Bestien. Diesmal noch tiefer und wüteten wieder mit den Maschinengewehren unter uns. Schreien, Stöhnen, ein großes Sterben, gleich einem Schlachtfeld. Ich hebe den Kopf. Neben mir liegt eine Polin mit aufgerissenem Bauch und über ihr ein weinendes Kind. Etwas weiter ein silbergrauer Kopf im Gras, dort wo die Nieren sind, ein großes Loch. Ich nehme den Kopf hoch, sie lebt noch, Sophie Dehn.“ (in S. Jacobeit 1995: 62 f.)

Bei diesem Angriff am 25. April 1945 westlich von Schwerin kamen ein Bus- und ein LKW-Fahrer und 13 Frauen um, von den Schwerverletzten sind noch einige später gestorben. Der schwedische Arzt Arnoldsson gibt 25 Todesopfer an (Persson 2002: 374).

Abfahrt der Weißen Busse. Foto aus der Dauerausstellung im „Zellenbau“ der Mahn- und Gedenkstätte Ravensbrück, 2023.

Das Ende der Aktion der Weißen Busse

Am 25. April 1945 fuhr die letzte Transportkolonne mit etwa 1300 Frauen, überwiegend Polinnen, darunter auch viele Jüdinnen, aus Ravensbrück ab. Vom 22. bis zum 26. April wurden bei der dänisch-schwedischen Rettungsaktion unter schwedischer Leitung 2904 Frauen aus dem KZ Ravensbrück nach Dänemark und weiter nach Schweden gebracht. Über die genauen Zahlen ist man sich hier und auch sonstwo nicht einig; eine andere Quelle berichtet von 3175 Frauen. Über 5000 Frauen sollen im Lager zurückgeblieben sein, für etwa 4000 konnte die Rettung jetzt nur noch mit Eisenbahnzügen durchgeführt werden. Auch vorher schon gingen die Bustransporte oft nur bis Padborg und von dort mit dem Zug weiter. Jeder Zug hatte etwa 50 Viehwaggons, in die je Waggon etwa 80 Frauen reingezwängt wurden (ebd.: 377). Die Züge fuhren ab dem 25. April vom Bahnhof Fürstenberg/Havel ab und die Fahrt dauerte oft mehrere Tage. Lokomotiven mussten repariert werden oder wurden für andere Zwecke gebraucht; Bahngleise waren beschädigt. Die Frauen litten an der Enge, noch mehr unter Hunger und Durst. Ihre Leidenszeit ging erst in Padborg an der dänisch-deutschen Grenze zu Ende, wo es frische Getränke und Verpflegung gab und von wo aus die Transporte nach weiteren Zwischenaufenthalten in Dänemark bis Schweden (Malmö) weitergingen. Aus einem Zeitungsbericht über den Transport von Ravensbrück nach Padborg:

> „Die Evakuierung aus Ravensbrück stellte allzu hohe Anforderungen an die Transportmöglichkeiten, die das Schwedische, Dänische und Schweizer Rote Kreuz für den entsprechenden Zweck zur Verfügung stellen konnten. Doch wurde Rat gefunden. Ungefähr 60 Güterwagen standen dem Lager zur Verfügung, die mit Gefangenen vollgestopft wurden, hauptsächlich Polen [gemeint wohl: Polinnen – *Anm. d. Verf.*]. In jeden Wagen kamen 80 Personen und in die Packwagen, die für Kranke reserviert waren, die Hälfte dieser Anzahl. Man nutzte auch die Bremserhäuschen, die je sechs Personen fassten. Insgesamt waren es 3960 Gefangene, die mit diesem Geisterzug am 25. April 1945 von Ravensbrück transportiert wurden. Es dauerte mehrere Tage, bevor der Zug in Lübeck eintraf. Hier wurde allen in der Nacht Verpflegung gebracht. Die Gefangenen befanden sich allesamt in einem elenden Zustand. Die Ärzte mussten umhergehen, ihnen ins Gesicht leuchten und sie schütteln, um zu sehen, ob sie noch am Leben waren. Zwei Gefangene starben während des Transports.
>
> Nach sechstägiger Fahrt hatte man die dänische Grenze erreicht. Die lange Verzögerung war durch die unaufhörlichen Bombenangriffe entstanden, die den Zug zwangen, mehrere Stunden zu halten, manchmal

halbe Tage. Auf der letzten Strecke hatte man außerdem keine Kohlen für die Lokomotive und musste auf Brennstoff aus Dänemark warten.

Bei der Ankunft in Padborg stürmten viele raus und zündeten Feuer an, wo Kohl und Kartoffeln gekocht wurden, die sie bei Aufenthalten von passierenden Zügen gestohlen hatten. Die Dänen boten Butter und Brot an, Haferflocken und Milch und zum Schluss ein Bad und einen Kamm – alles zusammen große Erlebnisse für die Gefangenen vor ihrer Abreise nach Schweden.“[12]

Durch die Aktion des Schwedischen Roten Kreuzes konnten bis Kriegsende 7410 Häftlinge aus dem KZ Ravensbrück gerettet werden. Über 5000 kranke und schwache Frauen wurden noch kurz vor Kriegsende im vormaligen NS-Jugendschutzlager Uckermark (KZ für Mädchen und junge Frauen) durch Injektionen oder auf dem Gelände des Konzentrationslagers durch Gas getötet. Im Frauen-KZ Ravensbrück waren etwa 120 000 Frauen und Kinder und 20 000 Männer inhaftiert, von denen insgesamt 28 000 umkamen oder ermordet wurden (Beßmann und Eschebach 2013: 265). Andere Quellen geben etwa 130 000 inhaftierte Frauen und Männer an, von denen um die 30 000 im Lager umgekommen sind (an Krankheit, Hunger oder den Lebensverhältnissen) oder systematisch ermordet wurden (durch Erschießungen, Gas oder Gift) – gesicherte Zahlenangaben liegen nicht vor. Kranke und schwache Frauen wurden auch schon in den Jahren vorher in die Vernichtungslager im Osten abtransportiert. Nach den unterschiedlichen Quellen lag die Sterberate im KZ Ravensbrück somit bei etwa 30%. Auf das „Männerlager“ im KZ Ravensbrück (vgl. Kasten und Kubica 2021) mit einer am Anfang deutlich höheren Sterberate als im eigentlichen Frauenlager Ravensbrück wird hier nicht näher eingegangen, weil lediglich 14 Männer von der Rettungsaktion betroffen waren.

Als die Soldaten der Roten Armee am 30. April das von der SS verlassene Lager erreichten, fanden sie noch etwa 3 000 Häftlinge vor, überwiegend Russinnen und kranke Frauen, die nicht mehr auf die Todesmärsche geschickt oder auf die Transporte mitgenommen werden konnten.

In diesem Kapitel ging es mir weniger um eine Auflistung der einzelnen Fahrten, der genauen Anzahl der geretteten Personen und der angefahrenen Lager, sondern vielmehr darum, an Zeitzeugenaussagen deutlich zu machen, wie das Personal des Schwedischen Roten Kreuzes seine Tätigkeit erlebt und empfunden hat und mit welchen Schwierigkeiten es zu kämpfen hatte. Die

---

12 Zeitungsbericht über den Transport per Zug von Ravensbrück nach Padborg, in Lorentz (1995: 70 f.).

Zeitzeugenaussagen der Häftlinge zu ihrer Befreiung stehen dann im Mittelpunkt des 4. Kapitels des Buches.

Fazit

Durch die Aktionen des Schwedischen und des Internationalen Komitees vom Roten Kreuz sollen insgesamt 17 000 Häftlinge aus Konzentrationslagern in Deutschland/Österreich gerettet worden sein, davon 7000 Frauen, diese überwiegend aus dem Frauen-KZ Ravensbrück. Unter den Geretteten sollen sich 1607 Jüdinnen befunden haben. Weitere Transporte nach Schweden – wenn auch in kleinerem Umfang – gab es noch nach Kriegsende, darunter 9273 „Patienten", die zwischen dem 23. Juni und dem 25. Juli 1945 in Zusammenarbeit mit der *United Nations Relief and Rehabilation Administration* (UNRRA) von Lübeck nach Schweden kamen (Persson 2002: 433 f.). In den verschiedenen Dokumenten gibt es immer wieder abweichende Zahlen. In einem Dokument des Roten Kreuzes wird die Zahl der 20 937 Häftlinge, die bis Kriegsende nach Schweden gekommen sein sollen, genauer präzisiert (hier genderneutral wiedergegeben wie in Persson 2002: 433 f.):

8000 Dänen und Norweger
5911 Polen [hier wohl etwa 1600 Juden mit einbezogen]
2692 Franzosen
1615 staatenlose Juden
1124 Deutsche [wohl ohne die 1400 Deutsch-Schwedinnen]
632 Belgier
387 Holländer
290 Ungarn
191 Balten
79 Luxemburger
28 Slowaken
14 Briten
9 [US-] Amerikaner
5 Finnen
4 Italiener
3 Spanier
9 andere [darunter eine Chinesin]

Hinsichtlich der Polen und Polinnen gibt eine Liste des polnischen Konsulats in Malmö ganz andere Zahlen an: 6428 Polinnen und 413 Polen, die vom Schwedischen Roten Kreuz unter der Leitung von Folke Bernadotte nach

Schweden gekommen sind, weitere 2404 Polinnen und 2871 Polen dann nach Kriegsende durch die UNRRA-Transporte (ebd.: 435).

Etwa 30 % der geretteten Polen und Polinnen sind nach 1945 in Schweden geblieben. Der Verbleib von ehemaligen Häftlingen, Vertriebenen und Geflüchteten, wie von „Heimatlosen" (DPs – „displaced persons", um die sich die UNRRA kümmerte) in Schweden war von der dortigen Regierung nicht unbedingt erwünscht.

2.4 Die „vergessene" Aktion – Schweden rettet Schwedinnen

Zu der Rettungsaktion des Schwedischen Roten Kreuzes gehört auch ein Vorhaben, das mit den Weißen Bussen durchgeführt und über das so gut wie nie berichtet wurde. Man kann es auch als „Pilotprojekt" für die spätere umfassendere Rettungsaktion betrachten. Deshalb soll dieser weitgehend vergessenen wichtigen Aktion hier umso mehr Raum gegeben werden, sie lässt sich am besten mit dem Satz charakterisieren „Schweden rettet Schwedinnen".

Vor Beginn der eigentlichen Aktion der Weißen Busse, die das Ziel hatte, Häftlinge aus Konzentrationslagern zu retten, wurden der schwedischen Gesandtschaft in Berlin zwei abgenutzte Holzgas-Busse, ein PKW und ein Arbeitsteam von sechs Personen zur Verfügung gestellt. In *Dagens Nyheter* vom 11. 2. 1945 heißt es dazu:

> „Hilfsexpedition auf dem Weg nach Berlin:
> Mit der Tagesfähre ‚Malmö' wurde am Samstag die Rote-Kreuz-Expedition zur Verfügung des schwedischen Botschafters zur Hilfe von Schweden in Deutschland [über den Öresund – *Anm. d. Verf.*] hinübergefahren. Die Expedition besteht aus zwei Bussen und einem Personenwagen mit Anhänger, beladen mit allerlei Bedarfsgegenständen. Die Fahrzeuge sind mit aufgemalten Roten Kreuzen und schwedischen Flaggen versehen. Die Expedition, die von Kopenhagen über Gedser nach Warnemünde weiterfuhr, steht unter dem Befehl des Oberst des Roten Kreuzes, Hultgren. Als Fahrer und übriges Personal fuhren weitere sieben Männer des Roten Kreuzes mit. (Lorentz 1951)

Bemerkenswert ist, dass – im Unterschied zu den KZ-Tranporten – über diese Aktion in der Presse berichtet werden durfte. Mit diesen Fahrzeugen sollten die in Schweden geborenen Frauen, die in Deutschland geheiratet und meistens die deutsche Staatsangehörigkeit hatten, aber nun mit ihren Kindern in Schweden Zuflucht suchten, heim nach Schweden zurückgebracht werden (Persson 2002:148). Um diese Aktion in die Wege zu leiten, fuhr Folke Bernadotte in seiner Eigenschaft als 2. Vorsitzender des schwedischen Roten Kreuzes am 12. Februar 1945 nach Berlin, um mit deutschen Dienststellen (Außenministerium) Kontakt aufzunehmen. Aber erst nach den Gesprächen über die Rückführung dänischer und norwegischer Häftlinge sprach Folke Bernadotte Himmler gegenüber diese Frage an, aber hier zeigte sich Himmler zunächst ablehnend, besonders im Hinblick auf die Kinder, „deren deutsche Väter es lieber sehen würden, wenn ihre Kinder in einer deutschen Hütte aufwachsen würden, als in einem Schloss in einem Deutschland feindlich gesinnten Land Zuflucht zu finden" (ebd.:154).

Der erste Transport fand am 5. April unter Leitung von Hauptmann Hultgren statt. Botschafter Richert in Berlin stand der ganzen Aktion eher skeptisch gegenüber. Bis zum 20. April wurden etwa weitere 800 Schwedinnen mit ihren Kindern in ihre Heimat gebracht, der letzte Transport ging durch einen schmalen Korridor aus dem von der „Roten Armee" schon umzingelten Berlin. Zunächst Berlin und dann die schwedische Kirchengemeinde in Lübeck waren die Sammelpunkte, von wo aus sich auch der schwedische Botschaftssekretär Graf von Lewenhaupt und die deutsch-schwedische Gräfin von Eickstedt-Peterswaldt an der Aktion beteiligten. Der schwedische Pastor, der bis zuletzt an der Aktion beteiligt war, aber in Berlin bleiben wollte, wurde später von den Russen gefangen genommen.

Die ganze Aktion galt auch der Rettung schwedischer Frauen vor den sowjetischen Soldaten, deren Verbrechen an der deutschen Zivilbevölkerung allgemein bekannt waren. Hier – wie auch bei den weiteren Begegnungen – wird Folke Bernadotte aus seiner kritischen Einstellung dem Kommunismus stalinscher Prägung gegenüber keinen Hehl gemacht haben, ein Umstand, der sich sicherlich positiv auf das Gesprächsklima mit den SS-Führern ausgewirkt haben könnte. Es gab immer wieder Verzögerungen bei der Bereitstellung der erforderlichen „Schnellvisa". In Lübeck behinderten oft Kompetenzstreitigkeiten unter deutschen Behörden die Weiterfahrt. Aber die Nerven und die Geduld der schwedischen Busfahrer und des Begleitpersonals wurden manchmal auch von den „Fahrgästen" strapaziert. Einigen war es zu kalt, anderen zu warm, eine Frau beklagte sich, dass es im Bus keinen Cognac gab, eine andere weigerte sich, in einer dänischen Unterkunft auf einem Strohsack zu schlafen. Wie ganz anders berichtetet das an den Transporten beteiligte schwedische Rote-Kreuz-Personal später von ihren Eindrücken bei den Transporten mit den KZ-Häftlingen.

Nach ihrer Ankunft in Schweden wurden diese Frauen über ihre Einstellung zum NS-Staat befragt; die meisten antworteten, dass sie „politisch uninteressiert“ wären (ebd.: 331). Aber einige Frauen waren auch überzeugte Nationalsozialistinnen und arbeiteten z. B. für deutsche Radiosender, die Propagandasendungen nach Skandinavien ausstrahlten. Andere Namen tauchen nach dem Krieg wieder im Zusammenhang mit schwedischen Nazi-Bewegungen auf. Eine Person mag in diesem Zusammenhang erwähnt werden: die Filmschauspielerin Kristina Söderbaum, in Schweden auch „Nazist-Stina“ (ebd.: 330) genannt, bekannt geworden durch ihre Rolle im antijüdischen Hetzfilm „Jud Süß“[13] ihres Mannes Veit Harlan; später spielte sie auch in dem Durchhaltefilm „Kolberg“ (1945) an der Seite von Heinrich George. Sie floh bereits im Februar 1945 von Berlin nach Hamburg, blieb aber in Deutschland.

Der Bericht der Gräfin Majlis von Eickstedt-Peterswaldt

Einen beeindruckenden Bericht zu dieser weitgehend unbekannten Rettungsaktion gibt die deutsch-schwedische Gräfin Majlis von Eickstedt-Peterswaldt im Schlussteil ihres Buches *Bro över mörka vatten* [Brücke über dunkle Wasser] (1945). Sie war selber als Mitglied des kleinen schwedischen Hilfskontingents an diesen Rettungsfahrten beteiligt. Wer war diese wichtige Zeitzeugin?

Die Schwedin Majlis Lüning war seit 1938 mit Graf Vivigenz von Eickstedt-Peterswaldt verheiratet und lebte bis Kriegsende auf dem Schloss Hohenholz nördlich von Berlin. Ihre Familie hatte Kontakte zu der Widerstandgruppe, die am 20. Juli 1944 das Attentat gegen Hitler durchführte. Zum Bekanntenkreis gehörten die Familien Solf und von Thadden. Ihre Lieblingstante Dolly wurde im Polizeigefängnis Cottbus inhaftiert, weil sie sich positiv zu Goerdeler[14] geäußert hatte, kam dann anschließend für mehrere Monate in das

13 Jud Süß ist ein antisemitischer nationalsozialistischer Spielfilm von Veit Harlan aus dem Jahr 1940. Das Werk wurde von der damaligen deutschen Reichsregierung in Auftrag gegeben und als Propagandafilm konzipiert. Der Film ist zwar an die historische Figur des Joseph Süß Oppenheimer (1698–1738) angelehnt, entspricht jedoch nicht den überlieferten Quellen. Jud Süß wird wegen finanzieller Betrügereien, Erpressung, Kuppelei, Unzucht und Hochverrat angeklagt und hingerichtet. Sämtliche antijüdischen Klischees und Vorurteile werden hier aufgegriffen – bis hin zum Missbrauch einer „edlen“ deutschen Frau (Dorothea). Goebbels nahm Einfluss auf die Gestaltung dieses Films, der der antijüdischen Propaganda dienen sollte und diesen Zweck m. E. durchaus erfüllte.

14 Carl Friedrich Goerdeler war Jurist und Politiker. Als die Nationalsozialisten das Denkmal von Felix Mendelssohn-Bartholdy in Leipzig geschändet und beseitigt hatten, gab er dort sein Amt als Bürgermeister auf und engagierte sich im Widerstand gegen das NS-Regime. Er war entscheidend an der Planung des Attentats gegen Hitler vom 20. Juli 1944 beteiligt und hätte bei erfolgreicher Durchführung das Amt des Reichskanzlers übernommen. Mit anderen Widerständlern wurde er

KZ Ravensbrück. Die Familie wurde weiterhin von der Gestapo beobachtet. Auch wenn sie auf ihrem Gut zunächst von den Kriegsereignissen verschont bleibt, so berichtet die Schwedin doch, wie sich unter den Schlossangestellten und Dorfbewohnern schon früh die „Geister scheiden": der Gutsinspektor und der Dorfschmied – begeisterte Nazis, zu Spitzeldiensten bereit; der Verwalter und die österreichische Köchin, die mit Hitler in dieselbe Schulklasse gegangen ist: geheime oder – letztere auch – offene Gegner bzw. Gegnerin des NS-Systems.

„Zahlenmaterial" liefert Majlis von Eickstedt-Peterswaldt nicht, aber sie gibt eindrucksvolle Schilderungen von den Rettungsfahrten mit den immer wieder reparaturbedürftigen und verschlissenen mit Holzgas betriebenen Fahrzeugen und von den oft nächtlichen Fahrten in voller Dunkelheit auf Nebenstraßen oder auch auf Autobahnen, diese oft von Flüchtlingstrecks verstopft. Diese Trecks sind es, über die sie immer wieder mit Mitgefühl berichtet. Oft müssen sie anhalten oder werden angehalten und um Hilfe angefleht.

> „Haben sie nicht unsere Landstraßen gesehen, fährt der Mann fort, während wir wieder zu den Bussen gehen. Millionen Menschen wandern […] fort von Haus und Heim einem Nichts entgegen. Sie mussten alles zurücklassen. Sie sterben vor Hunger und Kälte. Was haben wir getan, wir Deutschen, dass wir so hart bestraft werden." (von Eickstedt-Peterswaldt 1945:150)

Und als sie an einer entgegenkommenden Treckkolonne auf der Autobahn vorbeifahren:

> „Das Ganze bietet einen unbeschreiblichen Anblick. So weit unsere Augen überhaupt sehen können, ist die ganze schnurgerade Autobahn eine einzige lange Karawane von Trecks. Wir fahren vorsichtig an ihnen vorbei. […] Wagen, Pferde, Menschen, ganz und gar von Raureif überdeckt. Steife zusammengesunkene Gestalten auf Kutschböcken und auf Sätteln gleichen mehr Gipsfiguren als menschlichen Gestalten. Langsam, unendlich langsam bewegt sich dieser Trauerzug vorwärts; wohin – weiß niemand." (ebd.:153)

Einmal bringen sie eine Frau, die bei einem der Angriffe auf die Trecks schwer verletzt wurde, in das nächste Krankenhaus, womit sie natürlich gegen die Auflagen der deutschen Behörden verstoßen.

> „Unsere Weiterfahrt bietet das gleiche erschütternde Bild, soweit das Auge reicht. Ein grauer Riesenwurm von Menschen, der sich vorwärts windet Richtung Westen. Hier liegt ein Wagen mit gebrochener Achse, das verlorene Rad, Gepäck und Koffer liegen im Graben. Entlang des ganzen Weges

in Berlin-Plötzensee hingerichtet.

liegen Pferdekadaver mit geschwollenen, aufgeblähten Bäuchen und strecken ihre Beine von sich – und der Gestank ist widerlich." (ebd.: 163 f.)

Zielort der Busse ist zunächst Lübeck, das zeitweilige „Standquartier" des Schwedischen Roten Kreuzes, danach auch der Schwedischen Botschaft, die Berlin verlassen musste. Als hier später die Eisenbahntransporte aus dem KZ Ravensbrück ankommen und die Häftlinge mit dem Nötigsten versorgt werden, wird für die Verfasserin das ganze Ausmaß der Verbrechen an den Menschen in den deutschen Lagern sichtbar und bewusst.

> „Ein derartiger Wirrwarr von Menschen. Alle Rassen, alle Nationalitäten. Frauen gekleidet in Gefangenenkleidung mit den breiten Streifen oder dem großen gelben Kreuz auf dem Rücken in ihren eigenen zerlumpten Kleidungsstücken. Gesichter wie aus Dantes „Inferno"[15] entnommen, mit den Spuren von Qual, so als ob sie Äonen in des Infernos tiefsten Abgründen ausgehalten hätten. Große fiebrige Augen, eingebettet in tiefen Höhlen mit den Gesichtszügen von Toten. […] Die Boten der Greul, des Schreckens, entlassen aus der Hölle, standen nun unter freien Menschen, selber frei unter Gottes Himmel, und berichteten über das Unsägliche, das ihnen angetan wurde." (ebd.: 183)

> „Von vielem hatte ich schon gehört, zunächst von meiner Tante, dann von dem Dänen, Herrn Blumenfeldt, den ich nach seiner Flucht aus dem Konzentrationslager auf dem Weg in seine Heimat in der Kirche versteckt hielt, aber was wir nun zu erfahren bekommen mussten, dafür gab es keine Namen, keine Grenzen. Man kann es nicht glauben, man will es auch nicht glauben, aber viele zeigten uns ihre Arme, auf die man ihre Häftlingsnummer tätowiert hatte, viele zeigten die Spuren von Wunden und Peitschenhieben und viele waren nur noch einen Zollbreit von dem grausamen Tod entfernt. Fast nackt, manche ganz nackt, wurden sie auf die Felder zur

15 In seinem Hauptwerk „Die Göttliche Komödie" („Divina Comedia") beschreibt der italienische Dichter Alighieri Dante (1265–1321) in 14 233 Versen seine „Jenseitswanderung" – in Begleitung des Dichters Virgil – von dem tiefsten und schlimmsten Punkt (oft als Kreis bezeichnet) der Hölle (Inferno) über die Stufe der Reinigung (Purgaturio) bis zum ewig schönen Paradies (Paradisio). Besonders das Inferno mit seinen fürchterlichen ewigen Strafen wurde immer wieder Gegenstand von Bildern bedeutender Künstler (Eugène Delacroix, Gustave Doré, Anselm Feuerbach hin bis zu Gustav Klimt, Robert Rauschenbach und Salvadore Dali). Es bot auch immer wieder Stoff für Filme. Der Begriff des Infernos mit seinen verschiedenen Höllenkreisen fand auch oft Eingang in die Literatur zu den Konzentrationslagern. So wurde z. B. das „Männerlager" im Frauenkonzentrationszentrationslager Ravensbrück als der tiefste und schlimmste Kreis der Hölle bezeichnet.

Schwerstarbeit getrieben, so als ob man prüfen wollte, ob es sich lohne, sie noch einige Zeit als Sklaven zu behalten, oder ob es besser sei, sie gleich in die Gaskammern zu schicken. Ist es möglich, dass das allen in einem Land passiert ist, in dem ich fast sechs Jahre gelebt hatte." (ebd.: 184)

Ihre Tante Dolly musste Bescheid gewusst haben, aber ihre ständige Ermahnung nach ihrer Entlassung aus der Haft war: „Frag mich nicht!" Natürlich war es verboten, über die Situation in den Lagern zu berichten. Und wenn man in die Hände der Gestapo fiel, war es besser, kein „Wissen" zu haben, als Wissen verschweigen zu müssen.

Eher sachlich berichtet sie über ihre Tätigkeit für das Schwedische Rote Kreuz und die immer wieder auftretenden Probleme. Die Wege führten meistens aus dem Raum Berlin durch Norddeutschland nach Lübeck, dem Hauptsammelpunkt. Die Fahrzeuge waren nicht mehr im besten Zustand, die Straßen waren verstopft, Umwege mussten gefahren werden, die Fahrer waren übermüdet. So geriet ihr Bus einmal nachts von der Fahrbahn ab, konnte aber von einem LKW wieder aus dem Graben gezogen werden und – beschädigt – weiterfahren. Zuletzt bestand auch die Gefahr, durch die immer schneller vorrückende Rote Armee in deren Machtbereich zu geraten, aber die größte Gefahr ging von den Tieffliegern der britischen Air Force aus, die immer wieder die Rote Kreuz Transporte angriffen.

> „Ein amerikanischer Soldat, Fahrer beim internationalen Roten Kreuz, kam hereingestolpert [im Sammelpunkt Lübeck] und meldete, dass die Kolonne von Leutnant Hallquist auf dem Weg von Ravensbrück hinter Schwerin angegriffen wurde und mehrere Personen getötet wurden. Der schwedische Fahrer sei erschossen worden und mehrere Offiziere seien schwer verletzt. Der [amerikanische] Fahrer selber war auch verletzt und seine Augen waren voller Zorn. Wie konnte man Fahrzeuge des Roten Kreuzes angreifen? […] Am gleichen Tag wurde auch noch ein Transport, der unter Leitung des Dänischen Roten Kreuzes stand, angegriffen und beschossen. Und als ob es hiermit noch nicht genug war – es war, als ob sich alle bösen Mächte zusammenbeschworen hätten – wurde eine weitere Fahrzeugkolonne in der Nähe von Wismar beschossen. An ein und demselben Tag hatten die Transporteinheiten etwa 45 Personen verloren, 15 wurden getötet, 35 bis 40 verletzt." (ebd.: 192)

Waren es der Kampfeswille und der Ehrgeiz der Piloten? Es war zwar bekannt, dass die Kennzeichen des Roten Kreuzes vom deutschen Militär missbraucht wurden, aber die Briten waren über die Transporte, den ungefähren Zeitraum und die Wegstrecken, informiert worden.

In Lübeck kam dann noch der leidige „Papierkram" hinzu, „Meldeblätter" mussten ausgefüllt, die Listen z. T. wieder neu zusammengestellt werden. Immer wieder tauchten im letzten Augenblick noch Menschen auf, die das „Schnellvisum" beantragten. Es gab die üblichen Kompetenzstreitigkeiten zwischen den betreffenden Dienststellen, der SS, der Gestapo und der Polizei. Selbst an diesen „letzten Tagen" fanden sich noch Amtspersonen, die untereinander rivalisierten und ihre Kompetenzen ausspielten und bestätigt sehen wollten. Der Gräfin von Eickstedt-Peterswaldt gelang es immer, letztlich doch noch die benötigten Stempel und Unterschriften zu bekommen. Als es in Dänemark wieder mal Probleme gab, drang sie in Aarhus direkt bis zu dem NS-Reichsstatthalter Dr. Best vor und hatte auch hier Erfolg, was wohl nicht zuletzt ihrem energischen Auftreten und ihrem „Namen" zu verdanken war; der Adelstitel machte auf subalterne deutsche Funktionäre immer noch Eindruck. Mit einer gewissen Geschicklichkeit schaffte sie es auch, durch Fälschungen in den Dokumenten Jüdinnen und Juden auf den Listen unterzubringen und auf diese Weise zu retten.

***

Ich habe lange darüber nachgedacht, ob ich das Buch der Schwedin Majlis von Eickstedt-Peterswaldt, einer Mitarbeiterin des Schwedischen Roten Kreuzes, in meinen Beitrag mit aufnehmen sollte, wobei ich mich natürlich dem Vorwurf der „Relativierung" aussetzen würde, weil die Autorin auch die deutschen Opfer erwähnt. Für mich ist es ein wichtiges, wenn auch vergessenes, Zeitdokument. Aber ich denke, ich habe hinreichend verdeutlicht, wie groß die Unterschiede sind zwischen dem, was KZ-Häftlingen angetan wurde und was diese zu erleiden hatten und dem Leid, das Deutsche letztlich wegen der Politik ihrer eigenen Regierung zu ertragen hatten, einer Regierung, für deren Entstehen und spätere Verbrechen sie mitverantwortlich gemacht wurden und es zum Teil auch waren.

Angesichts der deutschen Kriegsverbrechen war es natürlich nicht angebracht und erwünscht, wenn in Schweden in den Nachkriegsjahren über das Elend und Leid der Deutschen berichtet wurde, aber solche Berichte gab es dennoch. Der schwedische Journalist Stig Dagerman schreibt in eher sachlicher, aber nicht weniger beeindruckender Form in seinem Buch „Deutscher Herbst" (2021) über das „Leben" im zerstörten Deutschland. Aber dieses Elend und Leid wären ohne das noch viel größere Elend und Leid, das Deutsche vorher in ihren Nachbarländern angerichtet haben, so nicht über unser Land gekommen.

3 FOLKE GRAF BERNADOTTE – WÜRDIGUNG UND KRITIK

3.1 Folke Bernadotte – Retter von KZ-Häftlingen und Freund der Deutschen?

In dem Hausflur von Ewa Kabacinska-Jansson am Stadtrand der südschwedischen Stadt Ystad hängt das Porträt von Folke Bernadotte wie wohl noch in manch anderer Wohnung von Familien ehemaliger KZ-Häftlinge in Südschweden, die durch die Aktion der Weißen Busse nach dem Krieg nach Schweden gekommen und dort geblieben sind. Zdislawa Rosza, der ich vor etwa 15 Jahren in einem schwedischen Dorf zwischen Halmstad und Falkenberg begegnet bin, überreichte mir bei unserem ersten Treffen neben verschiedenen anderen Dokumenten stolz ein Foto von Folke Bernadotte, darunter in Polnisch: „Ravensbrück 25.5.1945. Es befreite uns das Schwedische Rote Kreuz durch die Aktion des Grafen Folke Bernadotte“.

Aus dem Familienalbum von Zdislawa Rosza. Dem Verf. von Z. Rosza zur Verfügung gestellt.

In den Protokollen des *Polski Instytut Źródłowy (PIZ) / Polska källinstitut* [Polnisches Institut für Quellenforschung][1] wird immer wieder „der Graf“ oder „Folke Bernadotte“ erwähnt, einmal wird ihm sogar die Bezeichnung „Priester“ beigefügt.

1 Diese „Protokolle“ – so die Bezeichnung im Schwedischen – sind Zeitzeugenberichte von polnischen KZ-Häftlingen, erstellt in dem Jahr nach ihrer Ankunft in Schweden und danach. Siehe dazu ausführlich in Kap. 4.3, *in diesem Band.*

Dauerausstellung im „Zellenbau" der Mahn- und Gedenkstätte Ravensbrück, 2023. Foto: Ulrich Kasten.

In Norwegen und Dänemark wurde er besonders geehrt, Straßen und Plätze wurden nach ihm benannt. Im dänischen Padborg hat man ihm ein Denkmal errichtet. Von der jüdischen Gemeinde in Stockholm wurde er ausgezeichnet. Im „Zellenbau" – auch als das Gefängnis im Gefängnis, als den tiefsten und schlimmsten der einzelnen Höllenkreise im großen „Inferno" (wie in Dantes *Divina Commedia*) im Konzentrationslager Ravensbrück bezeichnet – richteten 18 Nationen zur Eröffnung der Mahn- und Gedenkstätte am 12. September 1959 Gedenkräume für ihre Opfer ein. Im dänischen und norwegischen Raum wird mit Bild und Text auf die Weißen Busse und auf Folke Bernadotte hingewiesen.

Wer war dieser Mensch, ohne dessen professionellen, geschickten und engagierten Einsatz diese erfolgreiche Rettungsaktion wahrscheinlich niemals zustande gekommen wäre? „Graf Folke Bernadotte von Wisberg wurde 1895 geboren. Sein Vater, Prinz Oskar Bernadotte, war der zweite Sohn von Oskar II, König von Schweden von 1872 bis 1907, und gleichzeitig König von Norwegen seit 1872 bis zur Auflösung der Union 1905. Schwedens König in den Jahren 1907 bis 1950, Gustav V, war also Folke Bernadottes Großonkel" (Persson 2002:130). Nach der damals in diesen Kreisen noch üblichen strengen und christlichen Erziehung ging er zur Armee und wurde Offizier. Zu diesem Zeitpunkt sprach er bereits fließend Deutsch, Englisch und Französisch, was eine gute Voraussetzung für seine späteren internationalen und diplomatischen Aufgaben sein sollte. Seine Frau war eine vermögende Amerikanerin. Er war zuständig für den schwedischen Pavillon bei der Weltausstellung 1939 in New York. Bei Kriegsausbruch unterstützte er Aktionen zur Hilfe Finnlands, als dieses Land von der Sowjetunion angegriffen wurde.

Nach der Besetzung Norwegens und Dänemarks durch die Wehrmacht wurde er zum Major befördert und zum Militär einberufen. Er war als Vermittler verantwortlich für den Gefangenenaustausch zwischen amerikanisch-britischen und deutschen Kriegsgefangenen in Göteborg in den Jahren 1943–1944 (ebd.: 131). Im Jahr 1943 wurde er 2. Vorsitzender des Schwedischen Roten Kreuzes, übernahm aber auch schon bald die Aufgaben seines 80-jährigen Onkels Prinz Carl, der 1. Vorsitzender dieser Organisation war. Er arbeitete mit dem Internationalen Komitee vom Roten Kreuz zusammen, das weitgehend von der Schweiz aus geleitet und wegen seiner Zurückhaltung während des Krieges oft kritisiert wurde. Das stärkte deutlich die Verantwortung für das Schwedische Rote Kreuz, das in den letzten Kriegsjahren immer selbständiger handelte, so auch hinsichtlich der Aktion der Weißen Busse. Nach dem Krieg war Folke Bernadotte u. a. für schwedische Hilfsaktionen in Deutschland zuständig.

Folke Bernadotte hegte – wie damals viele Schweden – Sympathien für Deutschland und die Deutschen, wohl auch wegen verwandtschaftlicher Beziehungen, jedoch nicht für den NS-Staat. Er war ein „Nordist", d. h. er hatte eine enge Verbundenheit mit den drei westskandinavischen Ländern, galt als pro-amerikanisch und war Vorsitzender der „Schwedisch-Amerikanischen Gesellschaft" in Stockholm und ein überzeugter Gegner des Kommunismus stalinscher Prägung. Dazu trugen nicht nur seine „königliche" Herkunft, sondern auch die russischen Verbrechen im Baltikum in den Jahren nach der Revolution und der Winterkrieg[2] gegen Finnland 1939 bei. Zu den baltischen Ländern hatte und hat Schweden bis heute auf Grund der gemeinsamen Geschichte eine enge Beziehung. Über die Absichten und die Politik Stalins machte sich Folke Bernadotte keine Illusionen, hielt sogar – ähnlich wie der schwedische Außenminister Günther – eine Ausdehnung sowjetischer Machtinteressen auf skandinavisches Territorium nicht für ausgeschlossen. Der folgende „Kalte Krieg" sollte seine Befürchtungen bestätigen.

Im Jahr 1948 wurde Folke Bernadotte Vorsitzender der „17. Internationalen Rote-Kreuz-Konferenz" in Stockholm, wo u. a. die Prinzipien für die

2 Der Winterkrieg wurde vom 30. November 1939 bis zum 13. März 1940 zwischen der Sowjetunion und Finnland ausgetragen. Im Herbst 1939 hatte die Sowjetunion von Finnland Gebiete in der Karelischen Landenge verlangt und diese mit Sicherheitsinteressen Leningrads begründet. Finnland ging auf diese Forderungen natürlich nicht ein, woraufhin die Rote Armee am 30. November 1939 Finnland angegriffen hat. Eigentlich wollte die Sowjetunion ganz Finnland erobern und besetzen. Zunächst erlitt die Rote Armee – schlecht ausgerüstet für einen „Winterkrieg" – unverhältnismäßig große Verluste und war zunächst militärisch erfolglos. Erst ab Februar 1940 konnte sie im Rahmen einer großen Offensive Landgewinne erlangen. Mit dem Friedensvertrag in Moskau vom 13. März 1940 wurde der Krieg beendet. Finnland blieb unabhängig, musste aber Teile Kareliens abtreten. Die Erinnerung an diesen Krieg hat Finnland mit seinen nur 5,5 Millionen Einwohnern in seiner Wehrtüchtigkeit während der letzten Jahrzehnte und in seinen erfolgreichen Bemühungen 2023 um die Aufnahme in die Nato nach dem russischen Überfall auf die Ukraine bestärkt.

„Genfer-Konvention" festgelegt wurden. Er war der erste – und auch letzte – Vermittler der „Vereinten Nationen" (UN) in der Palästinafrage. Bei seinem Besuch in dieser Eigenschaft am 17. September 1948 in Jerusalem wurde er von israelischen Nationalisten, der Terrorgruppe Lechi, ermordet (ebd.: 490). Zur Rechtfertigung dieses Verbrechens wurde u. a. angeführt, dass er sich während des Krieges nicht genügend für jüdische Verfolgte und Inhaftierte eingesetzt habe und antisemitisch gewesen sei. Dies waren natürlich vorgeschobene Gründe. Es ging um die Zukunft Palästinas. Folke Bernadotte hatte sich u. a. für palästinensische Flüchtlinge eingesetzt.

Über den Mord und die weitgehend „vergessenen" Hintergründe berichtet Kati Marton (1995) in ihrem Buch *Döden i Jerusalem* [Tod in Jerusalem].

3.2 Heldenverehrung und Heldensturz

Nach dem Krieg wurde zunächst überwiegend anerkennend über Folke Bernadotte und seine Mission berichtet, wozu auch sein Buch *Slutet* [Das Ende] (1945) beigetragen hatte. Auch das des öfteren erwähnte ähnlich ausgerichtete Buch des schwedischen Historikers Sune Persson (2002) *Vi åker till Sverige* [Wir fahren nach Schweden] zeichnet ein überwiegend positives Bild.

Eine solche „Heldenverehrung" gab dann Anlass zu dem viel reizvolleren und oft auch öffentlichkeitswirksameren „Sturz des Helden". Wie heißt es doch in Schillers *Jungfrau von Orleans*: „Es beliebt die Welt, das Strahlende zu schwärzen und das Erhabene in den Staub zu ziehen." Das eine wie das andere Bild entspricht nur selten der Realität. Natürlich hatte Folke Bernadotte Gegner, Menschen, die ihn aus den verschiedensten Gründen ablehnten und kritisierten. Wie jeder andere hatte Folke Bernadotte als Mensch auch Schwächen und Fehler. Sein nach Kriegsende schnell zusammengeschriebenes „dünnes" Buch *Slutet* hat deutliche Mängel – weniger hinsichtlich dessen, was in ihm steht, sondern mehr in Hinblick auf das, worüber er nicht berichtet hat. Seine eigenen Verdienste stellte er zu sehr heraus – dieser Vorwurf besteht zu Recht – und erwähnte die Leistungen anderer kaum oder gar nicht. Dies gilt besonders für die wichtige Hilfe der Dänen und für das schon frühe und unermüdliche Engagement des Norwegers Christian Ditleff, der mitentscheidend die Aktion der Weißen Busse beeinflusst hat, aber auch für den Einsatz Felix Kerstens. Es lag wohl Folke Bernadotte daran, und es war offenbar auch im Interesse des schwedischen Außenministeriums, dass die Rettungsaktion als ein rein schwedisches Vorhaben angesehen werden sollte. Dafür gab es politische Gründe, denn Schweden brauchte – wie schon erwähnt – eine Art Alibi für seine „Anpassungspolitik" während des Krieges.

Zu dem eher zwielichtigen Felix Kersten – dieser hatte schon vor dem Krieg in Finnland Dokumente gefälscht – hielt sich Folke Bernadotte bei den Gesprächen mit Himmler auf Abstand und erwähnte ihn auch nicht in seinem Buch *Slutet*. Kersten, Leibmasseur und Vertrauter Heinrich Himmlers, hatte die Aktion unterstützt und sich besondere Verdienste bei der Rettung von Juden und Jüdinnen erworben. Für diese Missachtung rächte sich Kersten später, indem er ein gefälschtes Dokument über Folke Bernadotte verbreitete, das bereitwillig von seinen Kritikerinnen und Kritikern aufgenommen wurde.

Eigentlich nicht vereinbar mit den schon in den Jahren 1865 bis 1929 festgelegten Statuten des Roten Kreuzes war bei der Aktion die Priorisierung bestimmter Personengruppen, als es um die Rettung von Menschenleben ging. Diese Statuten waren: Menschlichkeit, Unparteilichkeit, Neutralität, Unabhängigkeit, Freiwilligkeit, Einheit und Universalität. Nach diesen Statuten muss gerade den Menschen am ersten geholfen werden, die Hilfe am Dringendsten benötigen. Die skandinavischen Häftlinge waren es nicht, da sie wegen ihrer Zugehörigkeit zur „nordischen Rasse“ (NS-Jargon) gewisse Privilegien in den Lagern hatten. Hätte aber Folke Bernadotte bei seinen ersten Gesprächen mit Himmler gleich die „Maximalforderung“, d. h. die Freilassung unterschiedslos aller – auch der jüdischen – Häftlinge gestellt, wäre es mit dem Judenhasser Himmler wohl gar nicht erst zu weiteren Gesprächen gekommen. Diese „Maximalforderung“ wurde auch von norwegischer und dänischer Seite niemals gestellt; ihre Erfüllung wäre auch wenige Wochen vor Kriegsende allein schon wegen ihrer Dimension praktisch gar nicht möglich gewesen. Die norwegischen und dänischen Häftlinge waren immer eine überschaubare deutliche Minderheit.

Kritisiert wurde auch der Transport der 2000 schwachen und todkranken Häftlingen von Neuengamme in andere Lager, zumal noch mit den Bussen des Schwedischen Roten Kreuzes, aber ohne die Teilräumung und Bereitstellung von Plätzen für skandinavische Häftlinge im KZ Neuengamme hätte man die Durchführung der Rettungsaktion aufs Spiel gesetzt. Hier setzt auch die teilweise durchaus berechtigte Kritik der schwedischen Historikerin Ingrid Lomfors an, auf die noch näher eingegangen wird.

3.3 Die Beurteilung der Aktion der Weißen Busse im Wandel der schwedischen Nachkriegspolitik

Wie sehr Berichterstattung, Analyse und Kritik von Historikern und Historikerinnen auch immer von politischen und gesellschaftlichen Tendenzen, vom jeweiligen „Zeitgeist", abhängen und beeinflusst werden, zeigt sich daran, wie in späteren Jahren in Schweden über die Aktion der Weißen Busse und über Folke Bernadotte berichtet wurde. Somit spiegelt das „offizielle" – d.h. das jeweils als „gültig" erklärte – Geschichtsbild oft nicht viel mehr als den augenblicklichen Stand einer Debatte, welche dem *mainstream* der jeweiligen Zeit unterliegt.

In Folge des Vietnam-Kriegs (1955–1975) unterstrich Schweden seit der Regierung Olof Palmes (1969–1976) seine nationale Souveränität und Unabhängigkeit durch eine größere Distanz zu der Politik der USA und durch eine stärkere Annäherung an die von der Sowjetunion kontrollierten Ostseestaaten, verbunden mit besonderen Handelsbeziehungen und Kulturbegegnungen. Zur befürchteten Rückgabe der „Protokolle" (Zeugenberichte polnischer KZ-Häftlinge, überwiegend aus dem KZ Ravensbrück, des *Polska källinstitutet* [Polnisches Instituts für Quellenforschung] an Polen siehe S. 178, *in diesem Band.*[3]

Während nach dem Krieg zunächst eine positive Berichterstattung über die Aktion der Weißen Busse und über Folke Bernadotte vorherrschte, wurden die Priorisierung bestimmter Häftlingsgruppen, seine Sympathie den Deutschen gegenüber während des Krieges (und auch noch danach!) und sein angeblicher Antisemitismus in den folgenden Jahren mehr und mehr thematisiert und kritisiert.

In der Regierungszeit des Sozialdemokraten Göran Persson (1996–2006) erschien 1998 die von der Regierung geförderte Publikation *…om detta må ni berätta – en bok om förintelsen i Europa 1933–1945* […darüber solltet ihr berichten – ein Buch über die Vernichtung bzw. den Völkermord in Europa 1933–1945] (Bruchfeld und Levine 1998). In diesem Bericht wird u. a. auch die durchaus fragwürdige Politik Schwedens während des Krieges angesprochen. Die schwedische Rettungsaktion von Häftlingen durch die Weißen Busse wird nur am Rande erwähnt. Die Leistung Folke Bernadottes wird verschwiegen. Dazu eine Bemerkung aus dem sonst durchaus kritischen Kommentar zu Folke Bernadotte von Lars Åberg: „Das Buch verschweigt völlig, dass sogar sämtliche Juden von den schwedischen Weißen Bussen aus Theresienstadt gerettet und alle von ihnen nach Schweden gebracht werden konnten, bevor der Krieg zu Ende war" (Åberg 2002: 196).

Über das KZ Ravensbrück, das größte Frauenkonzentrationslager, steht in diesem Regierungsbericht nur, dass am 29./30. April das Lager von sowje-

3 Siehe hierzu Kap. 4.3, *in diesem Band.* Vgl. auch Szulc (2005) sowie Auszüge in deutscher Übersetzung: https://dh-north.org/siberian_studies/publications/szulc.pdf (Zugriff: 22.06.2023).

tischen Einheiten befreit wurde, und dass diese auf noch etwa 3500 weibliche Gefangene gestoßen sind. Dass es der schwedischen Expedition an den Tagen vorher gelungen war, über 7000 weibliche Häftlinge [darunter auch 1607 Jüdinnen – *Anm. d. Verf.*] mit dänischer Unterstützung nach Schweden zu bringen – diese besondere Tat halten die Verfasser dieses ansonsten verdienstvollen Werkes nicht für Wert, dass man davon den Millionen von Schweden berichten sollte, denen man gratis diese Broschüre zur Verfügung gestellt hatte. Sie wurde von der Regierung herausgegeben (ebd.: 164).

Während Göran Perssons Regierungszeit wurde auch das *Forum för levande historia* [Forum für lebendige Geschichte] gegründet, das sich vor allem an jüngere Menschen wandte und in dem der Holocaust eine besondere Rolle spielte und auf aktuelle Missstände und Menschenrechtsverletzungen hingewiesen wurde. In dem Museum für Landeskunde in Lund gibt es zwei Räume, in denen das Schicksal der polnischen „Ravensbrückerinnen" auf der Grundlage des Materials des *Polska källinstitutet* [Polnisches Instituts für Quellenforschung](s.o.) dokumentiert wird.

Ausstellung im Museum *Kulturen*, Lund, 2005. Foto: Viveca Ohlsson.

Aber schon zu der Zeit, als Folke Bernadotte noch in den skandinavischen Ländern geehrt wurde, war er bei der neuen sozialistischen Regierung unter Staatsminister Östen Undén schon wegen seiner kritischen Einstellung gegenüber der Sowjetunion in Ungnade gefallen und bekam keine staatlichen Angebote oder Aufträge mehr. Undén verstand Schwedens Neutralität als eine Wende zu einer russlandfreundlichen „Brückenbaupolitik" (Persson 2002: 493).

3.4 Die Kritik an der Aktion der Weißen Busse und an Folke Bernadotte

In ihrem Buch *Blind fläck: minne och glömska kring Svenska Röda Korsets hjälpinsats i Nazityskland 1945* [Blinder Fleck – Erinnerung und Vergessen um den Hilfseinsatz des Schwedischen Roten Kreuzes in Nazi-Deutschland 1945] kritisiert Ingrid Lomfors (2005) hier schon scharf Folke Bernadotte und die Aktion der Weißen Busse und das damit verbundene verlogene geschönte „Selbstbildnis" der Schweden und Schwedinnen – wie sie es bezeichnet – während des Zweiten Weltkriegs und in den ersten Jahren danach. Auch stellt sie die Thesen in Frage, die bis dahin zu der Rettungsaktion in dem Buch *Vi åker till Sverige* von Sune Persson (2002) am detailreichsten und umfangreichsten recherchiert worden sind.

Im Mittelpunkt ihrer Kritik steht die Art und Weise, wie Folke Bernadotte die Rettungsaktion durchgeführt hat. Dazu zählt zum einen die von vornherein geplante Priorisierung bestimmter Häftlingsgruppen, ein eindeutiger Verstoß gegen die Statuten des Roten Kreuzes, die Lomfors dann auch als „Selektion" bezeichnet. Mit diesem Begriff insinuiert sie die berüchtigten „Selektionen" in den Konzentrationslagern. Am Schärfsten kritisiert sie den unvorhergesehenen Transport von über 2000 todkranken Häftlingen mit den Fahrzeugen des Schwedischen Roten Kreuzes aus dem „Schonungsblock" im KZ Neuengamme in andere Lager im Raum Hannover. So sollte Platz für die Sammelstelle der skandinavischen Häftlinge im KZ Neuengamme geschaffen werden. Eine große Anzahl der Häftlinge ist bei dem Transport und bei dem weiteren Aufenthalt in den Lagern Watenstedt, Stöcken und Mühlenberg umgekommen. 20 jüdische Kinder wurden schon vor dem Transport in Hamburg getötet. Lomfors hat selber in Frankreich Überlebende der Transporte interviewt und diese Transporte sind auch der Kernpunkt ihrer Kritik. Sie beschreibt in dem o.g. Buch das unsägliche Verbrechen an diesen hilflosen Menschen, erinnert an deren Leiden und Qualen und würdigt sie damit zugleich in ihrem ausführlichen Bericht.[4] Von den Mithäftlingen wurden diese Schwachen und Kranken als „Muselmänner" bezeichnet. Es waren die „Todgeweihten", deren Lebenserwartung meistens nur noch wenige Wochen oder ein paar Tage betrug. Wer in einem Konzentrationslager so krank oder schwach war, dass er nicht mehr um das Überleben kämpfen konnte oder wollte, hatte quasi sein eigenes Todesurteil mitunterschrieben. Weiterhin schreibt Primo Levi, Häftling im KZ Auschwitz, in seinem Buch *Ist das ein Mensch?* (2002) über die „Muselmänner":

> „In der Geschichte wie im Leben scheint bisweilen ein grausames Gesetz erkennbar zu sein, das heißt 'Wer hat, dem wird gegeben, wer nicht hat, dem wird genommen.' Im Lager, wo der Mensch allein auf sich gestellt und der Lebenskampf auf seine Urform reduziert ist, gilt dieses Gesetz in aller Offenheit und wird allgemein anerkannt. Mit den Erprobten, also den starken und gerissenen Individuen, unterhalten selbst die Kapos gern Beziehungen, die sogar manchmal kameradschaftlich sind, weil sie hoffen, vielleicht später einmal irgendwelchen Nutzen daraus ziehen zu können. An die Muselmänner hingegen, die Menschen in Auflösung, verlohnt sich nicht, ein Wort zu richten, weiß man doch schon im Voraus, daß sie lamentieren würden und aufzählen, was sie daheim zu essen pflegen. Ebenso unnütz ist es, sich mit ihnen anzufreunden, denn sie haben keine illustren Bekanntschaften im Lager, sie essen keine Extrarationen, sie arbeiten nicht in vorteilhaften Kommandos, und sie sind nicht fähig, heimlich zu organisieren. Und vor allem weiß man, daß sie nur vorübergehend hier sind und daß in ein paar Wochen nichts weiter von ihnen übrig sein wird als eine Hand voll Asche in einem benachbarten Acker und eine durchgestrichene Nummer in einer Kartei. Mögen sie auch eingereiht sein in die zahllose Menge ihresgleichen, die sie rastlos mit sich zieht, sie leiden doch und schleppen sich dahin in grauer, innerer Einsamkeit; und sterben oder verschwinden in Einsamkeit, ohne eine Spur von Erinnerung zu hinterlassen." (Levi 2002: 85)

Die Schweden, die am Transportkontingent als Fahrer, Sanitätspersonal usw. beteiligt waren, mussten nun erfahren, wie mit den Häftlingen wirklich umgegangen wurde. Oberleutnant Åke Svensson berichtet vom Beginn der Transporte:

> „Wir bekamen zu sehen, wie die Deutschen die Häftlinge, meistens Franzosen, Belgier, Holländer, Polen und Russen, behandelten. Es war schreck-

4 In der englischsprachigen Version *Blind spot* wird dieser wesentliche Teil nur stark verkürzt wiedergegeben.

> lich. Diesmal mussten uns die Deutschen in das eigentliche Lager fahren lassen, wo die Mehrzahl der Passagiere das unbedeutende Stück von den Baracken bis zu der Fahrstraße nicht selber gehen konnten. Aus diesen Baracken wurde eine Ansammlung von Wesen herausgetrieben, vorwärtsgestoßen und geleitet, die kaum noch weiter wie Menschen wirkte. Ausgemergelt bis zu einem Grad, den man nicht hätte für möglich halten können, offensichtlich geschwächt durch Dysenterie und anderen Krankheiten wankten, stolperten und krochen diese Menschen in unsere Busse. [...] Es gab voll ausgewachsene Menschen von normaler Größe und mehr, die 30 Kilo wogen. Es gab einzelne, die waren so schwach, dass sie nicht einmal ein Stück Brot festhalten konnten.“ (Persson 2002: 226)

In der englischsprachigen Kurzfassung (15 Seiten) *Blind Spot* (Lomfors 2012) wird der Bericht des schwedischen Offiziers Sven Frykman über die Begleitumstände der Transporte wiedergegeben:

> „Von den Leuten, die wir nach Hannover fuhren, sind vielleicht nicht mehr viele am Leben, während ich diese Zeilen schreibe. Bei uns zu Hause in Schweden ist es nicht erlaubt, Tiere so zu behandeln, wie diese Menschen behandelt wurden. Ich sah mit eigenen Augen, wie ein Wachmann mit seinem Gewehr einen Häftling auf den Kopf schlug, so dass dieser zu Boden stürzte. Der starb später in der Nacht im Bus. Es hieß, dass an diesem Tag sieben Personen gestorben seien. Ich selber half dabei, zwei Tote hinauszutragen.“ (in Lomfors 2012: 156)

Der für die Transporte verantwortliche schwedische Oberst Björk und die Fahrer hatten sich zunächst geweigert, die Transporte durchzuführen. Von deutscher Seite wurde erwidert, dass es den Häftlingen bei Transporten unter deutscher Leitung noch schlechter ergehen würde. In Sune Perssons Buch *Vi åker till Sverige* (Persson 2002: 223 f.) wird ausführlicher darüber berichtet.

Lomfors setzt diese Aktion mit den Transporten von Millionen jüdischer Familien in die Vernichtungslager gleich. „Dieses Unternehmen zeigt deutlich, wie das Schwedische Rote Kreuz unter der Leitung von Folke Bernadotte ein Teil des NS-Deportationssystems war, das Millionen von Menschen in den sicheren Tod geführt hat“ (Lomfors 2012: 146). Damit beschuldigt sie Folke Bernadotte, ein Komplize Himmlers gewesen zu sein, wobei sie diesen Vorwurf auch gegen das Schwedische Rote Kreuz erhebt (ebd.: 159). Sie verweist auf Herbert Obenaus (1985), dessen Einschätzung sie offenbar teilt. Er schreibt, dass die Schweden „had the experience that everyone in the ‚world‘ of the concentration camps was forced into – whether we like it or not: you either become an opponent or an accomplice of the SS“ (ebd.: 159).

Lomfors bezweifelt, dass man die Rettungsaktion des Schwedischen Roten Kreuzes als „humanitär" bezeichnen kann. Sie stellt die wichtige Frage, ob man politisch-moralische Kompromisse eingehen kann und die grundlegenden Prinzipien des Roten Kreuzes (keine Priorisierungen bei Hilfs- und Rettungsaktionen) außer Kraft setzen darf, selbst wenn diese „rational und folgerichtig" sein können, eine Frage, die sie dann mit einem eindeutigen „Nein" beantwortet. Sie spitzt das auf die Alternativfrage zu: Was war Folke Bernadotte und dem schwedischen Außenministerium wichtiger: eine „gerechte" (nach den Prinzipien des Roten Kreuzes) Hilfs- und Rettungsaktion durchzuführen und ggf. darauf zu verzichten oder der schwedischen Regierung eine Art Rechtfertigung („Persilschein") für die vorangegangene „Ergebenheitspolitik" Deutschland gegenüber zu geben? – Die Antwort ergibt sich aus dem folgenden Zusammenhang.

Hatte Folke Bernadotte die Möglichkeit dieses Dilemma zu verhindern? Er war nicht allein für diese furchtbare „Sonderaktion" verantwortlich; das schwedische Außenministerium war informiert und hatte keine Einwände, es war für die gesamte Aktion zuständig und gab wohl auch die entsprechenden Anweisungen. Himmler hatte den Schweden als Alternative „großzügig" angeboten, ein eigenes Barackenlager mit Zäunen usw. im KZ Neuengamme zu errichten. Aber sämtliche Materialien hätten aus Schweden herbeigeschafft werden müssen. Ein zynisches Angebot. Die Zeit drängte, noch stand Hitlers Drohung im Raum, alle Lagerhäftlinge vor Kriegsende umbringen zu lassen. Die Beendigung der Hilfsaktion drohte, bevor sie überhaupt begonnen hatte. „Druckmittel" Himmler gegenüber hatte Folke Bernadotte nicht.

Das Dilemma für die Schweden war das Problem, vor dem auch Ärzte und Ärztinnen und Helfer und Helferinnen von Rettungseinsätzen in extremen Situationen stehen können, wenn sie Menschenleben auf Kosten anderer retten müssen – wie auch solch eine Entscheidung ausfällt, sie bedeutet immer auch eine humanitäre Katastrophe für andere. Ein weiteres grundsätzliches Problem ergibt sich, wenn das Rote Kreuz bei der Durchführung von Hilfseinsätzen gezwungen ist, mit nicht-demokratischen oder diktatorischen Regierungen zu verhandeln und sich nach deren Auflagen zu richten hat. Hier müssen immer wieder Kompromisse eingegangen werden, um überhaupt helfen zu können.

Es stellt sich hier die grundsätzliche Frage, ob man sich mit Diktatoren und Aggressoren „an einen Tisch setzen", mit ihnen verhandeln darf. Sicherlich nicht, um deren Forderungen zu erfüllen, deren Eroberungen anzuerkennen und zu legitimieren – wohl aber um die Vernichtung von Menschenleben, die Auslöschung von Völkern und Nationen zu verhindern.

Das folgende Argument, dass letztendlich diese Kranken und Schwachen erst durch diese Verlegung eine größere Überlebenschance hatten, als wenn sie im Lager Neuengamme geblieben wären, ist moralisch nicht stichhaltig. Beim Verbleiben im Lager wären sie auf die für sie tödlichen Todesmärsche geschickt worden oder aber man hätte sie mit dem Zug nach Lübeck transportiert und dort auf Schiffe verladen. Diese wurden später von den Alliierten versenkt, wobei etwa 7000 Häftlinge umgekommen sind. Es bestand auch die Gefahr, dass man sie – wie man es mit Tausenden kranker und schwacher Frauen im KZ Ravensbrück gemacht hatte – vorher noch „liquidiert" hätte.

Von Lomfors wird weiterhin das „zustimmende" Verhalten der schwedischen Delegation an ihrem Standort-Quartier „Friedrichsruh" bei Hamburg den Deutschen gegenüber kritisiert, wo russische Kriegsgefangene für die Schweden schwere und erniedrigende Arbeiten leisten mussten, wie z.B. das Ausheben und Leeren von Abtritten und Fäkaliengruben.

Ein weiterer Vorwurf ist das Desinteresse an der Rettung von Juden und Jüdinnen. In diesem Zusammenhang taucht die Bemerkung auf: „Juden zuletzt", die so nie von Folke Bernadotte gemacht wurde, aber mit ihm in Verbindung gebracht wird. Aber darüber, dass durch das Schwedische Rote Kreuz um die 1600 Jüdinnen aus dem KZ Ravensbrück gerettet wurden (siehe S. 100, 102, *in diesem Band*), schreibt Lomfors nichts. Bernadotte wird auch vorgeworfen, dass er sich im „Wilhelmstraßen-Prozess"[5] im April 1949 als Vertreter der Verteidigung für den SS-Mann Walter Schellenberg eingesetzt habe, mit dem er schon früh – an Himmler vorbei – vertrauliche und der Sache dienliche Gespräche geführt hatte. In jedem Prozess gibt es Be- und Entlastungszeugen, das gehört zur Rechtsprechung in einer Demokratie. Lomfors zieht die Schlussfolgerung, dass man nur Komplize oder Gegner des NS-System sein konnte. Die Antwort – was Folke Bernadotte betrifft – insinuiert sie selber.

Trotz der notwenigen Zusammenarbeit mit Himmler kann man Folke Bernadotte nicht als „Komplizen des NS-Systems" bezeichnen. Vorzuwerfen wäre ihm, dass er in seinem Buch *Slutet* einige an der Aktion beteiligte

---

5 Der Wilhelmstraßen-Prozess war der vorletzte und zeitlich längste (Anklageerhebung: 15.11.1947– Prozessende: 18.11.1948) der zwölf Nürnberger Nachfolgeprozesse gegen deutsche Kriegsverbrecher. Hauptangeklagte waren führende Angehörige des Auswärtigen Amts – dessen Sitz in der Wilhelmstraße in Berlin war – und anderer NS-Dienststellen und Organisationen. Die Urteile wurden am 11. April 1949 verkündet. In diesem Gerichtsprozess hat auch der spätere Bundespräsident Richard von Weizäcker seinen Vater Ernst Freiherr von Weizsäcker verteidigt.

wichtige Mithelfer verschweigt und sich manchmal vielleicht zur sehr in den Vordergrund spielt und allzu oft Belangloses schreibt. Vor allem zu kritisieren wäre, dass er auf die Problematik der Priorisierung von Häftlingen und auf den problematischen Umgang mit kranken Häftlingen im Verlauf ihrer Umverlegung aus Neuengamme mit keinem Wort eingeht. Dass er nicht die besondere Situation der jüdischen Häftlinge in seinem Buch erwähnt, hat zu dem Vorwurf beigetragen, dass er ein „Antisemit" sei.

Ein weiterer „blinder Fleck" ist für Lomfors die Art und Weise, wie Schweden nach dem Krieg in der Berichterstattung mit der Rettungsaktion verfahren ist. Sie stellt die provozierende Frage: „Was hat das offizielle Schweden ausgesucht, um es zu vergessen – und warum?" (Lomfors 2012: 145).

Vor dem Hintergrund der schwedischen „Unterwerfungspolitik" – oder weniger scharf ausgedrückt: „Anpassungspolitik" – während des Krieges war es für die schwedische Regierung nach dem Krieg wichtig, das dadurch beschädigte Ansehen aufzuhellen und zu korrigieren. Ebenso sollte das „kollektive Gedächtnis" nicht beschädigt werden, mit dem sich Bürgerinnen und Bürger identifizieren können und dies in der Regel auch wollen. „Auch in Bezug auf die Außenwelt wurde diese Hilfsaktion zu einem nationalen Symbol, einem Emblem der guten Gesellschaft" (ebd.: 145). In der offiziellen Berichterstattung wie in den beiden großen schwedischen Enzyklopädien *National Encyklopedin* und *Focus Encyklopedi* wurde ihrer Meinung nach über die „Bernadotte-Aktion" zu wohlwollend und mit positiven Übertreibungen berichtet. Lomfors wirft dem sehr gründlich recherchierten und detaillierten Buch *Vi åker till Sverige* des Historikers Sune Persson u. a. Verfälschungen und Einseitigkeit vor und sie macht dem Verfasser den Vorwurf, dass die Entstehung und Veröffentlichung des Buches vom schwedischen Staat unterstützt worden sei. Lomfors' Kritik hat dann später zu einer erbitterten Auseinandersetzung mit Sune Persson geführt. Allerdings lagen Ingrid Lomfors' Untersuchungen und Arbeiten als Hochschuldozentin und Leiterin bedeutender staatlicher Einrichtungen und Organisationen durchaus im damaligen politischen Trend und haben wohl deshalb entsprechende Unterstützung gefunden.

Wie schon eingangs erwähnt, gab es in Schweden seit den 70er Jahren des vergangenen Jahrhunderts eine durchaus kritische Auseinandersetzung mit der Zeit während des Krieges – ganz anders als in vielen anderen europäischen Ländern. Mit der Kritik an der Aktion der Weißen Busse und deren Rezeption befasst sich ausführlich u. a. Izabela A. Dahl (2008, 2012) in ihren verschiedenen Beiträgen.

Es gibt auch Erwiderungen auf Ingrid Lomfors' Kritik von dänischen und norwegischen Historikern sowie von an der Aktion Beteiligten und besonders von Häftlingen, die von der Aktion betroffen waren. Dem sehr persönlichen und psychologisierenden Kommentar von Izabela A. Dahl zu der Bernadotte-freundlichen Haltung skandinavischer Häftlinge in dieser Frage kann ich allerdings nicht ganz folgen.

> „Zusammenfassend kann man sagen, dass die emotional geladene Kritik der norwegischen ehemaligen politischen Häftlinge aus dem Bedürfnis der Würdigung der Aktion aus der Sicht der Geretteten resultiert und aus dem Wunsch nach einem „Helden" der Aktion – Menschen mit außergewöhnlichen Führungseigenschaften." (Dahl 2008: 216)

Es ist völlig normal, dass herausragende historische Taten und Aktivitäten, seien sie humanitär oder verbrecherisch, an bestimmte Personen gebunden werden. Dabei sind gerade die „Erzählungen" von Zeitzeugen mit all ihrem Wissen und ihren Erfahrungen sowie in ihrer ganzen Vielfalt und Unterschiedlichkeit genauso wichtig wie die Interpretationen und Deutungen von Wissenschaftlern und Wissenschaftlerinnen.

Durch die Verbindung mit einer bestimmten Person sollte die Tat selber, bzw. ihr Resultat weder geschmälert noch überhöht werden. Diese Diskussion ist in den skandinavischen Ländern – im Unterschied zu Deutschland – bis heute noch nicht abgeschlossen. Aus den wie auch immer begründeten unterschiedlichen Sichtweisen ergeben sich gegensätzliche Einschätzungen und Beurteilungen, mit denen wir bei uns mit der gebotenen Achtsamkeit umgehen sollten.

Natürlich kann es niemals eine absolut objektive und völlig ausgewogene „Geschichtsschreibung" geben. Historiker und Historikerinnen haben ihre jeweils eigenen Biografien und fachlichen Prägungen und eigenen Erfahrungen. All das kann unseren Horizont erweitern – aber manchmal auch gegenüber anderen Sichtweisen einengen. Menschen werden das besonders akzentuieren, was ihren eigenen Vorstellungen und Erwartungen entspricht und entgegenkommt. Jemand, der oder die sich im Rahmen der beruflichen Tätigkeit einem bestimmtem Thema vor allem wissenschaftlich zu nähern hat, wird oft eine andere Vorgehensweise und einen anderen Zugang dazu haben als jemand, der aus persönlich motiviertem Interesse oder auf Grund eigener Lebenserfahrungen darüber schreibt.

Dass unterschiedliche Einschätzungen etwas völlig Normales sind, zeigen gerade die Beiträge und Rezensionen schwedischer Autorinnen und Autoren. So können z. B. die Historikerin Ingrid Lomfors, der Redakteur Bosse Lindquist, die Verfasser des staatlich geförderten Berichtes *… om detta må ni berätta* wie auch Oberst Sven Frykmann, der die Rettungsaktion mitorganisiert und begleitet hat, die Aktion – letzterer zumindest den Transport von Hamburg in die Lager im Raum Hannover – eher kritisch betrachten. Andere, wie die Historiker Sune Persson und Lennart Lundberg, der Jude Gilel Storch sowie auch weitere Vertreter jüdischer Organisationen und unmittelbar Beteiligte wie der Offizier Åke Svensson, der die Aktion begleitete, vor allem aber die meisten betroffenen Häftlinge (siehe Kap. 4, *in diesem Band*) beurteilen die Aktion als durchweg positiv. Soll man stolz auf die schwedische „Heldentat" sein (im Hinblick auf den mutigen Einsatz der schwedischen Freiwilligen) oder mehr Scham über das kritikwürdige Verhalten Schwedens insgesamt während des Krieges empfinden? Das ist nicht unsere Frage, diese sollte nur von Schwedinnen und Schweden gestellt und kann nur von ihnen beantwortet werden.

Wie die Aktion der Weißen Busse auch im Parteienstreit missbraucht wurde, zeigt eine 45-minütige Radiosendung, dessen Verfasser Bosse Lindquist sich u. a. auch auf Ingrid Lomfors (2005, 2012) und Hugh R. Roper-Trevor (1953) beruft. Dabei argumentiert Lindquist mit Polemik und Halbwahrheiten, wie der folgende Textauszug aus der Radiosendung zeigt. Gerade die hier kritisierten Sozialdemokraten waren es, die unter Staatsminister Göran Persson (1996–2006) die schwedische „Deutschlandpolitik" während des Krieges kritisch aufgearbeitet hatten. In ihrem späteren Resümee der schwedischen Originalausgabe in *Blind spot* weist auch Lomfors (2012) zustimmend auf diese Radiosendung von Bosse Lindquist hin:

> „Du hast sicherlich von dem heroischen schwedischen Einsatz mit den Weißen Bussen während des Krieges gehört, der Zehntausende von Menschen aus den NS-Konzentrationslagern gerettet hat. Die Weißen Busse, die beweisen sollten, wie wir während des Krieges zu Hitler und dem Nazisystem auf Abstand gingen. Die Weißen Busse, die zeigen sollten, wie mutig und tapfer wir im Kampf gegen das Böse waren. Aber was ist die Wahrheit? – Tatsache ist, dass die Weißen Busse auftauchten, als der Krieg praktisch schon vorüber war und die Häftlinge der Konzentrationslager von den Alliierten und der Roten Armee schon befreit waren. Aber die Weißen Busse waren niemals eine Rettungsaktion, sondern nichts mehr als ein etwas vorgezogener Heimtransport. Aber die Busse wurden zu einem wichtigen Werkzeug für die Propaganda der Sozialdemokraten und für ihre „Schwärzung" ihrer Zusammenarbeit mit den Nazis. Darüber hinaus wurde eine barbarische Selektierung bei den Häftlingen vorgenommen. Bestimmte Häftlinge wurden zurückgelassen um zu sterben, damit andere, die nicht in akuter Gefahr waren, nach Hause gebracht werden konnten. Es waren überwiegend Juden und Osteuropäer, die zum Vorteil von Dänen und Norwegern zurückgestellt wurden. Mit anderen Worten:

die Arier kamen vor den Juden und Zigeunern. Die Denkweise des Roten Kreuzes unterschied sich also nicht von der der Nationalsozialisten."[6]

Der Bericht schließt mit der Bemerkung: „Die Weißen Busse waren nichts anderes als das perfekte Alibi, das die Sozialdemokraten brauchten, um dem schwedischen Volk ihre Unschuld während des Krieges zu beweisen." Der gute Ruf des *folkhemmet*,[7] zugleich auch das Symbol für Mitmenschlichkeit und Hilfsbereitschaft, sollte nicht beschädigt werden.

Um nur auf einige wenige Argumente der Radiosendung einzugehen: Die West-Alliierten hatten bis auf das Lager Natzweiler-Strutthof im Elsass noch kein anderes Lager befreit, die Priorisierung von Häftlingen war bereits in den Vorschlägen und Plänen, die die Norweger und Dänen dem Schwedischen Roten Kreuz übergaben, enthalten, und dass Folke Bernadotte hier taktisch bzw. schrittweise vorzugehen hatte, wurde bereits erwähnt. 7550 „Nicht-Skandinavier" – meistens Polinnen, darunter mehr als 1600 Jüdinnen – wurden in den 2. Aprilhälfte 1945 durch das Rote Kreuz, überwiegend aus dem KZ Ravensbrück, gerettet. Was mit ihnen ohne diese Aktion geschehen wäre, darüber dürfte es kaum Zweifel geben.

3.5 Die Rezeption der Aktion der Weißen Busse in Deutschland

Ein kurzer Blick soll auch auf die Rezeption der Aktion der Weißen Busse in Deutschland geworfen werden, wobei ich mich vor allem an dem Beitrag von Izabela D. Dahl (2012) orientiere.

Bis 1990 wurde an den Gedenkorten ehemaliger Konzentrationslager in der Bundesrepublik Deutschland ein eher geringes Interesse und ein nur sporadisches „Gedenken und Erinnern" den Opfern gegenüber zum Ausdruck gebracht. Ich habe den Eindruck, dass man wie z. B. in Dachau und Neuengamme in den ersten Nachkriegsjahren eher bemüht war, ein würdiges Gedenken – oft durch Fremdnutzungen – dauerhaft zu verhindern. Das sollte sich nach der Wiedervereinigung ändern.

---

6 https://www.s-sanningen.com/vitabussarna. Zugriff: 9.9.2023.

7 *Folkhemmet* [Das Volksheim] umschreibt die von den schwedischen Sozialdemokraten in 1930er Jahren begonnene Einführung des „Sozialstaates", der zum Ziel hatte, die Klassenunterschiede – ohne „Klassenkampf" – abzuschaffen. Der Staat sollte ein „Heim", eine „Volksgemeinschaft" für alle sein, in der Gleichheit, Fürsorglichkeit, Kooperation und Verantwortungsbewusstsein herrschen und wo es – weitgehend – keine sozialen und wirtschaftlichen Schranken mehr gibt. Der heute kaum noch verwendete Begriff ist zum Symbol des heutigen schwedischen Wohlfahrtsstaates geworden.

Die ehemaligen Konzentrationslager in der DDR waren „nationale Gedenkstätten". Soldaten der NVA (Nationale Volksarmee) wurden hier vereidigt, Schulklassen und Belegschaften von Betrieben hinbeordert. Natürlich waren diese Veranstaltungen ein Instrument der politischen Beeinflussung. Bestimmte Häftlingsgruppen wie Juden, Sinti und Roma sowie Homosexuelle wurden aus dem offiziellen Gedenken ausgeklammert. Es kursierte der Satz: „Wir bestimmen, wer Opfer ist". Das ändert nichts daran, dass es für viele Menschen dennoch ein ehrliches „Gedenken und Erinnern" war, an das sie noch heute gerne zurückdenken. In dem Buch des ehemaligen Häftlings im KZ Ravensbrück Charlotte Müller *Die Klempnerkolonne* (1985) wird die Aktion in einem Kontext erwähnt, der eher die eigenen Aktivitäten hervorhebt.

> „Nach hartnäckigen Verhandlungen konnte das Internationale Rote Kreuz in den letzten Monaten des Krieges eine große Anzahl ausländischer Häftlinge aus dem Lager holen. Dabei ging es den Kameradinnen in der Schreibstube darum, einige wenige, besonders gefährdete deutsche Genossinnen unter falschem Namen herauszuschleusen. Die Not der zurückgebliebenen Häftlinge vermochte das Rote Kreuz kaum zu lindern. Erst mit der Befreiung durch die Rote Armee wurde unserem Elend ein Ende gesetzt. Doch wie viele von uns erlebten diesen Tag nicht. An die viertausend Frauen und Mädchen starben noch in den letzten drei Monaten allein an Typhus." (Müller 1985: 192)

In der sehr umfangreichen Dokumentation zu den Häftlingsschicksalen und Verbrechen im KZ Ravensbrück von Erika Buchmann – sie war selber politischer Häftling in Ravensbrück – werden die Verhandlungen zwischen Folke Bernadotte und dem Reichsführer-SS Heinrich Himmler kurz erwähnt, aber auch wieder in ähnlicher Weise wie zuvor.

> „Die zahlreichen polnischen jüdischen und nicht-jüdischen Häftlinge, die im Zuge der Aktion nach Schweden gebracht wurden, sind kein Teil der Beschreibung. An sie wird hier lediglich als herausgeschmuggelte Kommunistinnen erinnert, was in Bezug auf die polnischen Geretteten wohl eher in Ausnahmen den historischen Gegebenheiten entsprach." (in Dahl 2012: 189)

Auch außerhalb Deutschlands wurden das Leid der KZ-Opfer für politische Zwecke und Propaganda benutzt. Ich erinnere mich an eine Ausstellung in der Mahn-und Gedenkstätte Ravensbrück zu „Die Frauen von Lidice",[8] wo

8 Der Ort Lidice ist eine kleine Gemeinde 20 km westlich von Prag. Nach dem Attentat mit tödlichen Folgen auf Heydrich, den Leiter des Reichssicherheitshauptamts

eine der Frauen in einem Textbeitrag darüber berichtet, wie das Schicksal der Lidice-Familien von den damaligen Machthabern der Tschechoslowakei für politische Zwecke der derzeitigen Regierung instrumentalisiert wurde, wozu es dann wiederum böse Kommentare von verständnislosen einheimischen Fürstenbergern in dem ausgelegten Kommentarbuch gab.

Ein „So weiter wie bisher" ging nicht mehr, die politische Wende musste in Ost- wie auch in Westdeutschland zu Veränderungen und damit zu neuen Formen und Ritualen des Gedenkens und Erinnerns führen. Inwieweit dies auch die Aktion der Weißen Busse in Hinblick auf die Gedenkstätten in der ehemaligen DDR betrifft, wird von Izabela A. Dahl angesprochen:

> „Bis 1990 tauchte die Aktion ‚Weiße Busse' in der musealen Präsentation der Gedenkstätten im Osten Deutschlands überhaupt nicht auf; das gilt auch für die dritte große Gedenkstätte der DDR, Buchenwald. Das Gleiche lässt sich für die Darstellung der Aktion ‚Weiße Busse' in den westdeutschen Gedenkstätten sagen – sie fand bis zur Vereinigung nicht statt." (Dahl 2012: 186 f.)

Erst nach 1989/90 veränderte sich die Situation. Die Aktion der Weißen Busse wurde nun im Kontext der Befreiung der Konzentrationslager thematisiert und – wie am Beispiel Ravensbrück – in der Öffentlichkeit „sichtbar" gemacht.

> „Erstmals 1995, anlässlich des 50. Jahrestages der Befreiung des Konzentrationslager Ravensbrück, wurden die dänischen und schwedischen Busfahrer der Aktion ‚Weiße Busse' als Retter und Befreier gewürdigt [und zu den Feiern eingeladen]. Eines der Fahrzeuge, die dieser Rettungsaktion ihren Namen gaben, stand im April 1995 vor dem Tor des ehemaligen Frauenlagers Ravensbrück. Der Jahrestag förderte die Erforschung der Aktion ‚Weiße Busse' und die Untersuchung der Todesmärsche der Ravensbrücker

---

und verantwortlich für zahlreiche Kriegsverbrechen, wurden im Rahmen einer Vergeltungsaktion in Lidice von den deutschen Sicherheitsbehörden 1942 fast alle männlichen Einwohner (172) ermordet und das Dorf dem Erdboden gleichgemacht. Die 195 Frauen kamen in das Konzentrationslager Ravensbrück, wo 52 umkamen. Die Kinder wurden in das Lager der „Umwandererzentrale" in Litzmanstadt (Łodz) deportiert, wo nach rassischen Kriterien ausgesondert wurde. Sieben Kinder wurden „germanisiert". Die anderen 81 Kinder kamen in das Vernichtungslager Kulmhof und wurden dort vergast. Nach dem Krieg wurde Lidice wieder neu aufgebaut und wurde zu einem Symbol der vielen deutschen Kriegsverbrechen. Ein Zusammenhang zwischen dem Attentat und einer Beteiligung von Bewohnern und Bewohnerinnen aus Lidice konnte nicht nachgewiesen werden.

> Häftlinge, die die SS euphemistisch als ‚Evakuierungsmärsche' bezeichnet hatte." (ebd.: 186 f.)

Mit der Neuausrichtung des Gedenkens in der ehemaligen DDR rückten auch die vorher vernachlässigten Gedenkorte in Westdeutschland wieder stärker in das politische und gesellschaftliche Interesse. Es wurde nun in einzelnen Beiträgen über die Aktion der Weißen Busse berichtet wie zum Beispiel in der umfangreichen Monographie von Herrmann Kaienburg (1997) über die Geschichte des Konzentrationslagers Neuengamme, wenn auch nur kurz auf einer Seite.

Ich gehe davon aus, dass es inzwischen Veranstaltungen wie in Ravensbrück zu der Aktion der Weißen Busse auch in Neuengamme gegeben hat, vielleicht auch in den anderen Lagern, vor deren Toren die Weißen Busse im März/April 1945 standen.

Wichtige Aspekte der Rezeption der Aktion der Weißen Busse sollen hier nur angesprochen und nicht weiter vertieft werden, da diese ausführlich von Izabela A. Dahl (2012) in ihrem Beitrag behandelt werden. Es geht mir an dieser Stelle mehr um das allgemeine Bild, das man sich in Deutschland von der Aktion und von Folke Bernadotte gemacht hat bzw. noch macht. So wurde die Kritik von Ingrid Lomfors an Folke Bernadotte von der TAZ, einer linksgerichteten Berliner Tageszeitung, kommentarlos aufgegriffen, in dem diese ihre Position noch einmal – wenn auch in abgeschwächter Form – bekräftigt.

Wie interessierte Leserinnen und Leser und die Historikerinnen und Historiker heute fast 80 Jahre nach den Ereignissen über die Aktion der Weißen Busse auch immer urteilen mögen, es war und bleibt das beispielhafte und mutige Vorhaben einiger weniger Personen, um in einer fast aussichtslosen Lage Menschen aus Konzentrationslagern herauszuholen und sie somit vor dem in vielen Fällen sicheren Tod zu retten. Es waren der Einsatz und das Engagement der schwedischen Krankenschwester Margareta Björcke (siehe S. 87, *in diesem Band*) und den anderen „Lottas",[9] von Folke Bernadotte und seinen Helfern, vom schwedischen Busfahrer Sten Olsson und seinen dänischen und schwedischen Kameraden, von denen einige bei der Durchführung der Aktion ihr Leben lassen mussten.

---

9 Als „Lottas" werden in Schweden oft Krankenschwestern umgangssprachlich bezeichnet.

3.6 Die „Judenpolitik" Schwedens – war Folke Bernadotte ein „Antisemit"?

Es wird hier u. a. auch das bereits zuvor (in den Kapiteln 1.1 und 1.2, *in diesem Band*) angesprochene Thema der schwedischen „Unterwerfungspolitik" in einem anderen Kontext (Schwedens „Judenpolitik vor und während des Krieges) wieder aufgegriffen, wobei sich mitunter Wiederholungen ergeben können.

In Schweden gab es bis zum Kriegsende durchaus Ressentiments und Vorurteile gegen Juden. Die Theorie der höheren und niedrigeren Rassen war auch in Schweden verbreitet und fand sogar ihren Niederschlag in offiziellen Instruktionsheften für die schwedische Armee. Über die Judenpolitik in Deutschland und die zunehmenden Repressalien und Verbrechen an Jüdinnen und Juden wurde in den Medien – mit Ausnahme der *Göteborgs Handels- und Sjöfartstidning* und der linksorientierten Zeitung *Arbeteren* – nur sehr zögerlich und meist nur auf „den letzten Seiten" berichtet. Auch gab es gegen deutschfeindliche und kritische Nachrichten umgehend heftige Proteste aus dem deutschen Außenministerium.

Da jüdische Menschen nicht zu den Kriegsflüchtlingen zählten, hatten sie auch keinen Anspruch auf eine legale Aufnahme in Schweden. Für sie gab es auch keine staatliche Schutzmacht. Der Staat Israel existierte damals offiziell noch nicht. Aufenthaltsgenehmigungen für Jüdinnen und Juden wurden zunächst nur in geringer Zahl erteilt und waren mit der Auflage verbunden, dass die Aufgenommenen selber für ihren Lebensunterhalt aufkommen mussten oder von ihren Gemeinden oder Glaubensbrüdern – es gab etwa 2000 jüdische Familien in Schweden – zu unterstützen waren. Bis zur Kriegswende im Jahr 1943 wurde die Rettung von Juden und Jüdinnen durch die Verweigerung von Einreisegenehmigungen weitgehend verhindert (Persson 2002: 117).

Ein trauriges Beispiel für diese rigide Einwanderungspolitik ist das Schicksal des Schriftstellers und Kirchenlieddichters Jochen Klepper (u. a. bekannt als Verfasser des Liedes: „Er weckt mich alle Morgen …") und seiner Frau. Der Aufenthaltsantrag für seine jüdische Frau, für den sich der bereits erwähnte Birger Forell eingesetzt hatte, wurde von der schwedischen Regierung abgelehnt. Vor der Deportation seiner Frau in ein Konzentrationslager schied das Ehepaar am 11.12.1942 freiwillig aus dem Leben.

Besonders Arvid Richert, der schwedische Botschafter in Berlin, zeigte sich wenig kooperativ, was die Aufnahme von politisch Verfolgten betraf (ebd.: 120 f.). Aber die Bereitschaft, jüdische Flüchtlinge aufzunehmen, war auch in den anderen noch freien Ländern ebenso gering. In diesem Zusammenhang wird auch auf den ausführlichen Beitrag von Berglund und Sennerteg (2008) zu der Situation in Schweden während des Krieges im ersten Kapitel verwiesen. Erst Mitte 1944 gab der schwedische Staat „Schutzpässe" für Jüdinnen und Juden in Ungarn aus (Aktion „Raoul Wallenberg") aus. Es wurden aber auch schon 1943 dänische und 1942 norwegische Juden in Schweden aufgenommen.

Die Aktivitäten von Gilel Storch und verschiedener jüdischer Organisationen

Wie schon erwähnt, standen die Alliierten dem Wunsch jüdischer Organisationen und Einzelpersonen (Gilel Storch) über Verhandlungen oder durch besondere Maßnahmen etwas für die jüdischen Häftlinge zu tun, zumindest aber um deren Situation zu erleichtern, eher ablehnend gegenüber. Man wollte sich von den Deutschen – wie bei den meisten Verhandlungen üblich – vorab keinerlei Zugeständnisse abhandeln lassen. Aber selbst in den jüdischen Gemeinden in Schweden gab es Vorbehalte gegen eine jüdische Masseneinwanderung. Die meist seit längerem westlich orientierten und assimilierten schwedischen jüdischen Gemeinden hatten keine direkten oder gefühlsmäßigen Verbindungen zu ihren Glaubensbrüdern und -schwestern aus Osteuropa mit deren streng orthodoxen Glaubensvorstellungen und völlig anderen Lebensgewohnheiten. So befürchtete man auch grundlegende Veränderungen des bisherigen Gemeindelebens. Man sah auch die Gefahr, dass durch eine Masseneinwanderung der bereits vorhandene Antisemitismus weiter gestärkt werden könnte. (Persson 2002: 45 f.)

So gab es erbitterte Auseinandersetzungen zwischen dem aus Lettland stammenden Juden Gilel Storch und dem Ältesten der jüdischen Gemeinde in Stockholm, dem Oberrabbiner Marcus Ehrenpreis, dem Storch Gleichgültigkeit und Passivität vorwarf. Storch setzte sich leidenschaftlich für jüdische Häftlinge in und aus Deutschland ein und suchte immer wieder Kontakt zu Regierungen und Einzelpersonen. Er war der schwedische Vertreter des *World Jewish Congress* (Sitz in Genf) in Stockholm. Es gibt mehrere belegte Gespräche u.a. am 25.11.1944, 04.03. und 11.04.1945 mit Folke Bernadotte. Obwohl auch Folke Bernadotte Storch nicht in seinem Buch *Slutet* erwähnt, hat dieser später immer wieder den Einsatz Folke Bernadottes für jüdische Häftlinge erwähnt. Auch hat er den Verfasser des Buches *Vi åker till Sverige* Sune Persson bei dessen Recherchen durch direkte Gespräche unterstützt und ihm Zugang zu seinem Archiv in den „Central Zionist Archives" in Jerusalem und zu seinem seinerzeit noch nicht katalogisierten Material des *World Jewish*

Congress gewährt. Die Bitten und das Anliegen von Storch wie auch spätere Wünsche und Schreiben von Zelmanovits (Generalsekretär des *World Jewish Congress*) soll Folke Bernadotte inhaltlich nicht beantwortet, sondern an die jüdische Gemeinde in Stockholm (Oberrabbiner Ehrenpreis) weitergegeben haben. Ehrenpreis war sicherlich ein geeigneterer Verhandlungspartner mit der schwedischen Regierung als Storch selber, dies traf aber nicht auf Zelmanovits zu. Storch wurde nach seiner Einreise von der schwedischen Sicherheitspolizei beschattet, weil er im Verdacht stand, ein sowjetischer Spion zu sein. Er wurde in seiner Personalakte „als minder ehrenhaft und rechtschaffen" *(minder hederlig)* bezeichnet (ebd.: 51). Die schwedische Staatsbürgerschaft erhielt er erst 1950.

Unter den jüdischen Organisationen gab es oft Kompetenzstreitigkeiten und unterschiedliche Auffassungen zu bestimmten Aktionen. Auch erschwerten Rivalitäten zwischen einzelnen Personen wie z. B. zwischen Gilel Storch und dem Ältesten der jüdischen Gemeinde in Stockholm, Marcel Ehrenpreis, ein entschiedenes und gemeinsames Vorgehen. Das hinderte Storch nicht daran, immer wieder kleinere Einzelaktionen durchzusetzen wie z. B. den Transport von 72 Paketen an jüdische Häftlinge.

> „Nach Storchs eigener Aussage hatte Bernadotte schon 1944 Storch und dem WJC [World Jewish Congress] die Erlaubnis gegeben, das Schwedische Rote Kreuz als Deckmantel für die Sendung von Essenspaketen an Juden in nazi-deutschen Konzentrationslagern zu benutzen. Das Schwedische Rote Kreuz stellte einen Lastwagen, Material wie [offizielles] Briefpapier, Formulare und Etiketten dem WJC zur Verfügung. [...] ‚Bernadotte war der jüdischen Angelegenheit gegenüber sehr wohlwollend eingestellt', hat Gilel Storch in einem Gespräch mit mir [Sune Persson] betont." (ebd.: 145)

Folke Bernadotte hatte Ende Februar auch das Problem der Aufnahme und Überführung jüdischer Häftlinge nach Schweden in Berlin angesprochen, wofür Storch Bernadotte ausdrücklich gedankt hat. „Storch hatte einige Tage vorher Bernadotte ‚für die wertvolle Hilfe, die uns von Ihrer Seite zuteil wurde in dieser Zeit einer äußersten Verzweiflung' gedankt" (ebd.: 159). Kersten, Himmlers Masseur und Vertrauter, der sich bei Himmler immer wieder für jüdische Häftlinge eingesetzt hatte, übergab am 24. März Storch einen Brief von Himmler, in dem dieser Storch eine direkte Unterredung vorschlug. Es sollte um die Rückführung von jüdischen Häftlingen gehen. Himmler versprach auch, über diese Frage mit Folke Bernadotte zu sprechen (ebd.: 209).

Norbert Masur vom *World Jewish Congress* trifft Himmler

Am 16. April wurde von der Rechtsabteilung des schwedischen Außenministeriums auf Initiative von Gösta Engzell, der sich schon vorher persönlich für die jüdischen Häftlinge eingesetzt hatte, ein „Schutzpass" für die geplante Reise von Storch zu Himmler ausgestellt. Außenminister Günther hat diesen „Schutzpass" im letzten Augenblick zurückgezogen, weil dieser nur für schwedische Staatsbürger ausgestellt werden konnte und man somit vorsätzlich Himmler getäuscht hätte. Wie schon erwähnt, war Storch nicht schwedischer Staatsbürger. Wäre diese Täuschung herausgekommen, hätte man damit alle weiteren Verhandlungen mit Himmler aufs Spiel gesetzt. Ein weiterer Grund war wohl auch, dass das Außenministerium (Günther), internationale jüdische Organisationen und die jüdische Gemeinde in Stockholm Storch wegen seiner emotionalen und wenig diplomatischen Art für diese schwierige Aufgabe für ungeeignet hielten. Auch waren die Alliierten grundsätzlich gegen Verhandlungen mit Himmler und somit auch in dieser Frage. Kersten sorgte dann dafür, dass statt Storch Norbert Masur nach Gut Harzwalde, seinem Privatgut 70 km nördlich von Berlin, fahren konnte. Masur war Vertreter des *World Jewish Congress*, fuhr aber als „schwedischer jüdischer Privatmann" nach Deutschland und soll mit Unterstützung von Kersten in einem zweistündigen Gespräch mit Himmler u. a. die Rettung der jüdischen Frauen aus dem KZ Ravensbrück unter dem Decknahmen „polnische Häftlinge" erreicht haben. Masur schildert in seinem Buch *En jude talar med Himmler* [Ein Jude spricht mit Himmler] (1945) seine Ankunft in Deutschland und die Begegnung mit Himmler am 21. April 1945 wie folgt:

> „Ich hatte kein Visum, denn nur Himmler und seine nächste Umgebung wussten von meinem Besuch, der vor den andern NS-Führern geheim gehalten worden war. Mir war zuvor mitgeteilt worden, nicht bei der deutschen Botschaft in Stockholm ein Visum zu beantragen. Die Gestapo hatte lediglich den Befehl gegeben, dass der Mann, der in Begleitung Kerstens käme, bei der Passkontrolle durchzulassen sei. Ein Auto der Schwedischen Botschaft war da, um uns in die Stadt zu fahren. Aber so einfach konnten wir doch nicht losfahren, sondern waren gezwungen, auf ein Auto der Gestapo zu warten, das uns auf ein Landgut, circa 70 km nördlich von Berlin, bringen sollte. […] Punkt halb drei am Morgen hörten wir ein Auto vorfahren. Kersten ging raus auf den Hof und wenige Minuten später trat Heinrich Himmler ein, gefolgt von Schellenberg, dem Adjutanten Dr. Brandt und Kersten. Himmler begrüßte mich mit ‚Guten Tag' und nicht mit ‚Heil Hitler', und erklärte, dass er zufrieden sei, dass ich gekommen

wäre. Wir setzten uns rund um einen Tisch, an dem bereits Kaffee für fünf Personen serviert war. Himmler trug eine elegante, gutsitzende Uniform, die mit Orden und Rangbezeichnungen dekoriert war. Er wirkte würdig und machte trotz der letzten Stunden einen lebendigen Eindruck und sein Äußeres wirkte ruhig und beherrscht. Sein Aussehen war eher vorteilhafter als auf den Fotografien.

Es folgte ein längeres Gespräch über den Bolschewismus und die Judenproblematik mit haltlosen ‚Rechtfertigungen' Himmlers. Ich versuchte nun ein weiteres Mal, Himmler von seinen Verteidigungsversuchen abzubringen: ‚Viel ist geschehen, das nicht mehr zu ändern ist und was man nicht wiedergutgemachen kann. [...] Aber wenn es in Zukunft eine Brücke zwischen unseren Völkern geben soll, so müssten wenigstens alle Juden, die an diesen Tagen noch in den von Deutschland beherrschten Gebieten am Leben sind, auch am Leben bleiben. Deshalb erbitten wir die Freilassung aller Juden in den Lagern, die in der Nähe der Schweiz oder Skandinaviens liegen und deren Evakuierung nach Schweden und in die Schweiz, und was die anderen Lager betrifft, dass die Gefangenen dort bleiben sollten, wo sie sind und dass man sie gut behandelt, ihnen ausreichend Essen gibt und dass alle Lager ohne Widerstand den Alliierten übergeben werden, wenn die Front ein Lager erreicht.'

Es folgte eine längere Diskussion. Ich unterstrich die Notwendigkeit der vorgeschlagenen Rettungsmaßnahmen, wobei ich von Kersten unterstützt wurde. Besonders betonten wir wiederholt, dass eine Evakuierung der Gefangenen aus Ravensbrück nach Schweden zugestanden werden sollte. Zu den allgemeinen Versprechen von Himmlers Seite hatte ich kein Vertrauen. Hingegen dachte ich, dass genau präzisierte Absprachen eingehalten werden würden, schon aus dem Grunde, dass Himmlers Mitarbeiter daran interessiert sein würden, derartige Versprechungen in die Tat umzusetzen. Außerdem konnte man befürchten, dass die letzten Wochen von Deutschlands Endkampf für die Inhaftierten besonders kritisch werden könnten. Die Publikationen über Buchenwald könnten die Naziführer, entweder Himmler selbst oder die Hitler-Kaltenbrunner-Gruppe, dazu veranlassen, alle verbliebenen KZs dem Erdboden gleichzumachen, um jede Spur und jeden lebenden Zeugen ihrer Verbrechen auszulöschen. Die letzten Tage des Todeskampfes des Dritten Reiches konnten somit also eine Todesgefahr selbst für die wenigen Häftlinge mit sich bringen, denen es bisher geglückt war, das jahrelange Leiden und die Torturen in den Lagern zu überleben.

Himmler wollte mit seinem Adjutanten Dr. Brandt beratschlagen. Ich ging mit Schellenberg in einen angrenzenden Raum. Während unserer

> Abwesenheit diktierte Himmler zwei an Kersten adressierte Briefe. Als ich nach 20 Minuten wieder in den Salon zurückkam, erklärte Himmler: ‚Ich bin bereit, 1000 jüdische Frauen aus dem KZ Ravensbrück freizulassen und sie können durch das Rote Kreuz abgeholt werden.' Die Freilassung einer Anzahl französischer Frauen aus Ravensbrück laut der Liste des schwedischen Außenministeriums wird bewilligt. Circa 50 in norwegischen Lagern internierte Juden werden freigegeben und zur schwedischen Grenze gebracht. Die Fälle, die die 20 Schweden betreffen, die von deutschen Gerichten verurteilt wurden und in dem Gefängnis von Grini gefangen gehalten werden, sollen wohlwollend geprüft werden. [...] Eine größere Anzahl namentlich bekannter Juden aus Theresienstadt, zumeist Holländer, sollen freigelassenen werden, wenn das Rote Kreuz diese abholen kann. Die jüdischen Frauen aus Ravensbrück sollen jedoch nicht als Jüdinnen bezeichnet werden, wir können sie als – sagen wir – Polinnen bezeichnen. Es ist nämlich notwendig, dass nicht nur Ihr Besuch, sondern auch die Ankunft der Juden in Schweden absolut geheim gehalten werden. Was die Einstellung der Zwangsevakuierung und die Übergabe der Lager an die Alliierten anbetrifft, so will ich mein Bestes tun, um diesem Wunsch nachzukommen.'" (Masur 1945: 18–28)

Der Buchtitel „Ein Jude spricht mit Himmler" deutet schon auf die Abnormität in der absurden „Normalität" des NS-Staates und auf die „Sinnwidrigkeit" der Gesamtsituation hin. Was mag Masur bei dem höflich-sachlichen Tischgespräch bei Kaffee und Gebäck mit dem Massenmörder Himmler und den Bildern der deutschen Vernichtungslager im besetzten Polen, der sechs Millionen Ermordeten, vor Augen, empfunden haben, bei dem es jetzt bei den verbliebenen Jüdinnen und Juden wie bei einer Handelsware um Mengen und „Sorten" ging? Geduldig musste er sich die langen Auslassungen Himmlers, dessen Lügen, dessen absurde Rechtfertigungen und Hasstiraden gegen Stalin und Russland anhören. Gelegentlich wagte er kleine Einwände, aber ein sachliches Gespräch war unmöglich, wollte er nicht das Ziel seiner Reise gefährden. Interessant ist auch, wie er Himmler charakterisiert:

> „Zweifelsohne war Himmler sowohl intelligent wie auch gebildet, aber er war kein Meister in der Kunst, sich zu verstellen. Sein Zynismus kam besonders dann zum Ausdruck, wenn er die Katastrophen ausmalte, von denen er annahm, dass sie eintreffen würden. Typisch waren die Bemerkungen, die er Kersten gegenüber beim Abschied machte: ‚Der wertvolle Teil des deutschen Volkes geht mit uns unter, was mit dem Rest passiert, ist ohne jede Bedeutung.' Im Gegensatz zu Hitler war er in seinem Verhältnis zu den Juden ein Rationalist. Hitler hegte mit seinem ganzen Wesen

> und seiner Persönlichkeit eine extreme Abneigung gegen Juden. Himmler handelte nicht gefühlsbetont, er ließ kaltblütig morden, solange er der Meinung war, dass es für seine Ziele vorteilhaft war, aber er konnte auch einen anderen Weg wählen, wenn das günstig für seine Politik und für ihn persönlich war. Was für Beweggründe konnte Himmler für die kleinen Konzessionen haben, die er während der letzten Kriegsmonate sogar uns gegenüber machte? Gegenleistungen verlangte er nicht. Sicherlich glaubte er auch nicht, dass es ihm mit diesen Zugeständnissen glücken sollte, sein eigenes Leben zu retten. Dafür war er viel zu intelligent; er wusste sehr wohl, dass sein Sündenregister dafür zu groß war. Vielleicht wollte er vor der „Geschichte" in einem besseren Licht dastehen als die übrigen Hauptverantwortlichen für die deutschen Verbrechen." (Masur 1945: 29)

Letzteres ist tatsächlich eine interessante Schlussfolgerung von Masur! Zu diesem Zeitpunkt war Himmler klar, dass es keine „Tauschgeschäfte" mehr geben konnte, dass sein Schicksal besiegelt war. Aber sollte Himmler wirklich seine Hoffnung auf eine Teilkapitulation und einen Separatfrieden mit den Alliierten – dies in völliger Verkennung der Sachlage – aufgegeben haben? Dagegen spricht allerdings sein Versuch, über Folke Bernadotte noch im April Kontakt zu Eisenhower herzustellen.

Bemerkungen zu Himmler und Deutschlands Weg in die NS-Diktatur

Die Absichten und Erwartungen von Ditleff und Folke Bernadotte sowie von Gilel Storch und Robert Masur waren klar definiert, als sie den Kontakt zu Himmler suchten. Ersteren ging es um die Freilassung skandinavischer KZ-Häftlinge, Letzteren um die Rettung der wenigen noch lebenden Juden und Jüdinnen in den Lagern. Doch welche Erwartungen und Beweggründe hatte Himmler, als er dem Wunsch nach Begegnungen zustimmte? Menschlichkeit war sein Motiv sicherlich nicht. Um diese Frage zu klären, muss man sich noch einmal vergegenwärtigen, wie es Mitte 1944 und späterhin im Frühjahr 1945 in Deutschland und Europa aussah. Die militärische Lage war klar; der Krieg war verloren. Doch wie war die politische Lage, welche Rolle spielte Himmler?

> „Erst nachdem Himmler durch seine Tätigkeit als Chef des Ersatzheeres, Oberbefehlshaber Oberrhein, Führer der Heeresgruppe Weichsel sowie als militärischer Kommandeur des Volkssturms sich selbst ein authentisches Bild von der Aussichtslosigkeit der militärischen Lage hatte verschaffen können, sollte er in den letzten Monaten des Dritten Reiches, allerdings bis

> zuletzt zögernd und unentschlossen, eine Reihe von Versuchen unternehmen, um zu einer politischen Übereinkunft zur Beendigung des Krieges zu kommen. Der Realisierung entsprechender Überlegungen stand jedoch entgegen, dass Hitler auch in der Schlussphase des Krieges nicht ernsthaft bereit war, ernsthafte Schritte zu einer politischen Beendigung des Krieges einzuleiten. Er war realistisch genug zu erkennen, dass sich die Alliierten, den nahen Sieg vor Augen, auf solche Vorschläge nicht einlassen würden, und abdanken wollte er ebenso wenig wie kapitulieren." (Longerich 2008:741)

Hier schon zeigt sich ein deutlicher Gegensatz hinsichtlich der Möglichkeit von Verhandlungen mit den Alliierten zwischen Hitler und Himmler. Aber auch Hitler sah zunächst die Möglichkeit von Verhandlungen mit dem einen oder dem anderen Gegner, wobei er zunächst an die Sowjetunion dachte, allein schon um Unruhe unter den Alliierten zu stiften.

> „Nachdem die Alliierten im Juni 1944 erfolgreich gelandet waren und es in den folgenden Wochen zu schweren militärischen Niederlagen kam, versuchte Hitler durch Vorbereitung einer Gegenoffensive im Westen und die Ausstreuung von Gerüchten über einen Separatfrieden den Zusammenhalt der gegnerischen Koalition zu sprengen." (ebd.:740)

Ab August 1944 suchte Himmler den Kontakt zu Churchill, wobei er wohl – im Unterschied zu Hitler – ernsthaft an einen Sonderfrieden dachte, der hier die Lage realistischer sah. In den letzten Tagen vor dem Ende des Dritten Reiches befanden sich die einst „Mächtigen", Reichsmarschall Hermann Göring, Außenminister Joachim von Ribbentrop, Propagandaminister Joseph Goebbels und Reichsführer-SS Heinrich Himmler in einer Art Weltuntergangsstimmung. Man sprach miteinander, intrigierte aber auch gleichzeitig gegeneinander. Der „Führer" Adolf Hitler, psychisch und physisch „am Ende", erging sich in seinen üblichen langatmigen Tiraden, ohne klare Entscheidungen zu treffen. Für ihn galt weiterhin „Der Kampf bis zum letzten Mann." Ob Hitler inzwischen von Himmlers Initiativen in „Richtung Westalliierte" Wind bekommen hatte, ist unklar. Auf jeden Fall vergrößerte sich die Kluft zwischen diesen beiden immer mehr. So gab Hitler Himmler die Schuld an dem schnellen Vormarsch der Roten Armee in Pommern, die zu großen Verlusten – besonders unter der Zivilbevölkerung – geführt hatte.

Am 14. März gab es ein Gespräch zwischen Hitler und Himmler, wohl eher eine heftige Auseinandersetzung, nach der Hitler Himmler seine militärischen Führungsaufgaben entzog.

Heinrich Himmler, Max Koegel, weitere Offiziere und die Oberaufseherin Johanna Langefeld schreiten an den Aufseherinnen vorbei, die am Giebel des Küchen- und Badtrakts zur Begrüßung Aufstellung genommen haben. Fotograf unbekannt. Mahn- und Gedenkstätte Ravensbrück, Foto-Nr. 1642.

> „Goebbels kommentierte Himmlers gescheiterten Ausflug in die höhere militärische Führung wie folgt: ‚Er hat sich leider verführen lassen, nach militärischen Lorbeeren zu greifen, was ihm aber gründlich misslungen ist. Er kann sich auf diese Weise nur seinen guten politischen Namen verderben'.“ (Longerich ebd.: 744)

Gegenstand der Gespräche zwischen Folke Bernadotte und Himmler waren neben den Verhandlungen über KZ-Häftlinge auch immer wieder die Vermittlungsversuche mit den Alliierten. Folke Bernadotte hielt diese für erfolglos und ausgeschlossen, solange Hitler an der Macht war.

> „War dies der Versuch, das Angebot eines Staatsstreichs ins Spiel zu bringen? Bernadotte bemühte sich, der Sache auf den Grund zu gehen und ließ einige Tage später die Nachricht übermitteln, er sei zu einem Vermittlungsversuch bereit, wenn Himmler die Macht in Deutschland übernehme und die NSDAP auflöse. Doch Himmler verharrte auch in den folgenden

> Tagen in Unentschlossenheit. Er konnte sich weder durchringen, sich zu Hitlers Nachfolger zu erklären und dann den Alliierten eine Kapitulation des Reiches anzubieten – ein Schritt, zu dem ihm auch der amtierende Finanzminister Ludwig Graf Schwerin von Krosigk[10] am 19. April riet– , noch war er bereit, sich für eine militärische Teilkapitulation im norddeutschen Raum starkzumachen." (Longerich ebd.: 748)

Hitler war schon seit Längerem wegen seiner gesundheitlichen Verfassung handlungsunfähig, aber Himmler betonte Folke Bernadotte gegenüber immer wieder, wie wichtig ihm sein Treueeid Hitler gegenüber sei. Himmler benutzte seinen Masseur Kersten, der in Schweden wohnte, zugleich aber oft in Deutschland weilte, wo dieser das Gut Harzwalde in der Nähe von Lychen besaß und von welchem er regelmäßig behandelt wurde, um über schwedische Stellen Kontakte zu den Alliierten herzustellen. In verschiedenen Schreiben, die Himmler Kersten nach Schweden mitgab und die an das schwedische Außenministerium gerichtet und zur weiteren Information der Westalliierten bestimmt waren, betonte Himmler in einer Mischung von Naivität und Unverfrorenheit, dass er sich u. a. immer für normale Verhältnisse in den Konzentrationslagern als Arbeitslager eingesetzt und schon früh Pläne für eine friedliche Ausbürgerung und Auswanderung der Juden entwickelt habe. Auf diese Weise wollte er sich bei den Alliierten für die von ihm angestrebten Verhandlungen für einen Separatfrieden (Teilkapitulation) als redlicher Vermittler andienen. Auf diese absurden und die wahre Lage völlig außer Acht lassenden Ambitionen Himmlers reagierten die Westalliierten natürlich mit Ablehnung. Himmler hatte schon bereits ab Anfang März Folke Bernadotte gegenüber Entgegenkommen gezeigt und der Freilassung skandinavischer Häftlinge, wenn auch zögerlich – mit Hinweis auf Hitlers grundsätzlicher Ablehnung – zugestimmt. Bei dem bereits erwähnten Treffen im schwedi-

---

10 Johann Ludwig Graf von Schwerin Krosigk gehörte zu den vier Reichsministern der Weimarer Republik, die dem Ermächtigungsgesetz zugestimmt hatten und von der nationalsozialistischen Regierung übernommen wurden. Die Mitgliedschaft in der NSDAP wurde ihm am 30. Januar 1937 „verliehen", als er mit dem Goldenen Parteiabzeichen ausgezeichnet wurde. Ein begeisterter Nationalist war er nicht und besonderen Einfluss auf die Politik Hitlers hatte er als Finanzminister auch nicht. Goebbels schreibt in seinem Tagebuch: „Er ist zwar vor Beginn jeder Zuspitzung etwas zurückhaltend, bewährte sich aber zuverlässig. Dem Typ nach gehört er zu den Beamten, den wir in unserem Staat gut gebrauchen können" (in Aly 2019: 31). Hitlers Nachfolger Karl Dönitz ernannte ihn zum Reichsaußenminister – in dieser Eigenschaft verkündete er am 7. Mai 1945 die Kapitulation der Wehrmacht. Im Wilhelmstraßen-Prozess wurde er am 14. April 1949 zu 10 Jahren Haft verurteilt und am 31. Januar 1951 auf Grund einer Amnestie entlassen.

schen Konsulat in Lübeck (siehe S. 19, *in diesem Band*) diktierte Himmler Bernadotte dann einen Brief an den schwedischen Außenminister Günther mit der Bitte, einen Kontakt zu Eisenhower, dem Oberbefehlshaber der alliierten Truppen, herzustellen. Himmlers Plan war, im Westen zu kapitulieren, um die Ostfront möglichst lange halten zu können.

Natürlich lehnten die Alliierten, für die es nur die bedingungslose Kapitulation gab, dieses Ansinnen ab und veröffentlichten zudem das als geheim gedachte Schreiben in der Weltpresse. Als Hitler in seinem Bunker am 29. April, einen Tag vor seinem Selbstmord, aus der Presse von Himmlers „Alleingang" erfuhr, bekam er einen seiner berüchtigten Wutanfälle, entzog ihm in seinem am selben Tag verfassten „Politischen Testament" alle politischen Funktionen und stieß ihn aus der Partei aus. Zum Schluss dieses Spektakels setzte er noch einen neuen „Reichsführer-SS" ein, den Gauleiter von Breslau, Karl Hanke. Absurde Entscheidungen, denn am 22. April waren bereits sowjetische Verbände in das nordöstliche Berlin eingedrungen.

Gegen Ende seines Beitrags weist Longerich darauf hin, dass Himmler viele seiner Versprechungen nicht eingehalten habe. Dreitausend Häftlinge aus dem KZ Stutthof bei Danzig, die wenige Tage vor Kriegsende mit Schiffen nach Neustadt in der Lübecker Bucht transportiert wurden, wurden nach ihrer Ankunft am Strand von Marinesoldaten und Wachpersonal erschlagen oder erschossen.

> „Himmler instruierte die KZ Dachau und Flossenbürg nachweislich direkt, dass keine Häftlinge lebend in die Hände der Feinde fallen dürften. Die SS-Führung weigerte sich dann auch in den folgenden Tagen, Bitten des Roten Kreuzes nachzukommen – und kommt zu folgendem Schluss: Himmler war nur bereit, Menschenleben zu retten, wenn er auf der Gegenseite konkrete Gegenleistungen erhielt. Die Gefangenen waren aus seiner Sicht noch immer menschliches Kapital, das er bis zum Schluss für Verhandlungen zu nutzen gedachte – daher seine Entschlossenheit, sie in die letzten Rückzugsräume mitzunehmen." (Longerich ebd.: 752)

Neben dieser Einschätzung gibt es allerdings auch die Ansicht, dass Himmler nach all seinen Untaten und Verbrechen und als er wusste, dass alles – auch sein eigenes Leben – verloren war, den völlig illusionären Wunsch hatte, sein finsteres Bild für die Nachwelt etwas „aufzuhellen".

Longerich schließt seine Ausführungen zu diesem Kapitel „Auf der Flucht" mit dem Satz: „Von den über 714 000 Häftlingen, die sich Anfang 1945 noch im KZ-System befanden, waren Schätzungen zufolge zwischen 240 000 und 360 000 Menschen den Räumungen zum Opfer gefallen" (Longerich ebd.: 754).

In diesem Zusammenhang ist es bemerkenswert, dass man Folke Bernadotte oft vorgehalten hatte, sich mit der „Inkarnation des absolut Bösen" an einen Tisch gesetzt zu haben – aber vielleicht war Himmler auch nicht viel mehr als nur eine schäbige Personifizierung der schrecklichen „Banalität des Bösen"? (vgl. Arendt 2011: 371). Ein Vorwurf, den man Masur – meines Wissens nach – nicht gemacht hatte.

Der Begriff „Banalität" hat oft zu dem Missverständnis geführt, dass es sich hier um etwas Unbedeutendes, etwas „Selbstverständliches" oder belanglos Alltägliches handelt. Am Schluss ihres Buches verwendet Hannah Arendt folgende Formulierung, die in diesem Kontext zutreffender erscheint:

> „In diesem Moment war es, als zöge Eichmann selbst das Fazit der langen Lektion in Sachen menschlicher Verruchtheit, der wir beigewohnt hatten – das Fazit von der furchtbaren Banalität des Bösen, vor der das Wort versagt und an der das Denken scheitert." (ebd.: 371)

Wer also war dieser Mensch oder „Unmensch", dieser Heinrich Himmler, Sohn eines konservativen Münchener Oberstudiendirektors, Absolvent einer Hochschule für Landwirtschaft? Ein unscheinbarer Brillenträger, der hastig zu seiner Behörde eilt? „Ein ziemlicher unbedeutender Büroangestellter, wäre man ihm auf der Straße begegnet" (siehe S. 60, *in diesem Band*) – wie ihn Folke Bernadotte bei ihrer ersten Begegnung sieht. Ein höflicher, konzilianter Gesprächspartner mit einer Neigung zu zynischem Humor, der seinen Gast, den Juden Norbert Masur, sogar mit „Guten Tag" und nicht vorschriftsgemäß mit „Heil Hitler" begrüßt? Ist es nicht gerade diese Alltäglichkeit, sind es nicht oft die der jeweiligen Situation angepassten guten Umgangsformen, hinter denen sich besonders gefährliche, rücksichtslose und gewissenlose Menschen verbergen? Himmler war nicht nur verantwortlich für den Mord an dem jüdischen Volk; denn wäre der „Generalplan Ost",[11] der die komplette „Neuordnung" des östlichen Europas vorgesehen hat und an dem er mitgewirkt

11 Der „Generalplan Ost" umfasste bis ins kleinste Detail durchgearbeitete Pläne, Kartenmaterial usw. für die „Germanisierung" Osteuropas. Auftraggeber war das Reichssicherheitshauptamt (RSHA) unter Leitung von Heinrich Himmler. Alte Vorstellungen aus dem 19. Jahrhundert vom „naturgegebenen Drang nach Osten", von der notwenigen Schaffung „neuen Lebensraums" (Hans Grimm: „Volk ohne Raum") wurden hierbei wieder aufgegriffen. Die einheimische Bevölkerung, überwiegend Polen, Tschechen und Russen, sollte entscheidend „dezimiert" (Vernichtung und Umsiedlung) werden. Die Zahl der Todesopfer wurde auf etwa 30 Millionen geschätzt. Inwieweit in diese Zahlen schon die zivilen Opfer der ersten Kriegsjahre einzurechnen sind, ist unklar. Für die Realisierung des Planes waren ab 1942 etwa 20 bis 30 Jahre vorgesehen.

hatte, zur Ausführung gekommen, hätte das zu weiteren unzähligen Opfern geführt. Millionen von – der NS-Ideologie entsprechend – rassisch tief untenstehenden slawischen „Untermenschen" wären zu Sklaven eines überlegenden arischen „Herrenvolks" geworden, das in leitenden Stellen dann durch ausgewählte „rassenreine" SS-Männer repräsentiert worden wäre. Dass diese schreckliche Vision nicht Realität wurde, ist nicht zuletzt dem Umstand zu verdanken, dass die USA nach anfänglichem Zögern als Kriegspartei in den ZweitenWeltkrieg eingetreten sind.

Himmler war Antisemit, Antidemokrat, Opportunist, machtgierig, aber er war kein fanatischer Ideologe. Zielstrebig und geschickt baute er sich seinen eigenen Machtapparat mit der Übernahme der politischen Polizei und der Gründung der SS auf, wobei er sich als Opportunist die Nähe zu Hitler („der treue Heinrich") nützlich machte. Mit der SS schuf er sich eine ihm treu ergebene loyale Gefolgschaft, eine Art elitärer „kultischer Gemeinschaft", die sich ihr eigenes Wertesystem schaffte und ihren Sitz auf der Wewelsburg[12] hatte. Dies alles beinhaltete die „Umwertung" der allgemein anerkannten Werte (die 10 Gebote, die Kantischen Imperative, die Menschenrechte usw.); jetzt galten absolute „Treue dem Führer gegenüber", Härte gegen Feinde, aber auch gegen die eigenen Gefühle des Mitleids, der Mitmenschlichkeit usw. als höchste Werte, oft von Himmler generalisierend als „Anständigkeit" bezeichnet.

Es stellt sich die verzweifelte und wohl auch nicht eindeutig zu beantwortende Frage, wie es Menschen wie Hitler und Himmler gelingen konnte, eine derartige Machtfülle an sich zu reißen. War es nicht die „Vorsehung", ein zielgerichteter dialektisch verlaufender historischer Prozess, der sich mit einer gewissen Notwendigkeit auf ein bestimmtes Ziel hin entwickelte, auf diese größte Katastrophe des 20. Jahrhunderts, die erst die Voraussetzung war für die erste funktionsfähige – wenn auch immer noch von rechtsextremen Kräf-

---

12 Die Wewelsburg (bei Paderborn) wurde um 1600 erbaut und diente den Fürstbischöfen von Paderborn als Nebenresidenz. Später machten Zerstörungen durch Kriege und Naturgewalten das Schloss als Wohnsitz mehr und mehr unbrauchbar. Bis 1925 befanden sich dort eine Jugendherberge und ein Museum. Bereits 1934 ging die Wewelsburg für 1 Reichsmark (Miete) an die SS über und war als Schulungs- und Versammlungsort für höhere SS-Offiziere vorgesehen. Die umfangreichen Instandsetzungsarbeiten und Neubauten führte ein Sonderkommando des KZ Sachsenhausen aus. Die Wewelsburg wurde zu einem besonders symbolträchtigen Ort: die Totenkopfringe gestorbener SS-Generäle wurden dort aufbewahrt und der Boden im Saal der Obergruppenführer verzierte die „Schwarze Sonne", heute wieder ein Erkennungszeichen esoterischer und rechtsradikaler Gruppen (siehe Sünner 2009).

ten gefährdete – Demokratie in Deutschland nach dem Zweiten Weltkrieg, für das Entstehen des Staates Israels, nach dem sich das Volk Israel seit 2000 Jahren in der Diaspora gesehnt hatte. Hierzu heißt es bei Hegel:

> „Dass in den Begebenheiten der Völker ein letzter Zweck das Herrschende, dass Vernunft in der Weltgeschichte ist, – nicht die Vernunft eines besonderen Subjekts, sondern die göttliche absolute Vernunft, – ist eine Wahrheit, die wir voraussetzen (S. 29). […] Dieser ‚Gang der Geschichte', vorangetrieben von den großen historischen Ereignissen und deren Anführern, kann sich nicht um das Geschick der einzelnen Individuen kümmern. Es kann auch sein, dass dem Individuum Unrecht geschieht; aber das geht die Weltgeschichte nichts an, der die Individuen als Mittel in ihrem Fortschreiten dienen (S. 76). […] Eine große Gestalt, die da einherschreitet, zertritt manche unschuldige Blume, muss auf ihrem Wege manches zertrümmern." (Hegel 1955: 105)

So gab es in Deutschland mehrere gescheiterte Demokratiebewegungen seit dem „Wartburgfest" der Studenten am 18. Oktober 1818, das an die Befreiung durch Martin Luther vom römischen Papsttum vor 300 Jahren und an die Befreiung vom napoleonischen Joch vier Jahre vorher erinnern sollte. Dies war verbunden mit den Forderungen u. a. nach persönlicher Freiheit, Gleichheit vor dem Gesetz und Rede- und Pressefreiheit, Forderungen, die von Preußen mit der Drohung beantwortet wurden, die Studenten einzusperren und die Universität Jena zu schließen. Es folgten 1832 das Hambacher Fest, bei dem eine breite Bürgerbewegung diese Forderungen erneut aufgriff und sich die Opposition gegen den Absolutismus der regierenden Fürstenhäuser verschärfte, dann 1848 die Märzrevolution gegen die „Heilige Allianz" der regierenden Fürstenhäuser, die nach Anfangserfolgen (Wahlen am 18. Mai 1848 zu einer verfassungsgebenden Nationalversammlung in der Frankfurter Paulskirche) und nach einer Radikalisierung von den preußischen und österreichischen Truppen brutal niedergeschlagen wurde. Nach dem Ersten Weltkrieg war es dann endgültig mit dem deutschen Kaiserreich vorbei, das mit den anderen Großmächten entscheidend zum Ausbruch des Krieges beigetragen hatte. Mit der Weimarer Republik entstand die erste Demokratie mit einer Reichsverfassung. Diese Demokratie war von Anfang an durch links- und rechtsradikale Gruppen bedroht, geschwächt durch die Verträge von Versailles, die Hyperinflation und die Weltwirtschaftskrise. Der Opportunismus und das Versagen der Eliten, insbesondere der Wirtschaftsführer und der alten Militärs, aber auch der Untertanengeist vieler Bürgerinnen und Bürger, ihr Verlangen nach einem „starken Mann", führten schließlich zur demokratisch legitimierten Übergabe der Macht an die Nationalsozialisten am 30. Januar 1933 – das Tor zur großen Katastrophe war aufgestoßen. War das Dritte Reich somit das notwendige Ergebnis, das – nach Hegel – letzte Glied in einer Kette von historischen Ereignissen und Gegebenheiten? Musste es dazu kommen oder war die Jahrhundertkatastrophe doch nicht eher das Ergebnis eines unglücklichen Zusammentreffens zufälliger Ereignisse zur falschen Zeit und am falschen Ort, das Auftauchen von Demagogen und gefährlichen „Heilsbringern", die zu anderen Zeiten lächerliche Figuren abgegeben hätten?

Folke Bernadotte und der Antisemitismusvorwurf

Nach diesen kurzen Ausführungen zur NS-Diktatur und zu Folke Bernadottes Verhandlungspartner Heinrich Himmler wieder zurück zu Folke Bernadotte und seinem angeblichen Antisemitismus. Zu einem Gespräch vom 8. März 1945 zwischen Folke Bernadotte, seinen Mitarbeitern Torsten Brandel und Marc Giron, Attaché in Berlin, und dem Kriminalkommissar Franz Göring, Verbindungsoffizier von Walter Schellenberg, soll es ein Dokument geben, in dem unter Punkt 1 folgender Satz steht: „ Was die Juden angeht: die meisten sind von Auschwitz evakuiert worden. Juden sollen zuletzt abgeholt werden" (Persson 2002: 194). Es folgen noch weitere acht Punkte, die – wie auch schon Punkt 1 – deutlich die „Handschrift" der deutschen NS-Behörden tragen. Es ist kaum vorstellbar, dass ein derartiges Dokument gemeinsam von hohen schwedischen Regierungsbeauftragten zusammen mit einem deutschen Kriminalkommissar abgefasst wurde. Wenn es sich um ein echtes Dokument gehandelt haben sollte, konnte es nur von deutscher Seite kommen; Unterschriften oder Gegenzeichnungen der Schweden werden nicht erwähnt und gab es somit offensichtlich auch nicht. Interessant ist auch, dass es vom selben Tag noch ein offizielles Dokument mit dem Briefkopf „Der Chef der Sicherheitspolizei und des SD" gibt, in dem Göring genaue Anweisungen für die kommenden Verhandlungen mit den Schweden gegeben werden und in dem nicht von Juden die Rede ist.

In der erwähnten Radiosendung des schwedischen Rundfunks von Bosse Lindquist (siehe S. 124 f.), *in diesem Band*) wurde dieses von Felix Kersten in Umlauf gebrachte Dokument mit dem spektakulären und provozierenden Vermerk „Nehmt die Juden zuletzt" der Öffentlichkeit vorgestellt. Ob so gewollt oder nicht, es war klar, dass die Hörer und Hörerinnen diesen Satz sofort mit Folke Bernadotte in Verbindung gebracht haben. Es ist wohl auch kein Zufall, dass dieses angebliche Dokument erst nach 53 Jahren an die Öffentlichkeit gebracht wurde, im Jahr 1998, genau in dem Jahr, in dem auch der bereits erwähnte Bericht der schwedischen Regierung … *om detta må ni berätta*" (Bruchfeld und Levine 1998, siehe S. 116, *in diesem Band*) erscheint.

Es gibt zahlreiche Hinweise, dass Folke Bernadotte in den folgenden Gesprächen auch mit Himmler auch über die Befreiung der inhaftierten skandinavischen jüdischen Häftlinge, der anderen Häftlinge und zuletzt auch über die nicht-skandinavischen jüdischen Häftlinge im KZ Ravensbrück verhandelt hat. In offiziellen Berichten wird aus bekannten Gründen (Hitlers und Kaltenbrunners Ablehnung) darüber nicht berichtet; nichts durfte an die deutsche oder schwedische Öffentlichkeit gelangen. Bei seinem Vorgehen hatte Folke Bernadotte hierbei seine besondere Taktik des schrittweisen Vorgehens angewendet, auf die schon hingewiesen wurde (S. 72, *in diesem Band*). Über den Oberst Sven Frykman, der den schwedischen Rettungskonvoi nach Theresienstadt anführte, wird wie folgt berichtet:

> „Frykman berichtet über die Rettung der Juden als über eine ‚Ehrensache', für die sich Bernadotte intensiv eingesetzt hatte. Nach Harald Folke, einem schwedischen Begleitoffizier, war es gerade Bernadotte, der den Plan gefasst hatte, Folke mit einem Transport französischer Häftlinge von Neuengamme an die Schweizer Grenze zu schicken und nach deren Übergabe an das Schweizer Rote Kreuz nach Theresienstadt weiterzufahren und mit allen skandinavischen Juden zurückzukommen." (Persson 2002: 312)

Über die Aktivitäten hinsichtlich der Rettung von Juden aus dem KZ Theresienstadt gab es Uneinigkeit auf schwedischer Seite, nachdem das Außenministerium unter Minister Günther die Aktion zunächst gegen den ausdrücklichen Wunsch Bernadottes abgelehnt hatte. Dazu gab es auch unterschiedliche und sich widersprechende dänische und schwedische Informationen und Kommentare. Dazu noch folgende Notiz: „Wir können uns hier an Storchs Beurteilung erinnern, dass es in erster Linie Bernadottes Verdienst war, dass die dänischen Juden gerettet wurden, während es Günther war, der dagegen war, dass Juden nach Schweden geholt werden sollten" (ebd.: 314). Kabinettsekretär Bohmans vom Außenministerium schreibt später: „Ich kann bezeugen, dass Bernadotte ebenso so eifrig wie jeder andere bemüht war, Juden zu retten […]" (ebd.: 260).

Nach dem Krieg wurde das von Storch immer wieder heftig kritisierte Verhalten der jüdischen Gemeinde in Stockholm dort auch aufgegriffen und wohl auch von der Gemeinde aufgearbeitet. In einem ausführlichen Manifest vom 15. Mai 1945 wird die Aktion der Weißen Busse unter ihrem Leiter Folke Bernadotte gewürdigt:

> „Unsere Gemeinde und wir schwedischen Juden erfuhren die unfassbare Gnade, dass wir unser Leben geschützt und unbeschadet leben konnten, als um uns herum das ganze jüdische Leben zusammenbrach und unsere Glaubensbrüder die am härtesten in Mitleidenschaft gezogenen Opfer der alles zerstörenden Mächte des Bösen wurden. Diesen Mächten ist endlich ihr gerechtes Urteil zuteilgeworden und befreit kann die Menschheit nach diesem furchtbaren Albtraum wieder atmen. [...] Wir wollen in dieser Stunde auch an die bewundernswerte Rettungstat des Schwedischen Roten Kreuzes denken, die Tausende von Menschen – darunter auch eine ansehnliche Zahl von Juden – hierher in unser Land geführt hat, sie von dem Greul und Schrecken der Konzentrationslager und von einem furchtbaren Untergang befreit hat. [...] Ich setze die Zustimmung unseres Bevollmächtigten voraus, wenn wir von der mosaischen Gemeinde unseren Dank an Graf Folke Bernadotte und das Schwedische Rote Kreuz für die durchgeführte denkwürdige, mutige und zukunftsweisende Rettungstat richten." (ebd.: 50)

Man hat Folke Bernadotte vorgeworfen, dass er sich nicht öffentlich zur Judenfrage geäußert habe. Die Gespräche mit Himmler und Vertretern jüdischer Organisationen (*Aguda Israel* und *World Jewish Congress*) mussten gerade in dieser Angelegenheit unter völliger Geheimhaltung stattfinden, weswegen sie auch nicht protokolliert wurden und es wohl auch keine privaten Notizen dazu gab wie zu anderen Kapiteln in seinem Buch *Slutet*. Aber dass es keinerlei Hinweise zu diesen Gesprächen und auf die Verfolgung und Ermordung von Millionen jüdischer Menschen in seinem Buch gibt, ist schon verwunderlich und kaum entschuldbar. Als Diplomat mit internationalen Kontakten wusste Folke Bernadotte – im Unterschied zu vielen seiner schwedischen Mitbürgerinnen und Mitbürger – natürlich, was in den deutschen Vernichtungslagern vor sich ging (ebd.: 142). Über die anderen „Leerstellen" in seinem Buch wurde schon berichtet.

Es ist müßig darüber zu streiten, wer bei Himmler mehr für die Rettung jüdischer Menschen erreicht hat, ob Kersten, Schellenberg, mit dem Folke Bernadotte auch vertrauliche Gespräche geführt hatte, oder Masur oder eben doch auch Folke Bernadotte selber. Was wäre erreicht worden, wenn die entscheidenden Verhandlungen nicht mit Himmler, sondern mit dem Österreicher Kaltenbrunner geführt worden wären? Wenn es auf der anderen Seite ein anderer Vertreter des Roten Kreuzes – und nicht Folke Bernadotte – gewesen wäre? Folke Bernadotte war de facto Chef des Schwedischen Roten Kreuzes und führte mit Himmler bei vier Treffen die Verhandlungen über die Vorbereitung und erfolgreiche Durchführung der Rettungsaktion durch, die am Ende auch jüdische Häftlinge miteinbezog.

Fazit: Folke Bernadotte war kein Antisemit

Falsch ist die wiederholt schon direkt oder indirekt geäußerte Beschuldigung von Ingrid Lomfors, dass Folke Bernadotte ein Antisemit, zumindest aber am Schicksal der Juden desinteressiert gewesen sei, ein Argument, dass von den israelischen Terroristen auch als Rechtfertigung für ihren Mord an Folke Bernadotte benutzt wurde. Ingrid Lomfors beruft sich bei dem Vorwurf des „Antisemitismus" auf die polemische Radiosendung von Bosse Lindquist (s.o.) und auf den britischen Historiker Trevor-Roper, der durch sein Buch *The last Days of Hitler*" (1947) eine gewisse Bekanntheit erlangt hatte. Bei weiteren Publikationen zu *Hitlers Tagebüchern* hatte Trevor mit gefälschten Spiegeldokumenten (von Kujau) gearbeitet. In seinem Beitrag *Kersten, Himmler and Count Bernadotte* (Trevor-Roper 1953) bezeichnet er Folke Bernadotte als einen unbedeutenden „Transport-Offizier" und sprach den Erfolg an der Rettungsaktion ausschließlich Felix Kersten zu. Er stützte sich auf Kerstens Schriften und auch auf einen Brief, den Kersten gefälscht und verbreitet hatte, in dem behauptet wird, dass Folke Bernadotte Juden als unerwünscht in Schweden bezeichnet haben soll (Persson 2002: 494–498). Wie bereits erwähnt, hatte Kersten Folke Bernadotte nie verziehen, dass dieser ihn bei den Gesprächen mit Himmler zu wenig beachtet und in seinem Buch *Slutet* übergangen und nicht gewürdigt hatte. Schon bei den ersten Gesprächen zwischen Himmler, Schellenberg und Kersten achtete Folke Bernadotte immer auf Distanz, weil er Kersten offensichtlich misstraute oder nicht für „ebenbürtig" hielt.

Für Ingrid Lomfors sind Bosse Lindquist sowie Trevor und Kersten glaubwürdiger als Gilel Storch, der Folke Bernadotte immer verteidigt hat, und über den sie schreibt:

> „Was die Quellenkritik betrifft, ist es nahezu unmöglich, Gilel Storch als Informanten hinsichtlich des Hilfseinsatzes des Schwedischen Roten Kreuzes in Hitlerdeutschland 1945 zu verwenden, trotzdem hält er sich selbst für die Hauptperson nach Folke Bernadotte für die Erfolge." (Lomfors 2005: 134)

Gilel Storch hatte sich von Anfang an unermüdlich für seine jüdischen Glaubensbrüder und -schwestern eingesetzt. Auch sollte – wie bereits erwähnt – zunächst er als Vertreter des *Word Jewish Congress* das letzte Gespräch mit Himmler führen, musste dann aber gegen Norbert Masur ausgetauscht werden, weil er nicht schwedischer Staatsbürger war und somit keine Einreiseerlaubnis nach Deutschland erhalten hätte.

In den meisten freien Ländern waren oft noch bis Kriegsende die schon seit 1933 verfolgten und von der Vernichtung bedrohten Jüdinnen und Juden „unerwünscht". Auch die Westalliierten waren ausschließlich auf das Ziel einer bedingungslosen Kapitulation Deutschlands fokussiert. Einzelne Rettungsaktionen für KZ-Häftlinge und Gefangene, die nur im Einvernehmen mit deutschen Dienststellen zu erreichen waren, sahen sie wohl eher als hinderlich an. So wurde sogar der Wunsch jüdischer Organisationen, die Bahnlinien zu den deutschen Vernichtungslagern in Polen zu bombardieren, um somit die Transporte zu unterbrechen, ignoriert.

> „Bernadotte wusste natürlich auch, dass es in Schweden einen Widerstand gegen eine Masseneinwanderung von Juden gab, nicht zuletzt auch unter der Leitung und den Mitgliedern der jüdischen Gemeinde in Stockholm." (Persson 2002: 498)

Auch bei der dänischen Botschaft in Deutschland begegnete er eher einem verhaltenen Interesse, was die Situation der dänischen Juden in Theresienstadt anbelangte.

Die exakte Zahl der durch die Aktion der Weißen Busse geretteten Jüdinnen und Juden wird sich niemals genau feststellen lassen. Hierzu die Angaben, auch aus zwei jüdischen Quellen:

> „Wir wissen, dass alle 423 dänischen Juden aus Theresienstadt abgeholt werden konnten, aber dass nur drei norwegische Juden gerettet werden konnten [die anderen waren fast alle nach ihrer Verhaftung in die Vernichtungslager transportiert worden, *Anm. des Verf.*] und dass 1615 staatenlose jüdische Häftlinge aus Ravensbrück [es waren nach ihrer Nationalität überwiegend Polinnen – *Anm. d. Verf.]* rausgeholt werden konnten." (ebd.: 436)

Übrigens weigerten sich die schwedischen (auch die dänischen) Behörden – entsprechend der Auflage Himmlers – die Klassifizierung „Jude" zu verwenden. Jüdinnen und Juden wurden unter die anderen Nationalitäten – überwiegend „Polen" – gerechnet. Masur schätzt, dass die Hälfte von denen, die aus Ravensbrück gerettet wurden, Jüdinnen waren, also ca. 3500 Frauen. Unter diesen können alle diejenigen gewesen sein, die vorher „als staatenlos" bezeichnet wurden. Die „Bernadotte-Aktionen" brachten also im April/Mai mindestens 4000 Jüdinnen und Juden nach Schweden. In dem Archiv der jüdischen Gemeinde fand Inga Gottfarb[13] die handschriftliche Statistik von

13 Inga Gottfarb, eine Wissenschaftlerin jüdischer Herkunft, beschreibt in ihrem Buch ausführlich das Leben und Schicksal der jüdischen Menschen in Schweden

August 1945, die auswies, dass 3112 jüdische Flüchtlinge von der „Bernadotte-Aktion“ nach Schweden gerettet wurden und danach weitere 5112 von der UNRRA-Aktion (siehe S. 52, *in diesem Band*). Sie würde also insgesamt 8224 gerettete Juden umfassen, von denen fast alle Frauen waren: nur 1340 Männer wurden gerettet (Persson 2002: 436 f.). Gilel Storch und der *World Jewish Congress* machen etwas andere Angaben:

> „Storch, der hinsichtlich einer vernünftigen Beurteilung kompetent sein müsste, gab in den Jahren 1956/79 an, dass zwischen 6000 bis 7000 Jüdinnen und Juden vom Roten Kreuz vor Kriegsende nach Schweden gerettet worden seien – und dass dies geschah, sei in erster Linie Bernadottes Verdienst gewesen.“ (ebd.: 437)

Die schwedische Sektion des *World Jewish Congress* gab u. a. 1956 ein offizielles Communiqué heraus, in dem stand:

> „Dieselbige Rettung und der Transport von ca. 6000 Juden vor Kriegsende und von 6500 Juden unmittelbar nach Kriegsende waren schwedische Aktionen, die vom schwedischen Außenministerium in Zusammenarbeit mit dem Roten Kreuz und anderen Institutionen geplant und durchgeführt wurden.“ (Persson 2002: 437 f.)

Konnte man von Folke Bernadotte im Frühjahr 1945 einen größeren Einsatz für die Rettung von Juden verlangen, als ihn selbst die jüdische Gemeinde in Stockholm leistete – etwas, auf das Gilel Storch in aller Deutlichkeit hingewiesen hat? (Persson ebd.: 498)

Abschließend ist jedoch festzustellen, dass die Rettungsaktion des Schwedischen Roten Kreuzes unter der Leitung von Folke Bernadotte gegen die schon erwähnten Statuten des Internationalen Roten Kreuzes verstoßen hat und der Transport der 2000 kranken und schwachen Häftlinge aus dem ‚Schonungsblock‘ im KZ Neuengamme in verschiedene Nebenlager im Raum Hannover-Braunschweig eine menschliche Katastrophe war. Wie hätte sich das Schwedische Rote Kreuz verhalten sollen, als es von norwegischen, dänischen und französischen Organisationen und Einzelpersonen gebeten und aufgefordert wurde, Erleichterungen für „ihre“ Häftlinge zu erwirken und diese nach Möglichkeit vor Kriegsende aus den Lagern zu holen? Nach den Statuten hätte das Schwedische Rote Kreuz zunächst die Kranken und Schwachen, die Juden und Jüdinnen, dann die Häftlinge aus Osteuropa, die Französinnen und Franzosen noch vor den Skandinaviern und Skandinavierinnen berücksichtigen müssen. Das Bestehen auf den Statuten hätte „Nichtstun“ bedeutet,

---

während und nach dem Krieg.

denn eine Hilfe und Rettung nach diesem Schema wäre von den nationalsozialistischen Machthabern niemals akzeptiert worden. Auch mussten alle Aktionen mit der schwedischen Regierung abgesprochen werden. Zuständig war hier der nach dem Krieg heftig kritisierte Außenminister Günther.

Wenn man die Situation (Hunger und Krankheiten) und die Maßnahmen (Todesmärsche und Selektionen und Massentötungen) in den Konzentrationslagern während der letzten Wochen vor Kriegsende in Betracht zieht, ist es unstrittig, dass durch die Aktion des Schwedischen Roten Kreuzes Hunderte, wenn nicht Tausende Menschenleben gerettet wurden. Die Aktion war mehr als die nur „vorzeitige Heimführung einiger privilegierter Häftlinge“, wie von den Kritikern behauptet wurde.

4 DIE BEFREIUNG DER HÄFTLINGE DES KZ RAVENSBRÜCK UND IHRE ANKUNFT IN SCHWEDEN

4.1 Die Bedeutung und Wirkung von Zeitzeugenberichten

In diesem Kapitel sollen Zeitzeuginnen und Zeitzeugen – überwiegend Frauen aus dem KZ Ravensbrück – zu Worte kommen. Was können heutige Generationen aus deren „Botschaften" lernen? Unsere Aufmerksamkeit und unser Erinnern sind Auftrag und zugleich auch eine Würdigung ihrer Lebensschicksale.

Natürlich gibt das, was einzelne Menschen empfinden, denken und meinen, was sie – und ich – fühlen und sagen, niemals das Ganze einer Situation, eines Geschehens, die objektive Realität wider. Aber es sind Einzelne, die Geschichte „machen", sie erleben und erleiden und die somit auch deren „Opfer" oder auch „Täter" sind. Der schwedische Wissenschaftler Peter Englund formuliert es so:

> „Derjenige, der in dem Geschehen mittendrin steht, weiß, wie es war, aber wenig darüber, was eigentlich war. Das ist seine Tragik. Wir, die ‚Nachfolgenden', die wir später gekommen sind, wissen das meiste darüber, was war, aber nichts darüber, wie es war: das ist unsere Tragik." (Englund 2008: 6)

Ich finde, das ist weniger eine „Tragik", als vielmehr die Möglichkeit und Chance, dass sich diese beiden Sichtweisen sinnvoll ergänzen. Die eigene Situation und die Betroffenheit einer Person können niemals das letzte und abschließende und alles entscheidende Argument in einer Auseinandersetzung oder Diskussion sein. Die Erzählungen der Zeitzeugen bilden somit nicht die „ganze Wahrheit" ab, aber ebenso wenig leisten das die Analysen und Berichte zu den politischen und gesellschaftlichen Verhältnissen der Vergangenheit von Seiten der Wissenschaft, auch wenn sie für sich oft die „Deutungshoheit" in Anspruch nimmt. Dazu gehören für mich auch einige der allzu selbstgefälligen und apodiktischen Kritiken an Folke Bernadotte (siehe S. 118 ff., *in diesem Band*).

Die Meinungen und Ansichten einer einzelnen Person, eines „Subjekts", werden – einmal ausgesprochen oder aufgeschrieben – zu einem „Objekt", zu einem Gegenstand von Beurteilungen usw. anderer Menschen, unabhängig davon ob diese zustimmend oder ablehnend sind. Diese Menschen wiederum sind auch „Subjekte“ mit den auf ihrer jeweiligen „Lebensbiografie“ beruhenden Erwartungen und Meinungen. Deren Anerkennung gehört zu dem gesellschaftlichen Mit- und Gegeneinander in einer gesunden Demokratie.

Allerdings ist hier ein deutlicher Unterschied zu der pseudo-wissenschaftlichen Arbeit und den entsprechenden Ergebnissen in Diktaturen zu machen, wo die Inhalte, Deutungen und Beurteilungen von vorneherein vom Staat manipuliert und vorgegeben sind und Geschichtsschreibung als vorher „von Oben“ festgelegte Einheitsmeinung zu einem Instrument der Politik und Mittel zur Gestaltung der Gesellschaft wird.

Zeitzeugenberichte, ob gesprochen oder aufgeschrieben, fordern uns zu einem Gespräch mit einer Person, einem „Gegenüber“, auf. Hätte ich mich an einem gefährlichen Einsatz beteiligt wie der Busfahrer Sten Olsson an der Aktion der Weißen Busse? Wie hätte ich reagiert, wäre ich KZ-Opfer gewesen? Hätte ich bei einem „Sondereinsatz“ mitgemacht? Man kann in einem Konzentrationslager allein schon deswegen Opfer sein, „weil man das ist, was man ist“, Polin, Zeuge Jehovas, deutscher Kommunist, Jüdin, Homosexueller, Oppositioneller.

In meinen Gesprächen mit ehemaligen KZ-Häftlingen hat mich immer wieder beeindruckt, wie unterschiedlich Menschen auf vergleichbare Situationen reagieren: die einen für immer verletzt, traumatisiert, andere gestärkt, voller Energie und mit der Hoffnung, etwas Wichtiges und Zukunftweisendes gerade Jugendlichen mitteilen zu können, zu warnen und gehört zu werden. Vielleicht ist dies die einzige „sinnvolle“ Antwort auf die absolute „Sinnwidrigkeit“ dessen, was sie erleben mussten, und der Versuch, die – seit Hegel immer wieder variierte – deprimierende These: „Die Geschichte lehrt uns, dass wir nichts aus ihr lernen,“ zu widerlegen. Aber auch die Täter „sprechen“ zu uns. Kein Mensch wird als Täter oder Täterin geboren. Auf „welcher Seite“ hätte ich gestanden? Hat nicht jeder und jede vor einer „Tat“ die Chance, sich gegen die Tat zu entscheiden? – so wie es einige ganz wenige Männer der Polizeibataillone aus Hamburg und Hannover getan haben, als sie zur Erschießung von Juden nach Polen abkommandiert worden waren (Goldhagen 1996). Aus dem Glied heraustreten, einfach „Nein“ sagen, was haben sie riskiert? – den Vorwurf der Unkameradschaftlichkeit, vielleicht einen Vermerk in ihrer Dienstakte! Es ist schwer zu verstehen, dass sich so viele Deutsche nach dem Krieg nur als Opfer sahen; hatten sie nicht die Möglichkeit gehabt, an einem entscheidenden Zeitpunkt „nein“ zu sagen, bevor es zu spät war? Ist es immer – oder niemals zu spät?

So wichtig Zeitzeugenaussagen auch immer sind, ihre Aussagen haben „Grenzen“, Grenzen, die für uns umso wichtiger sind, weil sie uns auffordern,

„anzuhalten", über das Gehörte und Gelesene besonders intensiv nachzudenken. Wie soll jemand, der nicht selber in einem Konzentrationslager – und dies gilt im Besonderen für die deutschen Vernichtungslager in Osteuropa – war, das verstehen, was ein Überlebender oder eine Überlebende erlebt und durchlitten hat? Kann er oder sie sich überhaupt vorstellen, wie es im Innersten eines Opfers aussieht, wie es dessen Leben und „Menschsein" geprägt hat und weiterhin prägt? Wir wissen doch, dass man sich nicht „einfach so" in das Leben eines anderen Menschen hineinversetzen kann. Das Ergebnis vieler Interviews sind für die Wissenschaft und Forschung wichtige Fakten, Zahlen zu dem „wann", „wo" und „wie viele", aber wie vieles hatten diese Menschen erlebt, ohne danach gefragt zu werden, – und wichtiger noch – ohne darüber überhaupt berichten zu können. Diese Problematik betrifft im Besonderen die kaum mehr als 200 000 jüdischen Häftlinge, die überlebt haben, Menschen, die ohne Anklage und auch nur annähernd nachvollziehbaren Haftgründen wie von vornherein „zum Tode Verurteilte", egal, ob sie assimiliert oder orthodox waren, ob sie aus reichen holländischen Kaufmannsfamilien oder aus armen osteuropäischen Handwerkerfamilien stammten, in die „Leichenfabriken" transportiert wurden. Für viele von ihnen ist es ein zusätzliches Leid, dass sie zu den wenigen „Übriggebliebenen" gehörten – ohne Familienangehörige, ohne Freunde, ohne Heimat.

Dieser ausführliche Kommentar soll deswegen dieses Kapitel einleiten, weil es sich im Folgenden überwiegend um Zeitzeugenberichte – Auszüge aus Büchern, Protokollen und Biografien – handelt. Es sind meistens „Ravensbrückerinnen", die uns „erzählen", wie sie die Befreiung aus den Lagern und ihre Aufnahme in Schweden im Frühjahr 1945 erlebt haben. Das „Ereignis" wird insofern wieder lebendig, indem die Personen zu uns „sprechen".

4.2 Häftlinge des KZ Ravensbrück berichten über ihre Befreiung

Monique Hesling, geb. Boulanger

Deportiert nach Ravensbrück am 28. April 1943.
Befreit durch das Schwedische Rote Kreuz am 23. April 1945.

Vor einigen Jahren begegnete ich anlässlich der Gedenktage im April ganz zufällig Monique Hesling und ihren Familienangehörigen und war sofort fasziniert von ihrer Offenheit und ihrer Freundlichkeit. Im darauffolgenden Jahr brachte sie mir ihr Manuskript zu ihrer Haftzeit in Ravensbrück mit, aus dem der folgende Auszug stammt.

Familienangehörige (Kinder und Enkelkind) von Monique Heßling in der Kulturstiftung Sibirien (links im Bild), 2017. Foto: Erich Kasten.

„Im selben Augenblick kam eine Polin, unsere Blockleiterin, und schrie: ‚Kommt schnell, alle Französinnen, die Versammlung auf dem Appellplatz!' Wir hatten den 22. April 1945, wir warteten in Reihen, unsere Nummern wurden auf Deutsch gerufen, es war kalt und ein feiner Schnee begann zu fallen. Wir waren von Nässe durchdrungen und wie erstarrt. Beim Aufrufen unserer Nummern mussten wir an einem SS-Mann vorbeigehen, der auf unserem Ärmel kontrollierte, ob es auch die Richtige war. Und dann stellten wir uns hinter den Baracken auf. Ich ging an einer Frau vorbei, die ein seltsames in alte Lumpen eingewickeltes Paket auf dem Arm hielt, es war ein Baby.

Es war schon spät und die große Abreise wurde auf den nächsten Tag verschoben. Die SS führte uns zum Männerlager; man hatte die Männer schon einige Tage vorher evakuiert. Wir wussten gar nicht, dass sich ein Männerlager in der Nähe befand. Wir haben uns eingerichtet, um die Nacht auf Bettgestellen ohne Matratzen und Decken zu verbringen, immer noch nass und vor Kälte erstarrt.

Am nächsten Morgen in aller Frühe um vier Uhr dreißig wieder Schreie: ‚Schnell, alle raus!' Wir sind dann in Reihen zu fünft auf den Platz gegangen. Der Kommandant war da und hat gefragt, ob es unter uns welche mit besonderen Namen gäbe, niemand hat geantwortet. Er hat uns dann, immer noch in Reihen, zum Ausgang geleitet. Der Schnee hatte große Wasserpfützen hinterlassen und das war dann das letzte, was er uns sagte: ‚Passt auf, meine Kinder, tretet nicht in das Wasser!'

Wir gingen durch das Tor hinaus und ließen so viel Elend hinter uns, wir bemerkten die großen Fahrzeuge des Roten Kreuzes. Als ich an der geöffneten Tür des Autos ankam, bekam ich den Fuß nicht hoch, ich war wie gelähmt, schließlich hat man mich hineingestoßen. Wir konnten uns auf jede Seite setzen; eine schwedische Krankenschwester hat jede von uns nach ihrem Hausnamen, ihrem Vornamen und ihrem Geburtsdatum gefragt. Es war der 23. April 1945. Als ich an die Reihe kam, gab ich mein Geburtsdatum an, den 26. April 1925. Da sagte sie: ‚Das passt gut, Sie feiern nicht den 20. Geburtstag im Lager.'

Die Fahrer hatten viel Mühe, um auf den durch Einschläge aufgewühlten Straßen vorwärtszukommen. Es gab auch deutsche Kolonnen, die in mit dem Roten Kreuz versehenen Fahrzeugen Richtung Westen flüchteten. Als wir an der Grenze ankamen, mussten wir weiter den Zug nehmen, aber der Krieg war immer noch nicht zu Ende. Die dänischen Eisenbahner streikten, die Deutschen hatten einige von ihnen erschossen." (Hesling 2017: 22)

Simone Gaultier

Marie-Claude Vaillant-Couturier zitiert in ihren tagebuchähnlichen Aufzeichnungen (1965) einen kurzen Bericht ihrer Freundin und ebenfalls aus Frankreich stammenden Mitinhaftierten Simone Gaultier, in dem diese das Verlassen des KZ Ravensbrück und die Ankunft in Dänemark beschreibt.

„Im Männerlager hatte man uns in einer fensterlosen, kaputten und völlig runtergekommenen Baracke vorübergehend zusammengepfercht. Männer, die wie Gespenster aussahen, versuchten in der Nacht, bei uns einzudringen. SS-Männer prügelten sie ordentlich durch. Das war nicht gerade das Anzeichen einer glücklichen Befreiung. Wir sind jetzt in Zivil gekleidet.

Um vier Uhr morgens dann die Abreise, Aufstellen in Fünferreihe [im Original auf Deutsch: ‚zu fünfe', *Anm. d. Verf.*]. Unter einem Hagel von Schlägen, der ununterbrochen auf uns niederprasselt, bewegen wir uns dem Ausgang zu. Ihr [der Aufseherinnen] Wortschatz an Schimpfwörtern ist noch umfassender und weitergehender als sonst, ihre Hysterie auf dem Höhepunkt. Unmittelbar vor dem Tor reißen sie uns unsere kleinen Bündel mit Erinnerungsstücken weg, die wir noch retten konnten, das wenige, das uns von den ermordeten Gefährtinnen geblieben ist oder von denjenigen, die wir jetzt zurücklassen müssen und vielleicht niemals wiedersehen werden. Ganz nahe gehen wir an einem Haufen von Kadavern [im Original: „*tas de cadavres*"] vorbei. Und immer noch diese Schreie, diese Schläge. Unsere Kolonne ist in einer so elenden Verfassung, dass wir es kaum noch schaffen, an die Befreiung zu glauben. Wir sind wie im Delirium und lassen uns gedankenlos und ohne irgendeine Reaktion mitziehen.

Auf der anderen Seite des Tores erwarten uns blonde und großgewachsene Männer in grüngrauen Uniformen. Sie wollen uns helfen, aber das ist für uns unverständlich und wir wehren uns dagegen. Ich brauche eine gewisse Zeit, bis mir klar wird, dass das Zeichen auf den Uniformmützen eine blau-gelbe Kokarde ist. Immer noch verwirrt, steige ich mit einem Dutzend anderer Französinnen in eines der Fahrzeuge. Die Sprache unserer Begleiter verstehe ich nicht, aber alles, was ich weiß, ist, dass es keine Deutschen sind. Der Konvoi setzt sich in Bewegung, es ist früh morgens, wir schauen auf die Straße, wir fahren an vielen Karren mit Gerümpel und kümmerlichen Habseligkeiten vorbei. Teilnahmslos und ungerührt betrachten wir die Deutschen auf der Flucht. Wir mussten wegen eines Fliegerangriffs anhalten, soweit ich weiß, gab es keine Opfer. Auf einem Rasen in einem Park in der Nähe von Lübeck haben wir eine reichliche Mahlzeit zu uns genommen. Dies ist meine erste gute Erinnerung an die Freiheit, aber das ist alles noch sehr relativ, denn solange wir uns noch in Deutschland befinden, kann uns noch das Schlimmste zustoßen.

Am Abend des 24. April kommen wir in Padborg [an der dänischen Grenze] an. Nach einer warmen Mahlzeit sollten wir uns eigentlich schlafen legen, aber wir sind noch zu aufgeregt. Völlig gelassen und ungerührt beobachten wir einen Kampf zwischen Flugzeugen über unseren Köpfen. Noch ist der Krieg nicht zu Ende und noch immer befinden wir uns in einem besetzten Land.

Am 25. frühmorgens nehmen wir jeweils zu Acht – wie ganz gewöhnliche Reisende – unsere Plätze in dem Abteil eines Personenzugs ein. Der nächste Halt ist in Kolding. Ein Streik der dänischen Eisenbahnarbeiter verzögert fast den ganzen Tag über unsere Weiterfahrt, aber das bedauerten wir nicht, denn während des ganzen Tages pilgerte fast die ganze Einwohnerschaft der kleinen Stadt zum Bahnhof, um uns zu trösten und um uns mit Essen zu verwöhnen und zu stärken. Dieser Empfang ist berührend, man kann es nicht beschreiben." (Gaultier, in Vaillant-Couturier 1965: 267–268)

Zofia Derowna

Die 14-jährige Madeleine Berndt berichtet hier über ihre Großmutter Zofia Derowna.

Aus dem Familienalbum. Dem Verf. von Anita und Olaf Berndt zur Verfügung gestellt.

Nicht allen Ravensbrück-Häftlingen war es vergönnt, durch das Rote Kreuz auf direktem Weg nach Schweden zu kommen. Man kann es sich kaum vorstellen, aber es war so: bis in die letzten Kriegswochen rollten noch täglich Eisenbahnzüge mit KZ-Häftlingen durch Deutschland trotz der weitgehend zerstörten Infrastruktur. Hier handelt es sich um einen Auszug aus dem Bericht über eine „Ravensbrückerin", die im KZ Buchenwald von den Amerikanern befreit wurde und anschließend von dort mit dem Roten Kreuz nach Schweden kam.

Oft war es erst die Enkelgeneration, die über ihre Großeltern berichtete, die in deutschen Lagern waren. Zofia arbeitete zunächst als Zwangsarbeiterin auf einem großen Bauernhof, wo es ihr – wie sie berichtete – relativ gut ging. Sie zerkratzte ein Hitlerbild, wurde denunziert und nach mehreren Verhören zum Tode verurteilt und dann zu Lagerhaft im KZ Ravensbrück „begnadigt". Nach der Befreiung kam sie als junge Frau nach Schweden. Sie musste hart arbeiten, lernte ihren Mann kennen und beide bauten sich eine gut bürgerliche Existenz auf. Ihre Tochter Anita heiratete einen Deutschen, dessen Vater vor Leningrad gefallen war. Das löste natürlich Verwunderung bei den Nachbarn aus. „Warum soll meine Tochter keinen Deutschen heiraten, das kann doch ein genauso guter Kerl sein wie jeder andere"? – war Zofias Antwort. Viel Zeit zum Erzählen gab es erst, als die Großmutter nicht mehr arbeitete und sie und ihre Enkelin viele Stunden gemeinsam verbringen konnten. Madelaine Berndt arbeitete zunächst als Staatsanwältin in Göteborg und jetzt als Dozentin an einer Polizeifachschule.

> „Von 1945 an kam die Front immer näher und Häftlinge von Ravensbrück wurden in andere Lager überführt. Unmittelbar bevor sie abtransportiert werden sollten, mussten sie in einem Kreis um einen SS-Mann und einen Arzt herumgehen; jede zehnte Person wurde für die Gaskammer ausgesucht.
>
> Meine Großmutter hatte das Glück davonzukommen, aber zwei ihrer Kameradinnen hatten das Glück nicht. Die Häftlinge mussten ein langes Stück durch einen Wald bis zu einer Eisenbahnstation gehen. Die, die nicht mehr gehen konnten, brachen zusammen und wurden erschossen. Auf der Station hatte sie das Glück, in einen offenen Güterwaggon zu kommen.
>
> Es wurde eine schreckliche Reise. Es gab nirgendwo eine Gelegenheit für die natürlichen Bedürfnisse, und die Reise zog sich lange hin. Schließlich kamen sie in Hamburg an, aber da gab es keinen Platz für sie. Deswegen mussten sie weiter nach Buchenwald fahren. Während der ganzen Reise bekamen sie weder etwas zu essen noch etwas zu trinken. Aus einem geschlossenen Waggon neben dem ihrigen hörten sie während des Trans-

ports zwei Tage lang Schreie und Klagen. Nach einigen Tagen sahen sie, wie halb zusammengeschlagene Menschen aus dem Waggon kamen und Tote herausgetragen wurden.

Deutsche Soldaten hatten die meisten Häftlinge mit Knüppeln totgeschlagen. Nachdem, was meine Großmutter sagte, waren die Juden besonders empfindlich gegen Hunger. Sie sollen sogar angefangen haben, Tote zu essen.

In Buchenwald mussten sie raus aus dem Waggon. Im Lager gab es keine Häftlinge mehr und überall lagen Berge von toten menschlichen Körpern herum. Meine Großmutter sah eine Mutter mit ihrer Tochter, die einem Lagerarzt in die Hände gefallen war. Sie hatten dem Mädchen das Schienbein wegoperiert und es einem deutschen Soldaten implantiert, der es – wie gesagt wurde – benötigte. Das Bein des Mädchens hing bewegungslos an ihrem zerbrechlichen Körper. Die Mutter und ihre Kameradinnen halfen dem Mädchen zurück in den Waggon. Das war nun der vierte Tag, an dem sie nicht zu essen bekommen hatten. Die Häftlinge begannen zu protestieren, und als Antwort warfen die Soldaten große Steine in den Waggon und sagten, dass sie nun etwas zu essen hätten. Jedes Mal, wenn ein Flugzeug kam, versteckten sich die SS-Leute. Die Befreiung war nahe und es dauerte nicht mehr lange, bis sie amerikanische Soldaten sahen.

Am 1. Mai kam das Rote Kreuz und holte Großmutter zusammen mit vielen anderen Häftlingen heraus und brachte sie nach Malmö in Schweden. 14 Tage musste sie in Quarantäne bleiben und dann kam sie nach Eldsberga, wo sie noch bis Midsommar (Ende Juni) in Quarantäne blieb." (Berndt 2017: 13 f.)

Leokadja Pawlakówna

Sonia Denkiewicz: „Leokadja Pawlakówna – Der Bericht einer Überlebenden".

Sonia Denkiewicz schreibt ihre Abiturarbeit über eine enge Freundin der Familie, Leokadja Pawlakówna, die im Nebenlager Grüneberg des KZ Ravensbrück inhaftiert war, wobei sie weitgehend auf ihre mündlichen mit Tonband aufgenommenen Interviews mit Leokadja zurückgreift. Diese Arbeit hat eine – für eine Abiturientin – erstaunliche Qualität. Sie und ihre Schwester haben später unter anderem an der Universität Lund Geschichtswissenschaft studiert. Ihr besonderes Interesse an Häftlingsschicksalen beruht auch darauf, dass ihr Großvater im KZ Stutthof inhaftiert war. Ihrem Großvater gelang die Flucht, woraufhin weitere Familienmitglieder inhaftiert wurden. Ihr Vater sprang vor der politischen Wende aus einem polnischen Fischerboot und rettete sich nach Schweden und verließ somit das kommunistische Polen. Danach konnte er seine Frau nach Schweden nachholen.

> „Nach einiger Zeit wurden die Türen unserer Baracken geöffnet und wir erhielten die Erlaubnis von den Betten herunterzukommen. Es war ganz still. Wir hörten keine Schreie, sahen keine Aufseherinnen oder Hunde. Da befanden wir uns einige Meter vom Ausgang. Als wir das Tor zum Hof erreichten, hörten wir Menschen, die applaudierten. Und dann, als wir uns endlich auf dem Hof befanden, sahen wir, dass die Zauntore geöffnet wurden und weiße Omnibusse hereinfuhren. Ich erblickte Soldaten [es handelte sich wohl schwedisches uniformiertes Rote Kreuz Personal – *Anm. d. Verf.*], die aus den Bussen stiegen und einer hatte eine Menge Orden auf der Brust. Er trat vor und sagte, dass er Prinz [*prinsen*] Folke Bernadotte sei und dass dies heute wohl der Tag sei, den wir all die Jahre so sehnsüchtig erwartet hätten. Sie seien hier, um uns zu retten; jetzt seien wir frei. Dann sagte er, dass wir in Schweden willkommen seien. Jede sollte auch noch ihr Paket bekommen, in dem sich einige Leckerbissen wie Knäckebrot, Butter und manches andere befänden. Unter den Männern in den Bussen war auch mein späterer Mann, obwohl ich das damals noch nicht wusste. Dann sagten sie, dass sich die Polinnen in einer Reihe aufstellen sollen, damit jede ihr Paket bekommen könne. Die Russinnen begannen heftig zu protestieren und da sagte einer der Soldaten, dass die Russen nur noch 40 Kilometer entfernt seien und sie bald hier wären, um sich um sie zu kümmern. Viele waren noch weiterhin ängstlich und glaubten, dass wir vielleicht noch bombardiert werden könnten. Man hatte auch gehört, dass man Gefangene belogen hatte, indem man ihnen sagte, dass sie gerettet werden sollten, um sie auf diese Weise leichter aus den Baracken herauszubekommen, um sie dann anschließend besser umbringen zu können."[...] (Denkiewicz 2018: 25 f.)
>
> [Nach der Ankunft in Schweden, *Anm. d. Verf.*] Als ich rausging, sah ich, dass das ganze Gelände von einem Zaun umgeben war und dass Soldaten die Schule bewachten. Viele von uns hatten Tuberkulose und so war es uns verboten, das Gelände zu verlassen." (Denkiewicz 2018: 27)

Interessant an diesem Bericht ist, dass nur hier Folke Bernadotte persönlich auftritt und dass im Weiteren die Häftlinge von Malmö wieder nach Dänemark zurückgebracht wurden, wo sie anschließend in strenge Quarantäne kamen. Anschließend kommt Leokadja wieder nach Malmö zurück und berichtet, wie fürsorglich sie dort behandelt wurde.

Helena Glovacki

Marie Karlsson berichtet über ihre Großmutter Helena Glovacki
Ravensbrück KZ-Nr.: 95335

In der mit mir befreundeten Familie Karlsson ist die Geschichte ihrer Großmutter Helena noch sehr lebendig. Ich durfte Helena noch als eine beeindruckend fröhliche und großzügige Gastgeberin kennenlernen. Der folgende Auszug stammt aus der Abiturarbeit von Marie Karlsson; ihre Schwester Annelie hat – wohl auch im Hinblick auf ihre eigenen Kinder – ein Kinderbuch geschrieben, dessen Grundlage die Erlebnisse ihrer Großmutter sind (Karlsson 2019):

Zdislawa Rosza, Helena Karlsson geb. Glovacki (KZ-Nr.: 39502), Kerstin Karlsson, Annelie Karlsson (von l. nach r.) im Haus der Familie Karlsson in Ugglarp bei Falkenberg / Schweden, 2010. Foto: Ulrich Kasten.

„1945 kamen englische Flugzeuge, die Zettel abwarfen, auf denen stand, dass die Häftlinge bald befreit würden. Das SS-Personal begann unruhig zu werden und nach einer Weile öffneten sich die Tore, so dass sie sich selber mit den Gefangenen auf den Weg machen konnten.[1] Die Häftlinge zogen durch Wälder und liefen über Felder. Nach einer Weile trafen sie auf die Weißen Busse des Roten Kreuzes, dessen Leiter Folke Bernadotte war.

1 Es handelt sich hier offensichtlich um die berüchtigten „Todesmärsche“. Dazu mehr in W. Jacobeit (1995).

> Die Weißen Busse waren eigentlich dazu bestimmt, Häftlinge aus Skandinavien mitzunehmen, aber sie nahmen dann auch andere mit. Die Busse fuhren nach Lübeck, wo die befreiten Häftlinge für einige Tage in Quarantäne kamen. Dann fuhren sie mit einem Frachtschiff nach Schweden. [Wahrscheinlich handelt es sich hierbei um das Frachtschiff *Lillie Matthiessen*, das Material für die Aktion der Weißen Busse nach Lübeck brachte und auf der Rückfahrt etwa 250 weibliche Häftlinge mit nach Schweden nahm. – *Anm. d. Verf.*] Diese Reise dauerte zwei Tage. Gegen Kriegsende hatten die Amerikaner Essenspakete zu den Gefangenenlagern geschickt, aber diese gelangten nicht mehr bis dorthin. Jetzt bekamen sie diese Pakete. Obwohl es Trockennahrung war, aßen manche so viel davon, dass sie auf dem Schiff krank wurden. Sie mussten dann auf Stroh oben auf dem Deck schlafen.
>
> In Schweden wurden sie sehr gut aufgenommen. Dieses Land war schöner und besser, als sie es sich hätten vorstellen können.“(Karlsson 2017: 11 f.)

Dass die Weißen Busse auch Häftlinge, die sich bereits auf den Todesmärschen befanden, mitgenommen hatten, wird auch von dem KZ Neuengamme berichtet. Ob dies nach einem Plan geschah oder eher dem Zufall überlassen war, konnte ich nicht den Quellen entnehmen. Marie Karlsson berichtet eher unpersönlich und neutral über ihre Großmutter, so dass nicht immer ganz klar ist, ob es sich um persönlich Erlebtes oder anderen Berichten Entnommenes handelt.

Sunneva Sandø

Sunneva Sandø (1945) schreibt in ihrem Buch … *og dog er det sandt.* [… und doch ist es wahr]:

> „In der Nacht des 8. April 1945 standen wir – etwa 100 norwegische und dänische Frauen, allesamt Häftlinge – im großen Bad des deutschen Konzentrationslagers Ravensbrück. Mit wenigen Worten teilte uns der Lagerkommandant mit, dass wir nun gegen deutsche Kriegsgefangene ausgetauscht, in ein neutrales Land gebracht und dort interniert werden sollten, bis der Krieg vorbei sei. Der Führer [Hitler – *Anm. d. Verf.*] habe diese Verlegung großmütig genehmigt, und der Lagerkommandant hoffte, dass wir uns, wenn wir über das Lager nachdenken, uns darüber im Klaren werden, was wir dem Land, in dem wir so lange Gäste waren, schuldeten. Mit diesem Buch will ich versuchen, einen Teil der Schuld zu begleichen, die ich dem Dritten Reich angeblich schulde (S. 4). [Dies ist natürlich ironisch gemeint, denn das Buch ist eher eine ‚Abrechnung‘ mit den ‚Tätern‘

und ‚Täterinnen' der mörderischen Einrichtung ‚KZ Ravensbrück' – *Anm. d. Verf.*]

Anhand der Gerüchte und Nachrichten, die wir im Lager ausfindig gemacht hatten, konnten wir den Verlauf des Krieges bis zu einem gewissen Grad verfolgen. Wir waren uns bewusst, dass unser Leben im Lager bald zu Ende sein würde, aber wie würde dieses Ende aussehen? Wir mutmaßten und fabulierten herum und hatten schließlich drei Möglichkeiten: 1. Das Lager würde gesprengt und alle Spuren vernichtet (S. 96). 2. Wir würden alle auf die Autobahn geschickt werden, um den russischen Vormarsch durch unsere bloße Anwesenheit zu blockieren. Wir hatten natürlich gesehen, wie diese teuflische Methode beim Vormarsch in Frankreich und in Belgien von den Deutschen angewendet wurde. Eines schönen Morgens würden alle Wachen und SS-Leute weg sein, und wir könnten uns um den Rest kümmern. Wir Skandinavier hatten uns abgesprochen, uns an einem bestimmten Ort zu treffen und dann auf den Straßen nach Rostock und Warnemünde zu marschieren, wo wir glaubten, auf irgendeine Weise über die Ostsee zu kommen. […] Und dann sollte alles ganz anders kommen. Ich glaube nicht, dass sich jemand von uns in seiner kühnsten Phantasie das Ende hätte so vorstellen konnte, wie es wirklich war.

Am Samstagnachmittag des 7. April um 4 Uhr wurde überall gerufen: ‚Alle Nordländer [Norweger] und alle Dänen müssen sich am Bad aufstellen'. Das konnte nur bedeuten, dass wir das Lager verlassen sollten. Wir vermuteten einerseits ein Sammellager für alle Skandinavier und andererseits vielleicht einen Transport in ein neutrales Land. Einige tippten auf die Schweiz, andere auf Schweden, und ein paar blauäugige Optimisten hofften auf Dänemark. […]

Die freundliche Haltung der Polizei zeigte deutlich, dass ein Wandel zum Besseren vor sich ging, ob es nun die deutschen Schwestern und Aufseherinnen waren, die kamen, um sich zu verabschieden und freundliche, fast treuherzige Annäherungen versuchten. Eine der Aufseherinnen, die mich am meisten gequält hatte, kam zu mir und sagte: ‚Du solltest deine Häftlingsnummer von deinem Mantel entfernen, sie ist eine traurige Erinnerung.' – ‚Ja, es gibt andere, die noch schmerzhaftere Erinnerungen an das Lager haben. Rote und blaue Flecken auf dem Körper sind nicht der Rede wert', bemerkte ich. Sie antwortete nicht, sondern stand ruhig und geduldig da, trennte die Nummer und das Dreieck von meinem Arm und steckte es in meine Tasche.

Nach der üblichen Prozedur im Bad erhielten die Frauen saubere Kleidung [im Original in Deutsch – *Anm. d. Verf.*] – wir sollten dem Anlass entsprechend gekleidet aus dem Lager kommen.

Zurück im Lager, es war Morgendämmerung [dieses Wort auf Deutsch – *Anm. d. Verf.*], schien sich der Lagerchef davon zu überzeugen, dass alles in Ordnung war, und bei der ersten Morgendämmerung gingen wir durch das Tor hinaus. Es wird das letzte Mal in meinem Leben sein, dass ich in einer Reihe gehe.

Wieder öffnete das Rote Kreuz seine Arme und hieß uns willkommen. Wir jubelten, wir weinten, wir lachten, und dann stiegen wir in die großen Autos des Schwedischen Roten Kreuzes, die auf uns warteten." (Sandø 1945: 97)

Mathilde Reichelt-Knutsen

Die Norwegerin Mathilde Reichelt-Knutsen (1986) berichtet knapp und sachlich:

„Die Front im Osten kam näher. Wasser und Strom fielen oft aus. Es gab keine Lebensmittel im Lager und das Wasser war ungenießbar. Wir haben über die Befreiung gemutmaßt. Wie würde sie vor sich gehen? Sollten wir mit dem Flugzeug, mit dem Bus abgeholt werden oder würden wir mit der flüchtenden SS vor uns schnell durch das Tor (aus dem Lager) marschieren? (Reichelt-Knutsen und Simonsen 1986: 92)

Dann geschah etwas, das zu unfassbar war, um es zu verstehen. Wir sollten uns beim Kommandanten melden. Hier erhielten wir den Bescheid, dass wir nach Schweden geschickt werden sollten, um dort bis Ende des Krieges interniert zu werden. Dann sollten wir zurück nach Deutschland fahren, um beim Wiederaufbau zu helfen. Aber hier waren wir uns völlig einig, dass uns keine Macht der Welt wieder nach Deutschland zurückbringen würde, wenn wir erst einmal in Schweden wären. Das war am 7. April 1945. Wir marschierten in den Baderaum, duschten und erhielten neue Kleidungsstücke ohne das große weiße Kreuz auf dem Rücken, das zeigte, dass wir Gefangene waren […]

Am nächsten Tag marschierten wir durch das Tor in Richtung Freiheit. Es war seltsam und zugleich komisch, dass jede von uns noch ihre Brotration mit dabei hatte, die wir vorher bekommen hatten. Vor dem Tor standen die Weißen Busse mit dem großen auf die Wände und das Dach gemalten Kennzeichen des Roten Kreuzes. Freundliche Menschen in Uniform begrüßten uns höflich und behandelten uns wie Menschen. Voran fuhr ein patrouillierendes Motorrad, das in gewissen Abständen zurückkam, um zu melden, dass die Straße frei sei. Die Fenster waren mit Pappstücken verkleidet. Was aus dem Dritten Reich geworden war, sollten wir nicht sehen."

Sie fuhren später durch das zerstörte Hamburg; Ruinen, Stein- und Trümmerberge waren der Anblick, der sich ihnen bot (ebd.: 94).

> „Am nächsten Morgen ging es weiter nach Kopenhagen. Der Gestapomann aus Ravensbrück war immer noch dabei. Wir wurden ihn erst los, als wir an Bord der Fähre gingen, die uns nach Malmö brachte [...] An Bord wurden wir von Crew und Personal noch recht zurückhaltend behandelt. Sie dachten, wir wären Frauen, die sich bei den Deutschen zum Dienst gemeldet hätten und dass wir jetzt zum Urlaub nach Hause fahren würden." (ebd.: 97)

Die Freude über Rettung und Rückkehr wurde dadurch getrübt, dass Mathilde Reichelt in Schweden erfahren musste, dass ein Teil ihrer Familie nicht mehr am Leben war.

Lesi Børsum

Lesi Børsum (1946) berichtet von der Befreiung:

> „Ich sehe Scharen von alten, stillen, kranken, schmutzigen, stinkenden Frauen, die ins Jugendlager[2] gebracht werden. [...] Immer öfter bekommt man den Leichenwagen zu sehen. Überall herrschte Auflösung, jeder erwartet Chaos in der einen oder anderen Form. [...] überall lagen eine hektische Betriebsamkeit und Spannung, Angst und Erwartung in der Luft. Einige glaubten fest, dass das Lager gesprengt werden sollte, es hieß, es sei vermint, andere glaubten, die SS wolle uns erschießen und daran wurden wir von der SS selber ständig erinnert. Einige dachten, wir sollten evakuiert werden, um am nächstgelegenen Ort weiterzuarbeiten und um so einen Aufschub bis zu dem Sterben zu bekommen. Und das war wohl auch die Absicht.
>
> Wir hatten einen Monat zuvor Gerüchte über die Aktion von Bernadotte gehört. Es klang so phantastisch, dass er Himmler selbst aufgesucht haben sollte, dass wir uns weigerten, es zu glauben. Schließlich hatten wir schon so viele fantastische ‚Neuigkeiten' gehört, die nicht stimmten (S. 345).
>
> Mitten im Lager sahen wir einen großen weißen Bus zu den Gebäuden einschwenken, danach wurde das Tor geschlossen. Dieser wurde zwar von einem deutschen Offizier geleitet, aber er hatte die Aufschrift ‚Schweden' und an den Außenseiten die großen Kennzeichen des Roten Kreuzes. Es

---

2 Im ehemaligen NS-Jugendschutzlager Uckermark, zwei Kilometer vom KZ Ravensbrück entfernt, wurden zu Kriegsende Tausende von Frauen ermordet. Mehr hierzu in Kasten (2017 a).

war das erste Mal, dass sich ein ausländisches Auto innerhalb der Mauern befand. Wir wollten dem Auto bis zum Tor folgen, wurden aber von der Polizei weggejagt. Es begann in uns zu zittern. Es stellte sich heraus, dass die Autos voller Kleidungsstücke für uns waren. [...] Ich blieb im Revier stehen und ließ Henriette und Sonja weiterlaufen. Sie hielten einen hochrangigen SS-Mann an und fragten etwas. Er erwiderte etwas, wies mit seiner ausgestreckten Hand irgendwo hin und nickte mit dem Kopf. Wie auf ein Stichwort kam ein Ausruf von den beiden, sie streckten die Arme aus und kamen in voller Fahrt zu mir zurückgelaufen. [...] Sie haben geschrien, nur geschrien, dass es für uns nach Hause gehen sollte. [...] Also sind auch wir zu der Baracke gerannt und haben es laut herausgeschrien. Wir waren außer Atem und aufgeregt, aber nicht alle glaubten uns. Doch die offizielle Nachricht kam bald darauf. In einer halben Stunde würden wir „vorne" stehen, wir konnten es immer noch nicht ganz verstehen, aber wir packten hektisch etwas zusammen und verabschiedeten uns atemlos von unseren Freundinnen. Am Ende mussten wir uns zum Abschied von all den Armen losreißen, die ausgestreckt waren, um uns ‚Adjö' zu sagen. Viel Glück! Es wurde geschrien und wir konnten nur sagen: Willkommen danach und auf Wiedersehen! [...] Wir passierten zum letzten Mal die Wache und das Tor zum alten Lager. (ebd.: 347)

[...] Wir stellten uns wie gewohnt auf, aber jetzt lief es besser. Die Bintz[3] ging umher und versuchte, freundlich auszusehen. Sie fragte, ob wir uns setzen wollten oder ob jemand krank sei. [...] Die Aufregung war groß, als sie die Namen aufriefen. Würden NN-Häftlinge[4] mitkommen? Ja, wir wurden alle ohne Ausnahme aufgerufen.

Die SS gab sich jovial, sie scherzten und machten lustige Bemerkungen. Sie taten so, als ob sie gute Freunde von uns wären. [...] Der hochgewachsene Lagerführer sah ganz menschlich aus. [...] Ich will nicht schmeicheln, aber wir schienen nicht mehr Feinde für sie zu sein. [...] Es gab eine leichte Kontrolle der Taschen. Inzwischen entfernten wir alle Winkel und Nummern. Die Frauen wurden noch geduscht und waren begeistert, wie sauber sie nun aussahen. Die Nacht über mussten sie sich noch im Baderaum aufhalten. [dieser Satz im Original auf Deutsch – *Anm. d. Verf.*] (ebd.: 349)

Irgendwann zwischen vier und fünf wurden wir zum letzten Mal aufgerufen. Der Lagerleiter hielt uns noch eine Rede. Wir sollten bis Kriegsende in schwedischer Internierung bleiben. Er riet uns, uns auf der Fahrt ruhig und vernünftig zu verhalten. In jedem Bus würde ein Aufpasser [i. d. R. ein

3 Eine berüchtigte Aufseherin, die 1946 zum Tode verurteilt und gehenkt wurde.
4 Gemeint sind „Nacht-und-Nebel-Häftlinge".

Gestapo- oder SS-Mann – *Anm. d. Verf.*] mitfahren. Unsere Wertsachen würden nachgeschickt, sagte er. Zum letzten Mal wurde ‚ab' [auf Deutsch] gesagt und dann schlüpften wir raus durch das Tor. (ebd.: 348)

Draußen standen neun weiße Busse, in denen es von guten, lieben Schweden wimmelte, die uns gut gesonnen waren. Als wir in die Busse einstiegen, hörten wir das erste ‚gu-da-a' [god dag = Guten Tag – *Anm. d. Verf*]. Es war so seltsam – wir konnten nicht sprechen. Wir haben nur mit Verwunderung auf all die Fürsorglichkeit reagiert, die sie uns entgegenbrachten. Wir saßen wie gelähmt da, als die Busse anfuhren. Wir haben weder gejubelt noch geschrien. Es war zu überwältigend." (ebd.: 350)

Lily Unden

Die Luxemburgerin Lily Unden (1946) erwähnt am Anfang ihres Artikels *Départ de Ravensbrück* ausdrücklich Folke Bernadotte. In diesem allein schon durch seine sprachliche Qualität beeindruckenden Bericht soll auf zwei Aspekte hingewiesen werden, denen ich oft auch schon in anderen Berichten von Überlebenden begegnet bin.

Es ist zum einen der Kontrast zwischen der das Lager umgebenden friedlichen Natur und freundlichen Landschaft und dem Lager selbst mit seinen Baracken, den Mauern, dem Stacheldraht und dem Krematorium. Über das dem KZ Ravensbrück angeschlossene NS-Jugendschutzlager Uckermark (KZ für Mädchen und junge Frauen) schreibt die Slowenin Stanka Simoneti (1998): „Wir gingen zu Fuß von Ravensbrück nach Uckermark; wir wünschten, dass es ein so schöner Ort sei, wie er aussah, aber das erwies sich als eine Illusion."

Zum anderen wird von Polinnen oft auf den Glockenturm der Kirche in Fürstenberg hingewiesen. So berichtete mir eine Polin, dass sie, wenn sie mit den Kameradinnen auf dem Weg zum Siemenslager war und den Kirchturm sah, an eine Macht erinnert wurde, die über der des „Tausendjährigen Reiches" stand. Dass genau an dieser Stelle, wo sie unter den Kommandorufen der Aufseherinnen vorwärtsgetrieben wurden, wenige Jahre später Soldaten in deutscher Uniform vereidigt wurden und wieder deutsche Kommandorufe ertönten, berührte sie mit Verwunderung und Abscheu.

„Bericht über den Abtransport der Belgierinnen, Holländerinnen und Luxemburgerinnen aus dem Lager Ravensbrück, die vom Internationalen Roten Kreuz unter der Leitung von Graf Folke Bernadotte, einem schwedischen Prinzen, befreit wurden, illustriert von Lily Unden, Ravensbrück, 2. April 1945:

Seit einigen Tagen überstürzen sich die Ereignisse im Lager: Abreise der Schwedinnen,[5] Norwegerinnen und Däninnen, Pakete des Roten Kreuzes, Abreise der Französinnen, Gruppierung der Belgierinnen, Holländerinnen und Luxemburgerinnen im Männerlager, die russische Front, die sich nähert […].

Gegend Abend stellt sich eine lange Reihe von Frauen, es sind ungefähr 800, in gestreifter Lagerkleidung oder in vielfarbigen zusammengewürfelten Lumpen mit ihren planlos und in Eile zusammengepackten Bündeln auf dem Rücken vor dem Lagereingang auf. Zusammen mit den letzten Französinnen gibt es da Belgierinnen, Holländerinnen, 84 Luxemburgerinnen und einige polnische und ungarische Jüdinnen. Wir warten seit Stunden, zu schwach um noch zu hoffen […] werden sie kommen?

Es ist ein freundlicher Frühlingsabend. Der ruhige, klare See, in dem sich der elegante Kirchturm des kleinen Ortes Fürstenberg spiegelt, leuchtend grüne Gräser, Wälder mit ihren sprießenden Zweigen, Sträucher in ihrem Blütenmeer – ein faszinierender Anblick, den wir uns nicht entgehen lassen wollen. Was für ein anrührendes Schauspiel, etwas, das wir seit Jahren nicht mehr gesehen haben, eingesperrt in diesem Lager des Elends und des Terrors. Am Horizont geht die Sonne langsam mit einem letzten rötlichen Schimmer zwischen den feinen malvenfarbigen Wolken unter. Nun ist alles von einem leichten Grau überzogen, verhüllt sich in dem Abenddunst. […]

Ein Wort läuft durch die Menge, ein Wort, das die Menschen hier erbeben lässt, es ist das magisch-drohende Wort des Schreckens und der Angst: „FLAUM“ [in Großbuchstaben geschrieben, korrekte Schreibweise: „Pflaum“, gehörte zu den gefürchtetsten Arbeitsdienstführern im

5 Schwedinnen waren meines Wissens nach nicht im Lager.

Lager – *Anm. d. Verf.*]. Mit einem Satz erheben sich die Sterbenskranken, nehmen instinktiv ihre gewohnte Haltung ein und stellen sich in Reihen auf. Das ist einer der berüchtigten Leiter des Exekutionskommandos, das seit Monaten die Opfer für die Gaskammern aussucht, jetzt schreitet er an ihnen vorbei, arroganter als je zuvor. Die SS-Frauen laufen herum, zählen und brüllen. Sie rufen: ‚Ausrichten! Ruhe! Mistvieh!‘ etc. und stoßen uns herum, schreien uns an und treten und schlagen uns. Eine von ihnen brüllt ‚Saupack!‘ und fügt bedauernd hinzu: ‚Wenn man denkt, dass die jetzt freikommen, und man sie doch hätte alle erschießen können.‘

Weit in der Ferne hat sich der Saum des Kiefernwaldes mit einem Dunkelblau gefärbt, voller Ungewissheit, voller Geheimnisse […] werden sie noch kommen?

Plötzlich geht eine Bewegung wie eine Welle durch die elende und schmutzige Kolonne. Ein weißes Auto fährt von der Seite den kleinen Hügel herunter auf uns zu, auf dem Trittbrett zwei Soldaten in für uns fremden Uniformen, die Nummer […] schwarz auf weiß, das CH für „Schweiz“ und „Croix Rouge Internationale“ – Genève. Der Wagen hält vor uns an. Eine blaue Flagge mit gelbem Kreuz weht auf der Motorhaube und die beiden Uniformierten kommen auf uns zu; sie grüßen höflich (seit wann ist uns so etwas nicht mehr passiert) und sagen uns, der eine auf Französisch, der andere auf Deutsch, dass sie Schweden seien und dass eine Kolonne von Lastwagen unterwegs sei, um uns abzuholen. Sie entschuldigen sich für die Verspätung und versprechen, uns noch an diesem Abend abzuholen.

Dann fragen sie nach den Kranken: Man hatte ihnen gesagt, dass sich im Lager 50 Bettlägerige befänden, sechs Krankenwagen seien unterwegs. Wir antworten ihnen, dass ungefähr 4000 Personen im Sterben lägen, ohne Pflege und in schmutzigen und verseuchten Baracken, in denen es von Ungeziefer nur so wimmelt. Inzwischen sehe ich einen ranghohen SS-Mann, der sich unserer Kolonne nähert. Es ist SUHREN [in Großbuchstaben – *Anm. d. Verf.*), der Lagerkommandant. Was wird passieren? Aber er geht hinter uns vorbei und macht sich unauffällig und feige davon.

Dann erfüllt uns eine einzige große Hoffnung. Eine Macht ist plötzlich da, ist in uns, stärker als die SS. Ein großes Vertrauen in die, die zu uns gekommen sind, überwältigt und stärkt uns.

Es ist fast schon Nacht geworden und wir warten immer noch. Endlich, endlich, sie kommen! Eine lange Reihe von weißen Lastwagen mit dem Roten Kreuz kommt von der Seite in unsere Richtung heruntergefahren, wendet vor der Vorhalle des Lagers [evtl. Vorbau der Kommandantur? – *Anm. d. Verf.*] und fährt auf uns zu. Die Lastwagen halten an, die Fahrer steigen aus. Ich sehe schweizerische, schwedische, englische und amerikanische Uniformen. Dann, ich habe nicht die Zeit alles zu begreifen, sind sie einfach da, unsere lieben Alliierten. Es gibt ein Gedränge, Panik bricht aus. Mit Unterstützung durch den Arm eines großen Schweden überwinde ich den hohen Einstieg und befinde mich unter einer dunklen Plane, unter der sich alles drängt, sich irgendwo anklammert, sich anrempelt, streitet und sich fast zerdrückt. ‚Geht so weit wie möglich nach hinten durch; wir wollen euch alle mitnehmen.' ‚Hurry up! Quick, quick!' ruft ein sonnengebräunter Kanadier. Pakete vom Roten Kreuz werden uns zugeworfen. In der hereinbrechenden Nacht hört man, wie die Motoren starten, laufen und schneller werden, wie sie mit ihrem Dröhnen die Befreiung besingen und das wilde Gewirr der aufeinanderstoßenden verschiedenen Sprachen übertönen." (Unden 1946: 6)

Irene Krausz-Fairman

Irene Krausz-Fairman beschreibt in ihrem über 70 Seiten langen Bericht in *Hoppets Hamn (*Åberg und Gertten 2011) die Geschichte ihrer aus Rotterdam stammenden jüdischen Kaufmannsfamilie, dabei ausführlich die Zeit, die sie als Kind mit ihrer Mutter und ihrem Bruder im KZ Ravensbrück verbrachte. Ihr Vater und zwei seiner Brüder sind im KZ Buchenwald umgekommen. Nach der Befreiung lebte die Familie zunächst kurzzeitig in Schweden, dann in Südafrika. Israel wurde schließlich zu ihrer endgültigen Heimat.

> „In Israel fühlte ich, dass mir nichts Schlimmes mehr passieren konnte. Nachdem was in Europa geschehen war, war ich der Ansicht, dass Israel der sicherste Platz für einen Juden war, an dem er sich befinden konnte." (in Åberg und Gertten 2011: 72)

Dem „arischen", nicht-jüdischen Aussehen – wenn es ein solches denn überhaupt gibt – ihres Bruders verdankt es die Familie, dass sie nicht nach einigen Monaten Aufenthalt in Ravensbrück nach Auschwitz weitergeschickt wurde (ebd.: 91 f.). Die Mutter kommt in das sogenannte Siemenslager. Die Chinesin Nadine Hwang sorgt dafür, dass der Name ihrer Familie auf die Liste von Engländerinnen kommt, die von den Weißen Bussen abgeholt werden sollen.

Für ihre Familie war es die „Rettung". Dieser Teil der Geschichte ist allerdings nicht ganz schlüssig, denn zum Schluss willigte Himmler nach dem Treffen mit Norbert Masur auch in die Befreiung von Jüdinnen und Juden ein. Aber bis zu diesem Zeitpunkt wurden noch Tausende von Häftlingen in Ravensbrück durch Gas oder Injektion ermordet, nach Bergen-Belsen (das „Lager des langsamen Todes") transportiert oder auf die Todesmärsche geschickt.

Zu der beeindruckenden, interessanten und „schillernden" Lebensgeschichte der Nadine Hwang gibt es inzwischen auch einen Film (*Nelly & Nadine*) von Magnus Gertten, der auch an dem kleinen Kapitel *Nadine Hwang: Överste, societetsdam och lagerfånge* [Nadine Hwang: Oberste, Gesellschaftsdame und Häftling] in dem Buch *Hoppets Hamn* mitgearbeitet hat.

> „Wir befanden uns auf der Rückseite des Lagers, das am weitesten abgelegen war. Das war da, wo die Juden sich aufhielten. Je näher man an den Zäunen wohnte, umso besser waren die Verhältnisse. Eines Tages sollte das Schweizer Rote Kreuz kommen und die Verhältnisse untersuchen, aber sie bekamen niemals den hinteren Teil des Lagers zu sehen, wo die Menschen an Typhus und Hunger starben. Sie wurden in den vorderen Teilen herumgeführt, wo die Baracken sauber und das Essen ausreichend waren.
>
> Aber es schien so, dass Nadine Hwang dahin gehen konnte, wohin sie wollte. Sie bewegte sich frei und schien Einfluss zu haben. Sie fragte, ob meine Mutter eine geborene Engländerin sei und berichtete, dass es eine Engländerin im vorderen Teil des Lagers gäbe und dass diese Mary Lindell hieße. Diese Lindell hatte Nadine davon berichtet, dass der schwedische Graf Folke Bernadotte ein Übereinkommen mit Himmler darüber getroffen hätte, mehrere tausend Personen aus Ravensbrück herauszuholen. Meine Mama berichtete, dass es sich um Belgierinnen und Französinnen und einen Teil Holländerinnen handele, auch um ein paar einzelne Ungarinnen. Wie auch immer, Mary Lindell erklärte, dass sie dabei sei, eine Liste für Engländerinnen aufzustellen. Meine Mutter hatte keine Ahnung, dass es Engländerinnen im Lager gab. Aber Nadine betonte, dass es wichtig sei, mit unserem Namen auf diese Liste zu kommen. […] Nadine stellte uns Mary Lindell vor, die unsere Namen auf die Liste schrieb. […] Mama sprach ein gutes Englisch. Aber ich habe den Verdacht, dass Lindell wusste, dass wir Juden waren, aber darum kümmerte sie sich nicht. Sie fragte nur: „Ist das deine Tochter?" Wir sagten: „Hello" zueinander und das war alles, was gesagt wurde. Danach sagte Nadine zu Mama: „Nun stehst du zusammen mit deiner Tochter auf der Liste; ihr werdet wahrscheinlich abgeholt und nach Schweden geschickt.

Wir wurden am 28. April vom Schwedischen Roten Kreuz abgeholt. Ich erinnere mich daran, dass da die Busse standen und warteten. Wir würden also das Lager verlassen dürfen und ich konnte meinen Augen nicht trauen. Ich sagte zu meiner Mama: ‚Das ist ein Traum, es kann nicht wahr sein, dass wir richtig frei sein werden.' Und sie antwortete: ‚Geh nur gerade aus und sage nichts.' Wir gingen schweigend durch die großen Tore in Ravensbrück, wo eine widerliche Aufseherin stand, die uns den Judenstern von unserer Kleidung abschnitt, sie entfernte ihn vom Ärmel, nicht von der Vorderseite, und wir gingen an ihr vorbei und weiter zu den Bussen.

Ich wusste nicht, ob Nadine mit uns kommen würde, sie musste in irgendeinem anderen Bus gelandet sein. Aber bevor das passierte, sagte sie zu meiner Mutter: ‚Wenn ihr überleben solltet und deine Tochter eines Tages ein kleines Mädchen bekommt, so gebt ihr meinen Namen!'" (ebd.: 96–98)

[…] Der zweite Bus wurde nachher beschossen und der schwedische Chauffeur getötet. Wieder einmal mehr hatten wir Glück. Viele in dem anderen Bus starben. In Berlin traf ich einige Jahre später jemand, die aus dem Bus geschleudert wurde, als der Bus getroffen wurde. Sie hatte sich den Arm und das Schlüsselbein gebrochen, hatte aber überlebt.

Meine Mutter schrieb später an Nadine Hwang. Sie antwortete mit einer Ansichtskarte, auf der stand: ‚Wunderbar zu hören, dass es euch beiden gut geht. Schreibt mir nicht mehr, wir haben nicht die Erlaubnis mit dem Westen zu korrespondieren.' Sie war Kommunistin und war nach China zurückgereist; danach haben wir niemals mehr etwas von ihr gehört. […] Der Busfahrer, der uns von Ravensbrück aus fuhr, war wunderbar. Er hieß Sven oder so ähnlich. Er war nun alter Mann geworden, 82 oder 83, als ich ihn später in Deutschland traf. Ich fuhr dorthin zum 60. Jahrestag der Befreiung. […]

Im Monat April 1945 herrschte in Deutschland eine gewaltige Kälte und wir saßen im Bus genau hinter dem Fahrer, meine Mutter am Fenster und ich neben ihr. Ich musste vor Kälte gezittert haben, deswegen nahm er seine Jacke und legte sie mir um die Schultern. Das war dieser Sven gewesen. Meine Mutter fing an zu weinen. Eine solche Freundlichkeit war sie nicht mehr gewöhnt." (ebd.: 111)

Lili Leignel, geb. Rozenberg

Aus dem Buch von Lili Leignel (2017)
Je suis encore là.

Lili Leignel in der Mahn- und Gedenkstätte Ravensbrück zum „Jahrestag der Befreiung" im April 2022. Foto: Ulrich Kasten.

Lili Leignel war mit ihrer Mutter Charlotte Rozenberg und ihren beiden Brüdern im KZ Ravensbrück inhaftiert. Die jüdische Familie stammte aus Budapest und hatte sich wegen erster judenfeindlicher Aktionen in Ungarn in den 20er Jahren in Roubaix in Nordfrankreich niedergelassen und dort eine neue Heimat gefunden.

Lili Leignel hat mehrmals die Gedenktage in der Mahn- und Gedenkstätte Ravensbrück besucht, dort vor einigen Jahren ihr Buch *Je suis encore là* vorgestellt. Zum Jahrestag 2022 hielt sie in der MGR die Gedenkrede und eröffnete eine Ausstellung zu französischen Häftlingsfrauen. Es ist ihr ein besonderes Anliegen, zu Jugendlichen zu sprechen. Unvergesslich bleibt mir ihr lebendiger Vortrag in der Französischen Botschaft vor u. a. Schülerinnen und Schülern des Französischen Gymnasiums in Berlin.

> „Wir verließen Ravensbrück – für den absoluten Horror. Man hatte uns zu einem Bahnhof geführt, wo wir wiederum drei oder vier Tage in Viehwaggons unterwegs waren, auch diesmal wieder ohne etwas zu essen und zu trinken und zwischen uns den stinkenden und ekelerregenden Aborteimer, der manchmal beim Ruckeln des Zuges umkippte und uns überschwemmte und verpestete. Natürlich kannten wir nicht unseren Bestimmungsort und mit großer Unruhe waren wir auf das Schlimmste gefasst. Unsere Vorahnung, ja, sie sollte sich exakt bewahrheiten. Wir befanden uns ‚außerhalb der Zeit', wir wussten nicht den genauen Tag, nicht, was außerhalb von uns vor sich ging, nichts von dem gewaltigen Ausmaß der deutschen Niederlage. Wir waren nichts anderes als verängstigte und furchtsame Kinder. […]

Plötzlich hielt der Zug an. Die schweren Türen öffneten sich. Das Gebrüll der Soldaten begann wieder von Neuem. Völlig abgestumpft stürzten wir aus unserem Waggon hinunter. Ein wenig entfernt bemerkten wir mit Planen gedeckte Lastkraftwagen, die warteten, ohne jeden Zweifel für uns bestimmt. Unter uns gab es einige junge Frauen mit ihren Säuglingen in den Armen, die erst vor kurzem niedergekommen waren, weil sie vorher als Schwangere deportiert worden waren. Selbstverständlich hatte keines der Babys diese – den Tod ankündigende – Wahnsinnsreise überlebt.

Beim Aussteigen aus den Waggons wurden einige Deportierte von der SS requiriert, darunter unglücklicherweise auch Mama, um die Waggons von ihrem Inhalt zu befreien: der Gipfel des Grauen und Entsetzens; sie mussten die kleinen Körper der Neugeborenen zusammensammeln und sie in Kartons legen, die dafür vorgesehen waren. Dann wurden diese Kartons auf den LKWs in unserer Reichweite aufgestapelt. Als einige sehr alte Frauen, noch ermüdeter als die anderen, auf die LKWs kletterten, waren sie recht froh, eine Sitzgelegenheit – diese Kartons – zu finden. Glücklicherweise wussten sie nicht um deren Inhalt, denn es gab nicht viele Leute auf den Bahnsteigen, die die schreckliche Szene hatten mitansehen können. [...]

So sind wir schlecht und recht während der Nacht an einem Ort angekommen, der uns düster und todesschwanger, viel schlimmer noch als Ravensbrück, vorkam. Auch hier gab es die vielen Baracken in Reihen, aber überall gab es Kadaver, die auf dem Boden verstreut herumlagen. Man musste über sie hinwegsteigen um vorwärts zu kommen. Eine apokalyptische Vision. [...]

Erst als das Tageslicht kam, konnten wir unsere tragische Situation realisieren. Es gab keine Bettgestelle, wir schliefen direkt auf dem Boden, die einen neben den anderen [...]. Unter uns befanden sich auch Tote, Sterbende, Kranke, die in einem fürchterlichen Gestank bewegungslos dalagen, die nicht mehr die Kraft hatten, aufzustehen um ihre Bedürfnisse draußen zu erledigen und die sich unter uns erleichterten: alles war eine einzige Kloake.

[...] wir wussten jetzt, dass wir im Lager Bergen-Belsen waren, genannt auch „das Lager des langsamen Todes“. Eine furchtbare Typhusepidemie hatte dort gewütet und diese armen Jammergestalten dezimiert. Es gab riesige Gräben, die vorher von den Häftlingen ausgehoben worden waren; die Inhalte der Karre [mit den Leichen] wurden dort abgeladen, dann setzte die SS die Körper in Brand, übergossen mit Benzin oder ungelöschtem Kalk; sie brannten unter offenem Himmel und dieser schreck-

> liche und pestartige Gestank verbreitete sich in der Luft und weit, sehr weit.“ (Leignel 2017: 92–94)

Das KZ Bergen-Belsen wurde in den letzten Kriegswochen zu einer Art „Sammellager“ für Häftlinge anderer Lager in den östlichen Landesteilen und im besetzten Polen. Dieser kurze Auszug aus dem Buch der „Ravensbrückerin“ Lili Leignel wird wiedergegeben, um zu zeigen, wie wichtig die Rettungsaktion des Schwedischen Roten Kreuzes „im letzten Augenblick“ war und um an diesem Beispiel deutlich zu machen, wie sich die Situation in den Lagern am Kriegsende zuspitzte und welche Opfer weitere SS-Transporte gekostet hätten. Die Aktion des Schwedischen Roten Kreuzes als eine „vorgezogene Heimführung privilegierter Häftlingsgruppen“ (Ingrid Lomfors) zu bezeichnen, ist somit nicht zutreffend.

Es wird in diesem Zusammenhang auch auf den Bericht von *Isaac* in dem Buch von Maria Vajta Klamer (2018: 59–64) hingewiesen.

Paul Newman

Die hier angeführten Beispiele einer „Rettung im letzten Augenblick“ sollen mit dem erschütternden Bericht des Juden Ivan Newman abgeschlossen werden, der mit 16 Jahren in das KZ Ravensbrück kam. Seine Großeltern und andere Verwandten waren bereits „auf immer verschwunden“. Er war durch eine Schienbeinverletzung körperbehindert und deswegen ständig bedroht, ermordet zu werden. Seine Leidensgeschichte beginnt in Ungarn.

> „Die, die zu alt oder zu krank waren, um zu gehen, wurden zur Donau heruntergeführt und dort erschossen. Ich hatte eine Beinschiene und die nahm Mutter ab, um meine Behinderung zu verbergen. Sie und meine Geschwister halfen mir runter auf die Straße und auf den weiteren Wegen. Wir gingen und gingen immer wieder, mehrere Tage. Das war ein Todesmarsch in Richtung zu dem Lager. Mein Bein schwoll an und wurde enorm dick. Ein älterer Mann vor uns sackte zu Boden, um sich etwas auszuruhen und den erschossen sie gleich. Ich vergesse niemals sein Gesicht. Das war das erste Mal, dass ich so nah bei jemand stand, der getötet wurde. So allmählich wurden wir zu einem überfüllten Zug Richtung Ravensbrück geführt. Ich kann mich nicht an Schilder erinnern, aber an Hunde und Wachpersonal mit Peitschen. Die Kinder wurden von den Erwachsenen getrennt. Wir wurden ausgezogen und in einen großen Raum geführt mit gewaltigen Stahlzylindern, in denen Löcher waren. Wir wussten nicht, was aus den Löchern

kommen würde, Gas oder etwas anderes. Aber so kam eiskaltes Wasser. Wir bekamen gestreifte Häftlingskleidung. In unserer Baracke gab es Schlafplätze in vier Etagen, an Matratzen kann ich mich nicht erinnern. Meine Mutter und meine Schwester schliefen auf einem Liegeplatz und ich lag zwischen ihnen, um mich warm zu halten. […]

Von den Gestorbenen konnte ich mir manchmal extra Kleidungsstücke beschaffen um mich warm zu halten, bis ein Erwachsener kam, um sie mir wegzunehmen, um selber zu überleben. Die Kinder bekamen keine Malzeiten, so waren wir gezwungen, uns etwas zu stehlen, wenn es nicht ein paar Erwachsene gab, die uns etwas Brot gaben. […]

Es war mitten im Winter und es gab viel Schnee. Wir Kinder waren gezwungen, Wasser in Eimern zu dem Wachpersonal zu bringen, die es dann über die Gefangenen ausgossen. Man konnte sehen, wie es bis zu Eis in den Haaren gefror. Meine Mutter wurde mit Peitschen ins Gesicht geschlagen, so dass ihr das eine Auge aus der Augenhöhle fiel, sie misshandelten sie und gossen immer wieder Eiswasser über sie. (Ein Schatten völliger Hilflosigkeit glitt über Ivan Newmans Gesicht, als er weiter berichtete.)

Seine Mutter wurde auf den Weg zum Krematorium getragen. Sie war immer noch am Leben, sagte er, und schrie, während man sie fortbrachte. So war es, wie sie starb. Ich empfinde immer noch Schuld. Das war alles so entsetzlich. […]

Er wurde doch schnell aufgegriffen (er hatte versucht durch den elektrischen Zaun zu kriechen) und zurückgebracht. Er wurde krank und verlor das Bewusstsein. Am 28. April kam das Schwedische Rote Kreuz. Das waren wirklich mutige junge Männer. Sie riskierten ihr eigenes Leben um andere zu retten. Sie kamen in die Lager und nahmen Frauen und Kinder mit, alle, die sie konnten. Daran habe ich keinerlei Erinnerungen mehr, denn ich war bewusstlos. Wie durch ein Wunder wurde ich in den Bus gebracht. Ich wurde nach Schweden transportiert und landete in einem Krankenhaus in Malmö.“ (in Åberg und Gertten 2011: 185, 187)

4.3 Die „Protokolle" des *Polnischen Instituts für Quellenforschung* in Lund (Schweden)

Zeitzeugenaussagen und das *Polnische Institut für Quellenforschung*

Nach dem Krieg wurden in vielen Ländern Dokumente und Material über die deutschen Kriegsverbrechen gesammelt, darunter auch die Berichte von Häftlingen, die deutsche Haftanstalten und Konzentrationslager überlebt hatten. Die umfangreichste Sammlung mit über 50 000 Interviews ist die *Shoa Foundation* von Steven Spielberg. Umfangreiche Dokumentationen befinden sich auch in Israel. Aber auch in Schweden gibt es kleinere Sammlungen wie im *Nordiska Museet* in Stockholm mit jüdischen Lebensberichten. Das *Forum för levande historia* [Forum für lebende Geschichte] hat mehrere hundert Berichte von Personen mit unterschiedlicher Nationalität und Erfahrungshintergründen gesammelt und als Buch unter dem Titel *De glömmer det aldrig* [Das vergessen sie niemals] (Jäma und Haider 2003) veröffentlicht.

Eine besondere Bedeutung haben die etwa 500 Zeitzeugenberichte des *Polski Instytut Źródłowy (PIZ) / Polska källinstitut* [Polnisches Institut für Quellenforschung]. Diese Berichte – auch bekannt unter dem Namen „Lund-Protokolle" – entstanden unmittelbar nach Kriegsende; es handelte sich dabei um die Aufzeichnungen von polnischen Häftlingen, überwiegend von Frauen aus dem KZ Ravensbrück, die durch das Schwedische Rote Kreuz vor Kriegsende nach Schweden gekommen sind. Diese Interview-Aktion musste bis Ende 1946 durchgeführt werden, denn viele Polinnen und Polen kehrten nach Polen zurück und das Projekt wurde auch nicht länger von der schwedischen Regierung finanziell unterstützt.

Initiator dieses Projektes war der Pole Zygmunt Łakocinski, der 1934 als junger Wissenschaftler von der *Jagellonen-Universität* in Krakau an die Universität Lund gekommen war, wo er zunächst einen Lehrauftrag als Lektor für Polnisch erhalten hatte. Er war in mehreren polnisch-schwedischen Organisationen und Vereinen aktiv und sammelte während des Krieges Material (Pressemitteilungen, Propaganda, Bücher usw.) über die deutschen Kriegsverbrechen im besetzten Polen. Als bei Kriegsende durch das Schwedische Rote Kreuz Tausende von polnischen Häftlingen aus deutschen Lagern nach Schweden kamen, sah er seine wichtigste Aufgabe darin, deren Erfahrungen zu protokollieren und somit für künftige Generationen zu erhalten. Er gründete eine neunköpfige Arbeitsgruppe, deren Mitglieder fast alle Erfahrungen mit deutschen Haftanstalten und Konzentrationslagern gemacht hatten. Dieser Umstand ist besonders hervorzuheben, denn das Ergebnis eines Interviews wird immer von der Person des Interviewers mitbestimmt. Wie groß ist das Vertrauen, gibt es Gemeinsamkeiten (Sprache, Herkunft usw.)? Die Befragungen und Berichte sollten unter streng wissenschaftlichen Kriterien stattfinden, deswegen wurde der bekannte schwedische Historiker Sture Bolin als Berater mit hinzugezogen. Die Protokolle sollten auch bei späteren Prozessen gegen das SS-Personal von Konzentrationslagern als Belastungsmaterial dienen. Der englische Major und medizinische Fachgutachter bei den *Hamburger Prozessen* (1946/47) gegen die Täterinnen und Täter des KZ Ravensbrück, Keith Mant, hatte engen Kontakt zu dem Institut und die „Protokolle von Ravensbrückerinnen" wurden als Beweismaterial bei den Prozessen hinzugezogen.

Die zunächst handschriftlichen Interviews wurden anschließend mit Schreibmaschine umgeschrieben, die Interviewten mussten bestätigen, dass sie nur berichten, was wahr ist. Die Interviewer und Interviewerinnen konnten den Berichten eine kurze eigene Beurteilung hinzufügen. Die Berichte sind unterschiedlich lang, manche nur bis zu zwei Seiten, andere bis über 20 Seiten wie z.B. der Bericht eines Funktionshäftlings[6] über die sanitären Verhältnisse und medizinischen Maßnahmen, die Assistentin einer deutschen Ärztin im KZ Ravensbrück war. Jüdische Häftlinge weigerten sich oft zu berichten, weil sie auf Grund ihrer Erfahrungen einen möglichen politischen Missbrauch befürchteten. Ab 1947 bahnten sich freundschaftliche Beziehungen der schwedischen Regierung zur Sowjetunion und den Ostblockstaaten rund um die Ostsee an – u.a. wurden dabei Balten, die im Verdacht standen, Verbrechen verübt zu haben, an die Sowjetunion ausgeliefert, was ihrem Todesurteil gleichkam. Deshalb übergab Zygmunt Łakocinski 1948 sein komplettes Material dem Hoover-Institut der Universität Stanford (USA), weil er befürchtete, dass Schweden es Polen überlassen könnte, dessen Regierung inzwischen der Sowjetunion nahestand. Dies hätte u. U. unangenehme Folgen für die Familien der Interviewten in Polen haben können. Erst 1971 kam das Material wieder nach Schweden zurück, wo es seit 1995 auch der Öffentlichkeit zugänglich ist. In dem Museum *Kulturen* in Lund sind zwei Ausstellungsräume dem Schicksal der Ravensbrückerinnen und der Arbeit von Zygmunt Łakocinski gewidmet[7] (siehe S. 117, *in diesem Band*).

---

6 Häftlinge, denen von der SS bestimmte Aufgaben übertragen worden waren (vgl. Kasten und Kubica 2011: 25–29).

7 Mehr zu Zygmunt Łakocinski und dem *Polnischen Institut für Quellen*forschung unter: https://dh-north.org/siberian_studies/publications/szulc.pdf

Die Aktion der Weißen Busse in den „Protokollen" polnischer „Ravensbrückerinnen"

Die Untersuchung der etwa 400 mir in einer deutschen Arbeitsübersetzung zugänglichen *Lund-Protokolle* – die nicht weniger dramatischen und tragischen Vorgeschichten (Haft in den Gestapogefängnissen u. a. von Krakau und Warschau) fehlen oft – beschränkt sich auf die folgenden Aspekte: Wie oft wurden in den *Protokollen* die Weißen Busse, Schweden und Folke Bernadotte erwähnt, und wie viele Frauen haben überhaupt darüber berichtet? Ich halte mich hier an die Regel, den Opfern grundsätzlich – wenn möglich – einen (d. h. ihren) „Namen" zu geben. Es ist davon auszugehen, dass – der Situation der Häftlinge und dem nicht vollständigen Material geschuldet – die Zahlenangaben nicht immer korrekt sind. In etwa 45 Protokollen wird die Befreiung durch das Schwedische Rotes Kreuz erwähnt, in knapp der Hälfte der Berichte oft nur mit ein, zwei Sätzen, in denen die Worte „Schweden" oder „Schwedisches Rotes Kreuz" vorkommen. Andere Frauen haben ausführlicher, eindringlicher und emotionaler berichtet. Mehrmals wird Folke Bernadotte namentlich erwähnt, einmal als Priester bezeichnet. Ich beschränke mich im Folgenden auf eine Auswahl.

Protokoll-Nr. 8: Wladyslawa Jakubiak, *27.04.1927 in Warschau

> „Am 27. April hat das Schwedische Rote Kreuz Pakete gebracht, aber die bekamen wir nicht, die Aufseherinnen teilten sie untereinander auf. Die Schweden wussten nichts über unser Lager. Wir waren 2500 Frauen, 700 Polinnen, der Rest Jüdinnen. Am 27. April kamen die Busse und nahmen uns mit nach Lübeck, viele SS-Männer hatten sich Zivilkleidung besorgt und waren getürmt. […]"

Protokoll-Nr. 19: Leokadja Bukalak, *18.02.1919

> „Im Lager wurde gemunkelt, dass das Schwedische Rote Kreuz alle Häftlinge mitnehmen würde. Und wirklich, nach einer weiteren Woche voller Ungewissheit, nach allgemeinem Durcheinander wurden wir gerettet. Wir fuhren mit dem Zug durch Deutschland nach Schweden."

Protokoll-Nr. 31: Helena Karlowicz, *16.05.1928

> „Am 25. April verließen wir das Lager. Das war ein glücklicher Augenblick, als die Aufseherinnen die Winkel und Nummern abreißen mussten. Wir

fuhren ohne Bewachung, es war uns anfangs gar nicht bewusst und wir saßen einfach nur ruhig da – dann als uns bewusst wurde, dass wir allein waren, stürmten wir unterwegs in die anderen Waggons, die den Deutschen gehörten. […] Am 30. April kamen wir in Dänemark an, von dort fuhren wir einen Tag später nach Schweden."

Protokoll-Nr. 32: Irena Kieruczenko, *17.09.1914

„Ende April kam eine Delegation des Dänischen Roten Kreuzes, sie nahmen die Däninnen mit. Sie versprachen uns ebenfalls zu befreien. Anfangs glaubten wir das gar nicht. Aber am 1. Mai befahl der Kommandant den Polinnen ihre Sachen zu nehmen und auf den Platz zu kommen. Wir hatten keine Ahnung, wohin wir fuhren. Aber diesmal fuhren wir in einem Personenzug. Wir trugen noch unsere gestreiften Kleider und die SS-Männer begleiteten uns. Wir hatten den ganzen Tag nichts gegessen. In Padborg verließ uns die SS-Eskorte und Vertreter des Roten Kreuzes gingen von Waggon zu Waggon und riefen uns zu, dass wir frei seien und uns unter dem Schutz des Roten Kreuzes befänden und dass wir [...] nach Schweden führen."

Protokoll-Nr. 40: Krystina Strzyzewska, *15.05.1930

„Wir haben noch in der Fabrik [Siemenslager, *Anm. d. Verf.*] gearbeitet, die Einrichtung aufgelöst. Wir packten alles in Kisten und die Deutschen fuhren damit fort. Das zog sich hin bis zu der Befreiung durch Bernadotte."

Protokoll-Nr. 44: Lucyna Ganc, *06.01.1924

„Am 25. April 1945 fuhren wir mit dem Zug von Ravensbrück nach Schweden. Niemand bewachte uns, wir fürchteten uns, wohin sie uns jetzt bringen würden. Unterwegs war es schlimm. Wir bekamen zwar Essenspakete, aber sie reichten nur für zwei Tage und wir waren acht Tage unterwegs. Im Waggon waren 80 Personen und wir hockten die ganze Zeit auf dem Boden und die Läuse bissen uns. […] Schließlich kamen wir an der dänischen Grenze an, wo wir mit großer Herzlichkeit empfangen wurden, sie gaben uns zu essen und wir legten uns schlafen, das erste Mal in einer menschenwürdigen Umgebung."

Protokoll-Nr. 49: Irena Wojciechowska, *13.10.1910

„Nach der Ankunft [vom Lager Grüneberg – *Anm. d. Verf.*] in Ravensbrück wurde ein Transport nach Schweden zusammengestellt und wir wurden am 24. April 1945 mit einem Bus des Schwedischen Roten Kreuzes nach Lübeck und von dort mit einem Schiff nach Schweden gebracht."

Protokoll-Nr. 50: Basia Zajaczkowska-Rubinstein, *15.02.1926

„Am 24. April wurde angeordnet, dass sich alle polnischen Jüdinnen registrieren lassen müssten. [...] Während des Appels wurden wir grausam geschlagen. Wir dachten, sie würden uns umbringen, aber es gab auch Gerüchte über eine bevorstehende Freilassung. [...] Draußen vor dem Lager warteten auf uns die Weißen Busse des Schwedischen Roten Kreuz. Wir waren frei, wir glaubten es noch nicht und wollten uns vergewissern. Wir wollten mit den Fahrern sprechen, aber die Aufseherinnen kreischten bis zum letzten Augenblick und beschimpften uns; wir sollten nicht mit den Fahrern sprechen."

Protokoll-Nr. 51: Anna Baginska, *30.11.1925

„Schließlich nahm uns Ravensbrück auf. [A. B. hatte vorher verschiedene Lager durchlaufen – *Anm. d. Verf.*] Aus Ravensbrück fuhren wir eine Woche später in die Freiheit, vom Schwedischen Kreuz und dem Grafen Folke Bernadotte gerettet."

Protokoll-Nr. 56: Lucyna Swietochowska [?]

„Am 25. April wurde ich dank der Mission des Grafen Bernadotte nach Schweden gebracht, wo wir am 1. Mai 1945 ankamen."

Protokoll-Nr. 96: Stanislawa Czerwinska, *07.03.1900

„In Dänemark hielt der Zug an, die Waggons wurden geöffnet und ein dänischer Priester hat uns begrüßt und uns mit der Hand gesegnet. Es war für mich, als wäre ich zum zweiten Mal geboren worden. War es denn ein Traum, dass ein Priester uns segnete, dass es noch Menschen gab? Jetzt bin ich glücklich, dass uns Schweden aufgenommen haben. Gott soll den ganzen schwedischen Staat dafür segnen." [Sie berichtet auch, dass 100 Personen in dem Waggon waren und dass der Zug unterwegs bombardiert wurde – *Anm. d. Verf.*]

Protokoll-Nr. 103: Stanislawa Kowalewska, *25.01.1898

„Am nächsten Tag hörte ich, wie die Blockälteste rief, die Schweden seien gekommen und werden den ganzen Block 29 mitnehmen. Ich stand mit großer Mühe auf, weil ich Angst hatte, dass ich dort zurückgelassen würde. Ich lief, fiel um, fiel wieder hin und lief so zum Lagertor. Ein SS-Mann schob mich zur Seite und sagte: ‚Du fährst nicht, du stirbst unterwegs.' – und ich streckte die Arme zu den Schweden hin und rief, ich sei nicht krank, ich fröre nur fürchterlich – und weinte erbärmlich. Dann kam ein Schwede auf mich zu, fasste mir an den Puls und sagte auf Deutsch: ‚Das überlassen Sie uns!' Die Schweden legten mich auf eine Trage, zogen ihre Schafpelzjacken aus und deckten mich damit warm zu, verabreichten mir Tropfen, Tabletten und ein paar Zwiebäcke und stellten mich in den Bus. Ich habe den ganzen Weg nach Dänemark durchgeschlafen. Sie wollten mich in ein Krankenhaus bringen, aber ich wollte mit den anderen Frauen nach Malmö fahren. In Schweden war ich in verschiedenen Krankenhäusern und bin immer noch krank, aber ich bin froh, dass ich den Deutschen entkommen bin und bin den Schweden für mein Leben dankbar dafür, dass sie mich so herzlich aufgenommen haben."

Protokoll-Nr. 149a: Irena Pfitzner, *23.11.1897

Irena Pfitzner berichtet ausführlich von ihrer Befreiung am 28. April 1945 aus einem Lager in Neubrandenburg, einem Nebenlager des KZ Ravensbrück.

„Am nächsten Tag kochte ich das Essen in der Personalküche und die Blockälteste vom Block 9 kochte für ihre Leute in einem großen Kessel. Dann kam ein schwedischer Offizier in die Küche in Begleitung von einem SS-Mann, der sich anständig benahm. Er ließ den Schweden bei uns, um die Befreiung und Auflösung des Lagers zu besprechen und ging selbst davon. Es sollte ein Transport der Französinnen, Belgierinnen, Holländerinnen und Polinnen […] zusammengestellt werden. Der Schwede versprach fünf Lastwagen zu schicken. Ab Mittag begannen die Luftangriffe, um 17 Uhr hörten wir die Artillerie. Wir gingen in die Luftschutzkeller, die Kranken haben wir alle heruntergetragen. Vor der Küche standen fünf Lastwagen, doch der Transportleiter beriet sich mit den Fahrern (es waren norwegische Häftlinge), ob man es wagen sollte, in der Nacht zu fahren oder ob man bis zum Morgen warten sollte. Die Artillerie hörte man immer näher, man sah von weitem einen Feuerschein. Das war der Grund, dass beschlossen wurde, gleich zu fahren, weil die Sowjetarmee fünf Kilometer vor uns war. Also fahren wir um 22 Uhr los. Am 29. April kamen wir in Lübeck an, es war genau der fünfte Jahrestag meiner Verhaftung. Wir fuhren auf dem schwedischen Handelsschiff *Lili Mathiessen* und nahmen am 30. April 1945 Kurs auf Trelleborg, wo wir am 2. Mai 1945 ankamen."

Protokoll-Nr. 180: Celina Kaczmarek, *22.02.1902

„Am 28. April ging ein großer Transport aus Ravensbrück weg. Wir waren ungefähr 3000 Frauen und fuhren fünf Tage lang mit diesem Zug. Die Reise war beschwerlich, denn der Zug wurde unterwegs beschossen. [...] Ich kam am 2. Mai in Malmö an. Nach 14 Tagen Quarantäne ging ich sofort zur Arbeit, ich arbeite jetzt als freier Mensch. Es geht mir gut."

Protokoll-Nr. 203: Halina Kobylanska, *12.03.22

„Wir bekamen auch fünf Kilo schwere Lebensmittelpakete, angeblich vom Schwedischen Roten Kreuz, nachdem die Aufseherinnen und Blockältesten Zigaretten und Schokolade gestohlen hatten. [...] Wir erfuhren, dass der Pater Bernadotte uns in Schutz nähme. Am 24. April fuhren wir nach Schweden."

Protokoll-Nr. 221: Maria Wachterowa, *06.09.1882

„Wir glaubten zum Hungertod verurteilt zu sein (Block 31), doch wir konnten dank der Aktion des Grafen Bernadotte doch gerettet werden. [...] Wir wurden nach Schweden gebracht, auskuriert und eingekleidet. Dort wurde uns das Leben wiedergegeben."

Protokoll-Nr. 235: Alexandra Rybska, *11.04.1900

„Die letzten Apriltage waren unheimlich. Die SS-Männer rannten nervös umher, immer wieder hörte man das Bombardement. Die Aufseherinnen haben sich verändert, sie versuchten uns mit der Ankunft der Bolschewisten zu erschrecken. Sie waren gut vorbereitet, jederzeit das Lager zu verlassen. Die Busse des Roten Kreuzes kamen und nahmen die Kranken sowie Häftlingsfrauen verschiedener Nationalität mit. Zum Schluss kamen die Polinnen. Dann kam der 25. April. 4000 Frauen hatten das Lager bereits verlassen."

Protokoll-Nr. 245: Eugenia Maria Rygalska, *13.06.1903

„Am 12. April fuhren vor das Lagertor neun weiße Busse des Schwedischen Roten Kreuzes. Weiße, Freude und Freiheit bringende Busse. Endlich sahen wir Männer mit menschlichen Gesichtern, die uns voll Anteilnahme anblickten. Sie brachten uns Lebensmittelpakete und nahmen kranke Norwegerinnen, Holländerinnen und Belgierinnen mit. Das ganze Lager war freudig erregt. Die Busse kamen am 21. April zurück, um die restlichen

> Kranken abzuholen. Nun warteten die Polinnen auf die Abreise. Ein riesiger Transport wurde vorbereitet. Endlich kam der Glückstag, der 25. April 1945. Viertausend verließen Ravensbrück."

Eugenia Maria Rygalska beschreibt ausführlich die Bahnfahrt mit den chaotischen Lokwechseln, dem Fehlen von Nahrung und Trinkwasser und den Bombardements und der glücklichen Ankunft am 30. April an der dänischen Grenze.

Protokoll-Nr. 255: Kazimiera Biel, *04.03.1898

> „Als wir mit einem Transport aus Ravensbrück fortgingen, sagte man uns, wir führen jetzt nach Schweden, was wir aber nicht glaubten. Erst in Paderborn [gemeint ist wohl Padborg – *Anm. d. Verf.*], als der Priester gekommen war, um uns zu segnen, haben wir begriffen, dass wir frei waren."

Protokoll-Nr. 256: Anna Druzkowska, *19.05.1923

> „Wir kamen am Sonntagabend in Ravensbrück an [aus dem Nebenlager Grüneberg] und am Mittwochabend, es war der 25. April, brachen wir nach Schweden auf."

Protokoll-Nr. 274: Maria Chmielewska, *08.12.1900

> „Mehr weiß ich nicht, weil ich das Bewusstsein verloren hatte, ich wurde ins Revier [die Krankenbaracke – *Anm. d. Verf.*] gebracht, wo ich mit hohem Fieber zwei Wochen lang gelegen hatte. Fast wäre ich gestorben, dann erschien das Schwedische Rote Kreuz, das mich und andere Frauen nach Lund in Schweden mitgenommen hat. Erst in Schweden kam ich zu mir. Wir sahen alle wie Haut und Knochen aus, unsere Haut war so dünn, dass sie sich bei jeder Berührung löst. Ich wog 35 Kilo."

Protokoll-Nr. 276: Jadwiga Lwy-Kotowicz, * 26.08.1892

> „Am 26. April 1945 mussten wir uns auf der Lagerstraße aufstellen, uns allen wurden die Lagernummern abgerissen. Ein Rote-Kreuz-Paket und ein Stück Schwarzbrot für mehrere Frauen wurden ausgegeben. Wir fuhren nach Dänemark und von dort nach Schweden. Unterwegs gab es keine ärztliche Hilfe und Trinkwasser, mehrere Frauen wurden krank und starben."

Protokoll-Nr. 291: Zofia Modelewska, *11.11. 1923

„Am 25. April mussten wir uns vor dem Block aufstellen, wir wurden registriert und standen ungefähr zwei Stunden, bis wir durch das Tor hinausgeführt wurden, wo die Autos des Schwedischen Roten Kreuzes standen. Wir fuhren nach Schweden."

Protokoll-Nr. 303: Zofia Malinowska, *23.10.1892

„Eines Tages wurden alle Polinnen aufgerufen. Man erzählte, dass wir wegfahren würden, aber wir haben nichts mehr geglaubt. Einige Aufseherinnen schrieben die Personalien auf, wobei sie uns noch im Vorbeigehen mit dem Ledergürtel schlugen. Dann hat uns eine ‚Oberin' die Nummern abgerissen (die Nacht im ‚Männerlager' – katastrophale Zustände!). Etwa um fünf Uhr früh wurden wir in das Frauenlager geführt, dort erhielten wir wieder Pakete und ein Stück Brot. Dann marschierten wir zum Tor hinaus zum Bahnhof. Gegen Abend rollten Züge heran und unsere Reise in die Freiheit konnte beginnen. Eine zusätzliche Erinnerung: In Neustadt hat eine Frau unterwegs von der Fabrik eine Kohlrübe aufheben wollen. Das hatte der Posten gesehen und erschoss sie gemäß des Kommandanten."

Protokoll-Nr. 329 Krystyna Turowska, *20.02.1925

„Es herrschte Chaos, es war nicht mehr möglich irgendeine Ordnung beizubehalten. Am 5. Tag erhielten wir Pakete vom Roten Kreuz und wurden mit der Eisenbahn weggebracht. Ich wurde auf der Reise ernsthaft krank. Als wir in Schweden ankamen, war ich bewusstlos. Ich wachte in einem Krankenhaus auf […]."

Protokoll-Nr. 330: Jadwiga Tuszynska, *23.05.1916

„Von Siemens her [gemeint ist das „Siemenslager" mit seinen Werkstätten – *Anm. d. Verf.*] kamen Loren, auf denen die Opfer des Marsches[8] aufgestapelt waren. Sie haben die Befreiung nicht mehr erlebt. Vor unserem Lager hielten nun viele Busse des Schwedischen Roten Kreuzes, doch die Hilfe kam zu spät. Auf den Loren lagen Leichen, ihre geschwollenen Beine baumelten über den Rand. […] Der Schornstein rauchte. Es war der 13. April 1945."

8 Ob es sich hier um Opfer der „Todesmärsche" handelt, ist unklar.

Protokoll-Nr. 332: Krystina Bilska, *18.11.1920

„Die Rote-Kreuz-Busse nahmen aus dem Revier fünf Polinnen und eine Französin mit. Der Kommandant hat geholfen, die Frauen in den Bus zu tragen. Wir alle glaubten nicht, dass die Busse nach Schweden fahren würden und wollten die Frauen nicht herausgeben. Am 25. April fuhren wir nach Schweden. [...] Es war am 1. Mai, dass wir dort ankamen."

Protokoll-Nr. 337: Maria Kozdroniowa, *05.12.1921

„Am 23. April 1945 rief die Blockälteste 300 Polinnen vor den Block. Wir hatten keine Ahnung, was eigentlich los war. Es gab Gerüchte, dass wir nach Schweden ausreisen würden, aber auch, dass wir alle ‚durch den Schornstein gehen' würden. Es gab keine genauen Angaben. Es stellte sich heraus, dass von denen, die angetreten waren, 150 Frauen in die Busse des Roten Kreuzes nach Schweden gebracht werden sollten. Ich gehörte zu ihnen."

Protokoll-Nr. 357: Stefania Wodzynska, *22.09.1922

„Am 25. April wurden alle polnischen Mütter aufgerufen, sich mit ihren Säuglingen auf dem Appellplatz aufzustellen. Wir bekamen es mit der Angst zu tun, weil wir dachten, wir würden irgendwo umgebracht werden. Doch draußen vor dem Tor standen die weißen Busse des Schwedischen Roten Kreuzes und es wurde uns erklärt, wir führen nach Schweden. Wir waren hocherfreut."

Protokoll-Nr. 360: Estera Krajanek, *01.09.1917

„Gegen Morgen kamen die Busse des Schwedischen Roten Kreuzes und wir begriffen, dass wir jetzt in die Freiheit fahren würden. Doch richtig konnten wir es nicht glauben [...]. Vielleicht bedeutet das eine Selektion ins Gas. Wir gingen hin, weil es uns egal war, wir hingen nicht mehr am Leben. [...] Wir zweifelten, dass es überhaupt Schweden waren und glaubten, dass es ein Theater der Deutschen sei."

Protokoll-Nr. 364: Lajka Mandelkier, *15.03.1920

„Am 24. April wurden alle Jüdinnen aufgerufen und wurden auf die Liste nach Schweden eingetragen. [...] Wir glaubten immer noch nicht, dass wir in die Freiheit fahren würden. Wir dachten, dass sie uns in ein anderes Lager stecken würden [Maria Mandelkern war vorher in den Lagern

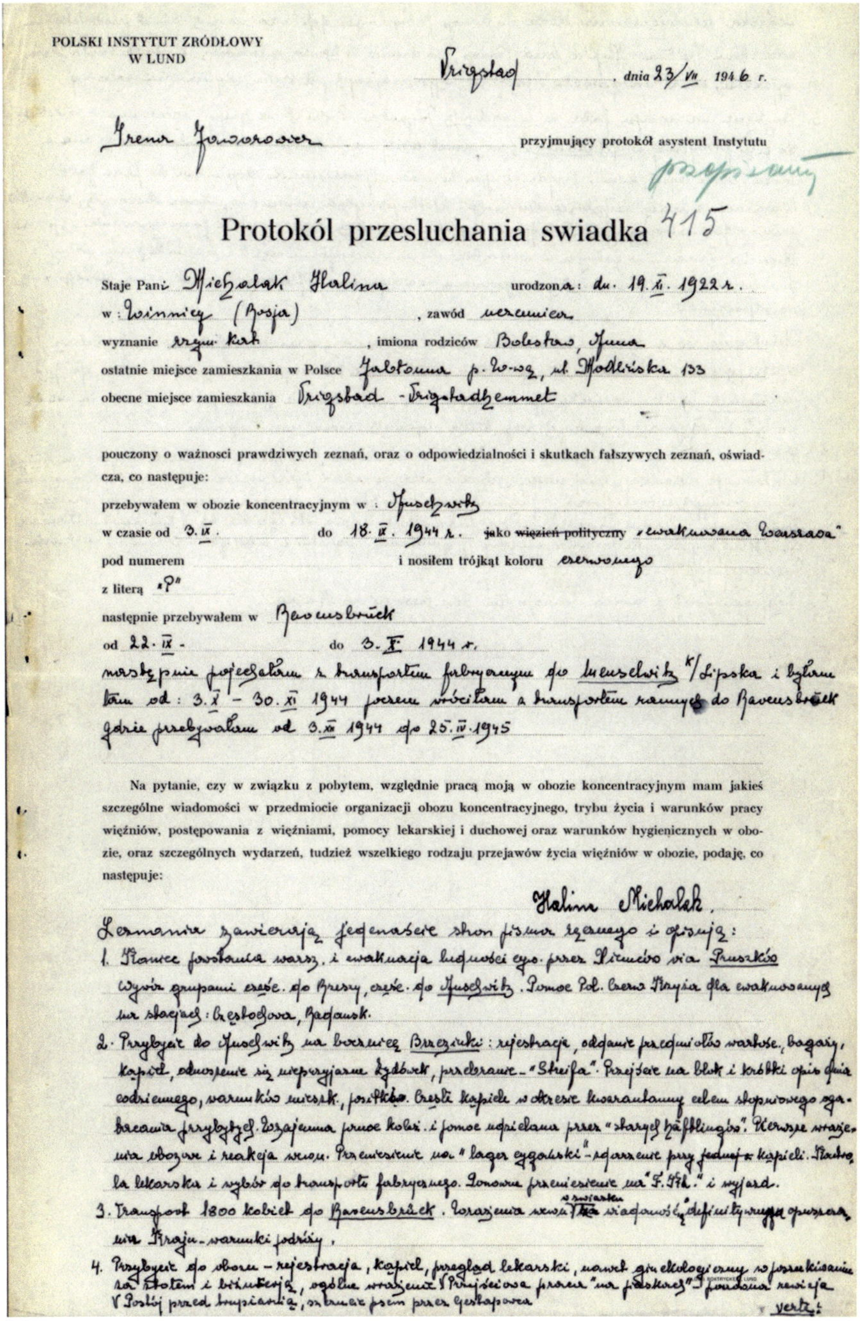

POLSKI INSTYTUT ŹRÓDŁOWY
W LUND

Tingstad, dnia 23/VII 1946 r.

Irena Jaworower przyjmujący protokół asystent Instytutu

przepisany

Protokól przesluchania swiadka 415

Staje Pani: Michalak Halina urodzona: dn. 19. XI. 1922 r.

w: Winnicy (Rosja), zawód uczennica

wyznanie rzym. kat., imiona rodziców Bolesław, Anna

ostatnie miejsce zamieszkania w Polsce Jabłonna p. W-wą, ul. Modlińska 133

obecne miejsce zamieszkania Tingsbad - Tingstadhemmet

pouczony o ważnosci prawdziwych zeznań, oraz o odpowiedzialności i skutkach fałszywych zeznań, oświadcza, co następuje:

przebywałem w obozie koncentracyjnym w: Auschwitz

w czasie od 3. IX. do 18. IX. 1944 r. jako ~~więzień polityczny~~ „ewakuowana Warszawa"

pod numerem i nosiłem trójkąt koloru czerwonego

z literą „P"

następnie przebywałem w Ravensbrück

od 22. IX. do 3. X. 1944 r.

następnie pojechałam z transportem fabrycznym do Meuselwitz k/Lipska i byłam tam od: 3. X. – 30. XI. 1944 potem wróciłam z transportem karnym do Ravensbrück gdzie przebywałam od 3. XII. 1944 do 25. IV. 1945

Na pytanie, czy w związku z pobytem, względnie pracą moją w obozie koncentracyjnym mam jakieś szczególne wiadomości w przedmiocie organizacji obozu koncentracyjnego, trybu życia i warunków pracy więźniów, postępowania z więźniami, pomocy lekarskiej i duchowej oraz warunków hygienicznych w obozie, oraz szczególnych wydarzeń, tudzież wszelkiego rodzaju przejawów życia więźniów w obozie, podaję, co następuje:

Halina Michalak.

Zeznanie zawierają jedenaście stron pisma ręcznego i opisują:

1. Koniec powstania warsz. i ewakuacja ludności cyw. przez Niemców via Pruszków. Wywóz grupami częśc. do Rzeszy, częśc. do Auschwitz. Pomoc Pol. Czerw. Krzyża dla ewakuowanych na stacjach: Częstochowa, Radomsk.
2. Przybycie do Auschwitz na bocznicę Brzezinki: rejestracja, oddanie przedmiotów wartośc., bagaży, kąpiel, ubranie się w nieprzyjazne łachmany, przebranie – „Streifa". Przejście na blok i krótki opis dnia codziennego, warunków mieszk., posiłków. Częste kąpiele w okresie kwarantanny celem stopniowego ogarniania przybyłych. Wzajemna pomoc koleż. i pomoc udzielana przez „starych häftlingów". Pierwsze wrażenia obozowe i reakcja więźn. Przeniesienie na „lager cygański" – zdarzenie przy jednej z kąpieli. Selekcja lekarska i wybór do transportu fabrycznego. Ponowne przeniesienie na „F. K." i wyjazd.
3. Transport 1800 kobiet do Ravensbrück. Wrażenia wewn. wiadomość definitywnego opuszczenia Kraju – warunki podróży.
4. Przybycie do obozu – rejestracja, kąpiel, przegląd lekarski, nawet ginekologiczny w poszukiwaniu za złotem i biżuterią, ogólne wrażenie. Przejściowa praca „na piaskach". Ponowna rewizja w Postoj przed ..., szczucie psem przez gestapowca

verte!

Protokoll 415. Halina Michalak. Polska Källinstitutet. Lund.

> Pomiatow, Dessau, Majdanek und Auschwitz gewesen – *Anm. d. Verf.*] Doch die Wirklichkeit war schön für uns. Wir schritten durch das Tor in die Freiheit. In Schweden angekommen, kam ich wieder zu Kräften.“

Protokoll-Nr. 379: Ewa Augustynowicz [?]

> „Wir verließen das Lager am 25. April 1945 und kamen in der schwedischen Hafenstadt Malmö an. Nach langer Zeit waren wir endlich frei.“

Protokoll-Nr. 415: Halina Michalak, *19.11.1922 (siehe vorherige Seite)

Halina Michalak berichtet am Ausführlichsten über die Befreiung:

> „Die Gerüchte über unsere Reise nach Schweden wurden immer hartnäckiger, am Sonntag waren wir bereits sicher, aber man traute diesem Glück doch noch nicht ganz. Am Dienstag verkündete uns eine Krankenschwester, wir sollten uns für den nächsten Tag bereithalten. Mittwochmorgen kam Dr. Treite und schrieb gemeinsam mit einer Krankenschwester diejenigen Frauen auf, die während der Reise liegen mussten. Auf dieser Liste befand sich auch mein Name. Dann wurden wir in das erste Revier verfrachtet, wo wir auf den Bus warten sollten. Dort tranken wir bereits vorbereiteten Kakao. […] Noch wussten wir nicht, ob diese Aktion nicht doch nur eine Evakuierung bedeutete, denn wir bemerkten einen deutschen Rote-Kreuz-Wagen, der im Lager hin und her fuhr. […] Schließlich kamen wir an die Reihe, wir wurden in den deutschen Wagen geladen, wir saßen eng aneinandergedrängt und hatten furchtbare Angst vor der Fahrt ins Unbekannte. Als wir uns jenseits des Lagertors befanden, wurden wir gezählt, was sofort Panik auslöste, doch gleich erblickten wir die Busse des Schwedischen Roten Kreuzes. Schwedische Fahrer kamen auf uns zu, sie trugen uns auf ihren Armen, deckten uns mit Decken zu, wir weinten und schrien, weil wir immer noch glaubten, es können Deutsche sein, die uns auf ihre Laster laden und in den Tod fahren. Ihre Uniformen kamen uns ähnlich wie die der Deutschen vor. Doch sie beruhigten uns immer wieder und wiederholten, dass wir in die Freiheit führen. Im Innern der schwedischen Weißen Busse empfingen uns die Schweden mit Schokolade und so fuhren wir für immer aus diesem Lager, aus dieser Gefangenschaft.“

4.4 Ankunft und Aufnahme der Häftlinge in Schweden

Malmö nimmt über 25 000 Häftlinge und Geflüchtete auf

Ab der zweiten Märzhälfte bis in die ersten Maiwochen kommen in der Hafenstadt Malmö über die Fähren aus Kopenhagen mit den Transporten des Schwedischen Roten Kreuzes etwa 15 000 Häftlinge aus deutschen Konzentrationslagern an Land, bis in den Herbst hinein noch weitere 10 000 Personen mit den UNRRA-Transporten.[9] Malmö hatte um diese Zeit um die 170 000 Einwohner.

Die Weißen Busse auf der Fähre nach Schweden. Nordiska Museet. Foto: K.W. Gullers.

9 Projekt der *United Nations Relief and Rehabilitation Administration* (siehe S. 52, *in diesem Band*).

Das war eine gewaltige Herausforderung für diese mittelgroße Stadt in Südschweden. Langfristige Vorbereitungen konnten nicht getroffen, alles musste – besonders vor der Presse – geheim gehalten werden. Noch war in Deutschland Hitler an der Macht, auch wenn Himmler schon seit längerem „seine eigene Politik" machte. Hinzu kam, dass die meisten Ankömmlinge krank oder so schwach waren, dass sie Pflege und medizinische Hilfe brauchten. So wurden in Malmö zunächst viele Schulen und öffentliche Einrichtungen wie Schwimmbäder und Sporthallen geschlossen, um sie als Übergangsquartiere und Quarantänestationen herzurichten. Sie mussten von der Außenwelt abgeschlossen, mit Zäunen versehen und durch Personal gesichert werden, da die Häftlinge wegen ihrer meist ansteckenden Krankheiten (besonders verbreitet war Typhus, es gab auch Diphterie und Scharlach) zunächst isoliert werden mussten und in Quarantäne kamen. Verantwortlich für den Empfang und die Aufnahme waren die Provinzverwaltung (*Länsstyrelsen*) und die Zivilverteidigung. 23 Aufnahmelager mit 11 700 Notbetten wurden eingerichtet, Trockentoiletten mussten herbeigeschafft, in kürzester Zeit Ärzte und Ärztinnen, medizinisches Personal, Helferinnen und Helfer für die Küche, die Reinigung usw. gefunden werden. Polizei und Bahnpersonal, Mitglieder von Jugend- und Freiwilligenorganisationen, aber auch viele Einzelpersonen boten sich als Unterstützer und Helfer an. Und auch nur so konnte diese gewaltige Aufgabe bewältigt werden. Einzelne Helferinnen und Helfer steckten sich bei ihrer Arbeit an, zwei schwedische Krankenschwestern starben an Typhus. Der britische Diplomat Peter Tennant kommentierte diese Aktion (wie auch die der Weißen Busse) wie folgt:

> „Der schwedische humanitäre Einsatz während und nach dem Krieg hatte eine große Bedeutung dafür, die Schmach zu beseitigen, unter der das Land seit seinen akrobatischen Übungen während der Neutralitätspolitik litt." (in Åberg und Gertten 2011: 22)

In Schweden hatte man kaum etwas von den deutschen Kriegsverbrechen mitbekommen. Wie wurden diese Menschen jetzt in Malmö wahrgenommen, die aus den Bussen oder von den Schiffen kamen oder getragen wurden?

> „Die Gräuel und Schrecken des Krieges haben wir nicht in unserem Land gesehen. Seit langem haben wir keine Kriege mehr gehabt. Die, die jetzt zu uns kamen, waren der Beweis dafür, dass diese Schrecken und Gräuel existierten. Man hatte diese Menschen auf die grausamste und bestialischste Art und Weise behandelt. Sie kamen jetzt in Massen mit Wunden und mit körperlichen wie auch seelischen Schäden und es fand sich kaum jemand,

der damit richtig umgehen kann. Das musste die Menschen in Malmö gefühlsmäßig sehr stark beeinflusst haben, im Guten wie im Schlechten. Im Guten, das will heißen, dass man ständig Menschen mit einer humanistischen Lebenseinstellung begegnete und dem Verständnis dafür, dass andere Hilfe und eine menschenwürdige Aufnahme benötigten. […] Jetzt müssen wir nur hoffen, dass sich so etwas nicht wieder öfter wiederholt, aber leider sieht unsere Welt nicht danach aus" (ebd.: 26).

Nicht nur in Malmö, auch überall sonst in Schweden wurden diese Schreckensbilder wahrgenommen. Der Journalist Attis Ljungström vom *Svenska Dagbladet* aus Stockholm berichtet:

> „Dünne Lumpen, Schuhe aus Pappe oder Holz, um den Kopf gewickelte Stofffetzen, das wenige Eigentum in Tüten, Bündeln, Pappschachteln – oder einfach nur mit leeren Händen. Tiefe Falten im Gesicht, die 20 Jahre zu früh gekommen sind. […] In einem eigenen Bett zu liegen, war jetzt das höchste Gut. […] Eine Metamorphose – diese Menschen jetzt, sauber, ordentlich gekleidet im ‚Schmetterlingssaal' des Malmöer Museums." (ebd.: 63)

Ein Junge vom *Jugend-Rote-Kreuz* berichtet:

> „Wir wussten etwas von den Weißen Bussen, die auf der Fähre nach Malmö kamen. So wussten wir etwas und waren ein wenig vorbereitet. Ich erinnere mich, dass eines der Schiffe *Kastellholm* und das andere *Rönnskär* hieß. Die kamen in den Hafen und wir gingen raus auf die Brücke und dann runter unter Deck. Und da lagen Menschen, gestapelt auf Pritschen. Ein Teil konnte selber hochwanken, während die anderen auf Pritschen herausgetragen wurden. Die da kamen, sahen erbärmlich aus; das war einfach entsetzlich. Gleichzeitig sah man die außergewöhnliche Dankbarkeit in ihren Blicken, sind wir wirklich davongekommen, sind wir wirklich gerettet? Solche Blicke vergisst man niemals." (ebd.: 161)

Einzelne Schweden versuchten immer wieder direkte Kontakte zu den Angekommenen herzustellen. Kinder schafften es noch am ehesten, durch und über den Zaun kleine Geschenke rüberzubringen. Die Tochter eines Wachtmeister des Museums berichtet:

> „Papa war Oberwachtmeister und als die Flüchtlinge kamen, musste alles woanders hin, die Möbel und die Kunstwerke. Man war dabei, die Matratzen zu stopfen. Ich erinnere mich, dass ich das einzige Kind in der Isolierstation des Malmöer Krankenhauses war, wo wir gegen Typhus aller Arten geimpft wurden. Zunächst durften wir keinen direkten Kontakt zu

den Flüchtlingen haben, aber als wir hörten, dass sie sich Brot wünschten, liefen wir mehrmals am Tag zu einem Konsumgeschäft in der Västergatan um einzukaufen. Wir warfen ihnen dann ganze Brote aus unserem Fenster zu. Andere Sachen wie Kleidungsstücke und einfache Schmuckstücke gelangten runter in den Hof. Wir durften da nicht hingehen, aber wir saßen am Fenster und warfen das runter, was mein Papa herbeischaffte. Heringe bekam er direkt von den Fischfabriken in der Stadt und wir standen am Fenster und fütterten die Flüchtlinge genauso wie man Vögel füttert." (ebd.: 135)

Nach der Quarantänezeit gab es dann auch direkte Einladungen in schwedische Familien, manche Freundschaften, die viele Jahre andauerten. Junge Polinnen lernten hier ihre späteren Ehemänner kennen. Aber es kam auch vor, dass schwedische Jugendliche, die mit ihrem Schuldeutsch ehemalige Häftlinge ansprachen, auf Ablehnung stießen. Diese wollten Deutsch weder hören noch sprechen.

Für manche Schwedinnen und Schweden müssen diese „Bilder" und Eindrücke auch deswegen nur schwer zu ertragen gewesen sein, weil sie zu lange „an Deutschland geglaubt" hatten und ihre Enttäuschung jetzt in Ablehnung umschlug und darin ihren natürlichen Ausdruck fand. Eine junge Frau schreibt:

„Diese Art Erfahrungen liegen die ganze Zeit tief in mir. Man wird sie nicht los. Viele Menschen aus meiner Generation wollen danach nicht mehr Deutsch sprechen. Man will auch nichts von dem hören, was deutsch ist. Noch viele Jahre nach dem Krieg war das so, dass ich, wenn ich Richtung Süden fahren musste, während der Fahrt durch Deutschland nachts schlief und irgendwo anders wieder aufwachte. Das war sehr vorurteilsvoll, aber ich hatte es schwer mit allem Deutschen. Nun ist das natürlich besser, denn die Jüngeren stecken da nicht mehr so drin." (ebd.: 152 f.)

Beispielhaft war – neben vielen anderen derartigen Einzelaktionen – das Verhalten des bereits erwähnten Museumsdirektors Ernst Fischer, der nach Rücksprache mit seinen Angestellten das große städtische Museum bis zum 29. April in ein „Quarantänelager" mit 600 Schlafplätzen umrüstete. Dazu mussten wertvolle Bilder und Objekte eingepackt und ausgelagert werden, um die Räume für die Notaufnahme herzurichten. Am 8. Juni 1945 erklärt Ernst Fischer im *Sydsvenska Dagbladet*:

„Wir alle waren der Meinung, dass eine öffentliche Einrichtung nicht nur einen Selbstzweck hat, sondern ein Diener der Gesellschaft ist, und wenn die Gesellschaft andere Aufgaben von uns verlangt als die, für die wir vorgesehen sind, sie auszuführen, ist es eine selbstverständliche Pflicht, mit Freude diese neuen Aufgaben zu übernehmen."(ebd.: 142 f.)

Solche Worte würde man manchmal heute – statt Klagen – von manchen zuständigen Behörden und Politikern auch gerne bei uns hören! Wie die Arbeiten im Einzelnen im Museum vorgingen, sollen einige Augenzeugenberichte veranschaulichen.

> „Schon um fünf Uhr waren die Mitglieder des *Jugend-Rote-Kreuz* in vollem Einsatz damit beschäftigt, die Betten in guter Ordnung direkt auf den Boden zu legen. Die Betten bestanden aus einer Matratze, einem Kopfkissen mit Papierbezügen, zwei weißen Papierlaken und einer grauen Militärfilzdecke. Die Matratzen bestanden aus Papiersäcken, die mit Seegras gefüllt waren und die Füllung der Kopfkissen bestand aus demselben Material. Bei jedem Bett befand sich ein Haken an der Wand, wo man seine Kleidungsstücke aufhängen konnte." (ebd.: 143)

Das Bettmaterial aus Papier erleichterte auch den Wechsel und die Entsorgung, die wegen der Krankheiten regelmäßig durchgeführt werden mussten. Das Essen wurde von außerhalb herangefahren und es bildeten sich an den Ausgabestellen natürlich lange Schlangen. Auch handelte es sich meist um „Schonkost", da die meist halbverhungerten Menschen kein normales Essen zu sich nehmen konnten. So nahm Ernst Fischer die ersten 280 Menschen wahr, die in seinem Museum aufgenommen wurden:

> „Als ich am folgenden Tag runter in das Museum kam, war das ein seltsames Bild, dem ich in der Kunstabteilung begegnete. Die armen Menschen lagen da todmüde, fast apathisch, nur noch vegetierend mit angstvollem und erstarrtem Blick auf ihren Matratzen. Wenn man durch die Säle ging und sie freundlich grüßte, breitete es sich wie ein sonniges Lächeln über den ganzen Raum aus und ein vielstimmiges ‚Dankeschön' erhob sich, aber sie hatten richtig Mühe, nicht die ‚Hab acht' Stellung anzunehmen, wenn ein paar Hosenbeine an ihnen vorbeigingen." (ebd.: 146)

Aber Fischer stieß auch auf ein Phänomen, das ihn abstieß und nachdenklich machte:

> „Aber er brachte auch seine Enttäuschung über den ‚glühenden Nationalhass' zum Ausdruck, den er unter den befreiten Häftlingen gefunden hat, bei denjenigen, von denen er glaubte, dass sie durch das gemeinsame

> Leiden zu einer unzerbrechlichen Internationalität zusammengeschweißt worden wären, die ein Leben lang halten würde. Nun sah er stattdessen den Hass gegen die Juden bei einem Teil der Polinnen, eine Verachtung den Polinnen gegenüber bei gewissen Französinnen, eine Abneigung gegenüber den Slawinnen unter den Engländerinnen.
>
> Das Erstaunen unter allen Nationalitäten war unbeschreiblich, als sie merkten, dass wir keinerlei Unterschied zwischen der französischen Prinzessin und der polnischen Bauersfrau, zwischen der Jüdin und der Christin, zwischen ‚Gelb' oder ‚Weiß' machten. Und als sie mich fragten, warum wir das alles für uns völlig unbekannte Menschen machen würden, ohne mit irgendeinem Nutzen für die Zukunft rechnen zu können, und ich sagte, dass wir der Auffassung seien, dass es einfach unsere Pflicht sei, zur Rettung von Menschenleben beizutragen, antworteten sie nur, dass das unbegreiflich sei: ‚Schweden sind nicht von diesem Stern, sie sind Engel'." (ebd.: 147)

Diesem „Nationalhass" oder zumindest dieser „Abneigung gegen die anderen" bin ich oft in Gesprächen mit ehemaligen KZ-Häftlingen wie auch in deren Berichten begegnet. In dem Buch *Flucht vor dem Mord an einem Volk* (Klamer 2018) berichtet der Jude Isaak, der mit den Weißen Bussen kurz nach Kriegsende aus dem Lager Belsen-Belsen nach Schweden kommt, dass er und sein Bruder Jakob zunächst drei Wochen in Lund in Quarantäne bleiben, bevor sie in das Sammellager Öreryd nördlich von Gislaved weiter verlegt werden:

> „Sie wussten nichts über die kleine Gemeinde, in die sie geraten waren. Sie wussten nicht einmal, in welchem Land sie sich befanden. Erst später verstand Isaak, dass der Ort an einem großen Weg lag, den man in Småland ‚Nissanstigan' nennt. […] Hier gab es ein großes Gelände mit Baracken, aber ohne Zäune und Wachen. […] Nun wohnten hier fünfhundert polnische Juden und einhundert Polen. Leider war für gewisse Polen der Krieg immer noch nicht zu Ende. Der alte Antisemitismus aus der Vorkriegszeit lebte wieder neu auf. […] Einige Zeit später musste man alle polnischen Juden in ein Lager nach Dalarna verlegen. In Öreryd gab es den täglichen Streit mit den Polen und es war nur eine Frage der Zeit, bis etwas Schlimmeres passieren würde." (Klamer 2018: 68 f.)

Der Dank der „Befreiten" an Malmö und Schweden

Dieses kurze Kapitel möchte ich mit einigen Zitaten aus den Berichten von Häftlingen einleiten, die in Schweden Aufnahme gefunden hatten:

Es ist die Polin, die in ihrem Gastland bleiben will, und die nicht mehr in ihr Heimatland zurückkehren möchte,

> „‚weil es da nichts mehr gibt – die Menschen nicht und alles andere auch nicht mehr.‘ […] Es ist das Kind, das sich freut, sich zum ersten Mal in ihrem Leben ein Kleidungsstück selber aussuchen zu dürfen. […] Es ist die Jüdin, die über Schweden sagt: ‚Ich habe es gut in Schweden. Es ist ein feines Land. Hier kann man wagen zu sagen, was man denkt. Ich habe Mann und Kinder hier. Ich bin inzwischen eine große ‚Malmö-Patriotin‘ geworden und doch kann ich mich nicht richtig heimisch fühlen. Hier fühle ich mich immer als Jüdin. Erst in Israel erlebe ich mich als Mensch.‘ […] Eine andere Jüdin sagt: ‚Ja, wie wir uns fühlen, ob wir uns nach unserem Heimatland zurücksehnen? Kann man sich nach einem Friedhof sehnen? Alle, die da mal waren, sind fort oder tot.‘“ (Åberg und Gertten 2011: 52)

In allen Berichten von den durch das Schwedische Rote Kreuz mit den Weißen Bussen, Schiffen und Eisenbahnzügen nach Schweden gebrachten Häftlingen und aus den Gesprächen mit meinen Freunden, Familien polnischer KZ-Häftlinge, die nach der Befreiung in Schweden blieben, habe ich – wie es für diese Generation von Geflüchteten und Einwanderern wohl noch typisch war – immer eine große Bewunderung und Dankbarkeit dem Land gegenüber feststellen können, das sie aufgenommen hat und das vielen von ihnen ihre neue Heimat wurde.

Ein schönes Beispiel für die Dankbarkeit ihren schwedischen Gastgebern gegenüber sind folgende Eintragungen in dem Gästebuch meines schwedi-

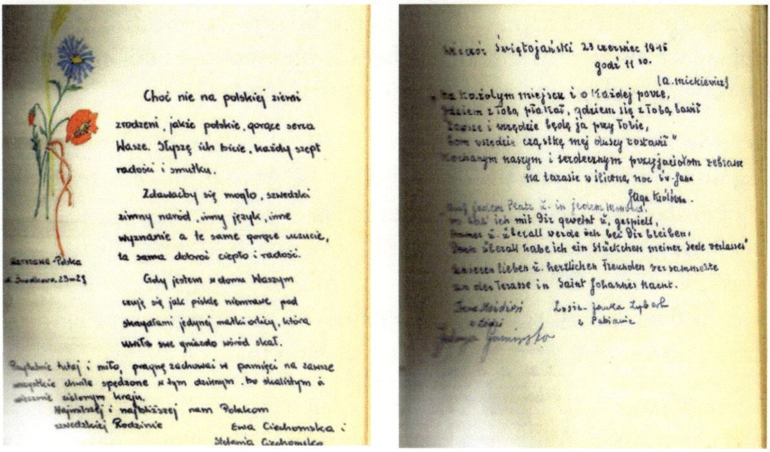

Einträge von „Ravensbrückerinnen“ in dem Gästebuch der Familie Roding in Oskarsström / Schweden, 1945. Zur Verfügung gestellt von G. Roding.

schen Freundes Gunnar Roding: Viele Häftlinge wurden, nachdem ihre Quarantänezeit vorbei war, auch privat von schwedischen Familien eingeladen. Diese Dankbarkeit wird auch anhand einiger weiterer Aussagen von Zeitzeuginnen veranschaulicht. So schreibt Irene Krausz-Fainman:

> „Für mich steht Schweden für Befreiung und Freiheit. Es gibt nichts Wertvolleres als dieses. So wird es immer sein. Hier bekamen wir den ersten Eindruck von Freiheit. So etwas kann man nur dann richtig wertschätzen, wenn es einem einmal genommen war. Auch wenn ich noch klein war, konnte ich sehr wohl die Tatsache wertschätzen, dass wir nun frei waren." (ebd.: 110)

Die Ungarin Cina Teréz Laufer wird am 3. Mai 1945 in Malmö an Land getragen, sie ist 17 Jahre alt und wiegt 27 Kilo. In Auschwitz wird sie von ihren Eltern getrennt, die sie – wie auch ihre weiteren Verwandten – niemals mehr wiedersehen wird. Sie kommt nach Hamburg in ein Lager; von dort wird sie von den Weißen Bussen mit nach Schweden genommen.

> „Ich weiß nur, dass ich wegen meines Zustandes nicht selber gehen konnte. […] Deswegen wurde ich in das Tennisstadion in Malmö getragen. Da lagen wir in langen Reihen in einem riesengroßen Saal. Wir lagen auf Papierlaken und es gab Krankenschwestern und Ärzte, die uns pflegten. Ich erinnere mich deutlich an diese freundlichen weißgekleideten Menschen, die sich so gut um uns kümmerten. […] Wir waren voller Läuse und hatten Krätze. Und weil niemand wusste, was für Krankheiten wir sonst noch hatten, waren wir in strenger Quarantäne, bis alles geklärt war. Gewiss, ich verstand damals die schwedische Sprache noch nicht und ich empfand sie als recht wunderlich, aber die menschliche Fürsorge und die liebevolle Aufnahme bedürfen keiner Worte." (ebd.: 39)

Aber wie in vielen anderen Berichten mischt sich in die Freude über die Rettung und die Dankbarkeit für die liebevolle Aufnahme in Schweden auch Trauer über das, was „endgültig" verloren ist.

Am 28. April 1945 kommt Sulamit Sittsamer nach Malmö. Sie war 20 Jahre alt und ist die einzige Überlebende ihrer Familie. Sie stammt aus Łódz (Polen) und war in dem KZ Auschwitz-Birkenau. Vor Kriegsende wurden dort die meisten Juden vergast, sie hatte „Glück", sie kam in das KZ Ravensbrück.

> „Was empfanden wir, als wir nach Schweden kamen? Die Hölle hatten wir hinter uns gelassen. Alle waren freundlich zu uns. Wir fühlten, dass wir wieder ‚ganz' waren und gehen und reden konnten. Aber wir waren einsam. Ich wusste nicht, was mit meiner Familie passiert war. Später musste ich erfah-

ren, dass alle in die Gaskammer geschickt worden waren. Mein kleiner Bruder war im Ghetto Łódz, aber wir hatten nichts zu essen und eines nachts starb er. Ich war so jung und er war noch jünger. Meine Eltern wurden in Majdanek oder Treblinka vergast. Wir waren fünf Kinder. […] Als wir nach Schweden kamen, hat man sich sehr um uns gekümmert. Wir hatten Läuse und alles Mögliche. Wir wurden von Ärzten untersucht. (ebd.: 46)

Die weiteren Lebenswege der ehemaligen Häftlinge

Bis Ende 1945 kamen bis zu 30 000 Menschen aus ganz Europa, ehemalige Zwangsarbeiter und -arbeiterinnen und Häftlinge aus deutschen Gefängnissen und Konzentrationslagern, durch das Rote Kreuz (u.a. mit den Weißen Bussen) und durch die UNRRA nach Schweden. Bis Ende April 1945 waren es allein etwa 7000 Frauen aus dem Frauenkonzentrationslager Ravensbrück, unter ihnen mehr als 1000 Jüdinnen (ebd.: 196 f.). Polinnen und Polen stellten die größte nationale Gruppe. Etwa die Hälfte der 15 000 Polinnen und Polen, überwiegend Frauen, kehrte nicht nach Polen zurück, viele blieben dauerhaft in Schweden. Das war zunächst weder von der kommunistischen polnischen noch von der schwedischen Regierung vorgesehen. In Schweden galten sie zunächst als *„repatriandi"*, als Menschen, die wieder in ihre Heimatländer zurückkehren sollten. Die meisten Jüdinnen und Juden allerdings wollten sowieso nicht länger in Europa bleiben. Ihre größten früheren Heimstätten im damaligen östlichen Polen, dem Gebiet zwischen Czernowitz und Lemberg (Galizien) waren „ausgelöscht", die meisten ihrer Angehörigen ermordet. Da, wo es noch ihre früheren Wohnungen gab, wohnten in denen jetzt Polen. Die meisten zogen weiter nach Israel und in die USA, einige auch nach Südamerika. Aber selbst im Staat Israel, der sich noch im Aufbau befand, waren die oft akademisch gebildeten deutschen Juden nicht immer „willkommen" (Armbruster 2016).

Für die Jüdinnen und Juden, die den Holocaust überlebt hatten und die nach ihrer Ankunft in Schweden geblieben sind, war die Situation besonders dramatisch. In ihre Herkunftsländer konnten sie also nicht wieder zurück, ihre vertrauten „Heimstätten" existierten nicht mehr. Umso stärker war ihr Bedürfnis, Angehörige, oft auch nur Bekannte, aufzufinden und zu treffen. Sie litten unter ihrer „Einsamkeit", wie diese auch schon im Bericht von Sulamit Sittsamer erwähnt wird.

„Das Erste, woran die Geretteten nach der Befreiung dachten, war das Schicksal der Eltern und Geschwister. […] Die jüdischen Familienbande waren immer besonders stark." (Gottfarb 2006: 245 f.)

Aus den Briefen von *JOINT*,[10] einer jüdischen Hilfsorganisation:

> „Ich habe niemanden, an den ich mich wenden kann. […] Ich kam nackt und barfuß, einsam. […] Jeder Tag, jede Nacht ist eine Plage." (ebd.: 245 f.)

Die meisten der ehemaligen Häftlinge und Zwangsarbeiter aus West- und Südeuropa kehrten nach ihrer Genesung und Erholung in ihre Heimatländer in zurück.

Etwas anders sah es bei den Polinnen und Polen aus, die in Schweden bleiben wollten, für diese eine nicht immer leichte Entscheidung, denn ihre Familien lebten in Polen, einem Land im Einflussbereich der Sowjetunion, in das man nicht so einfach reisen konnte. Die polnische Nachkriegsregierung hat versucht, nach Kriegsende Polinnen und Polen nach Polen zurückzuholen, denn Polen brauchte Arbeitskräfte für den Wiederaufbau des Landes.

Auch Regina Zawadka riet ihrer Tochter Lucja Sydolia Zawadka (KZ Ravensbrück Nr. 32679) in Schweden zu bleiben, denn „dort hast Du es besser als in Polen". Lucjas drei Töchter Teresa, Ulla und Lalla teilten mir über ihre Mutter Lucja auf meine Anfrage hin Folgendes mit, ein „Zeitzeugnis", wie es wohl viele von ehemaligen „Ravensbrückerinnen" gibt:

> „Nach einer Gesundheitskontrolle in Malmö kam sie in eine Schule in Lund, wo sie registriert wurde. Anschließend kam sie für drei Monate in eine Sammelunterkunft in einer geräumten Schule nach Eldsberga [wahrscheinlich mit anderen Polinnen, so u.a. mit Zofia Derowna – *Anm. d. Verf.*]. Während dieser Zeit arbeitete sie in einer Spinnerei in Genevad [ein kleiner Ort zwischen Eldsberga und Laholm in Südschweden]. Als sie vor der Wahl stand, nach Polen zurückzukehren, rieten ihr sowohl die Mutter wie auch der Vater ab. Die Großmutter schrieb, dass sie in dem neuen Land bleiben solle, wo sie es besser hätte. Vater und Mutter lernten sich in einem polnischen Verein kennen. […] Unsere Mutter bekam keinen Schwedischunterricht; das Schwedisch, das sie konnte, lernte sie von den Nachbarn und aus Wochenzeitungen. Vater hatte eine Arbeit und lernte schnell Schwedisch, während Mutter als Schneiderin zu Hause arbeitete. Sie waren glücklich, dass sie sich begegnet waren, vermissten zwar ihre Familien, wollten aber nicht in das Elend und die Armut zurück, die in

10 JOINT (Jewish Joint Distribution Commitee) ist eine amerikanisch-jüdische Organisation, die 1914 gegründet wurde. Sie hat und unterstützt weiterhin Jüdinnen und Juden und jüdische Organisationen in Not. Während des Holocaust hat JOINT Juden und Jüdinnen bei der Flucht in sichere Länder geholfen und nach dem Krieg deren Lebenssituation erleichtert und Integration in den neuen Heimländern unterstützt.

Lucjas Verlobung mit ihrem späteren Ehemann, Ende 1945 oder Anfang 1946.

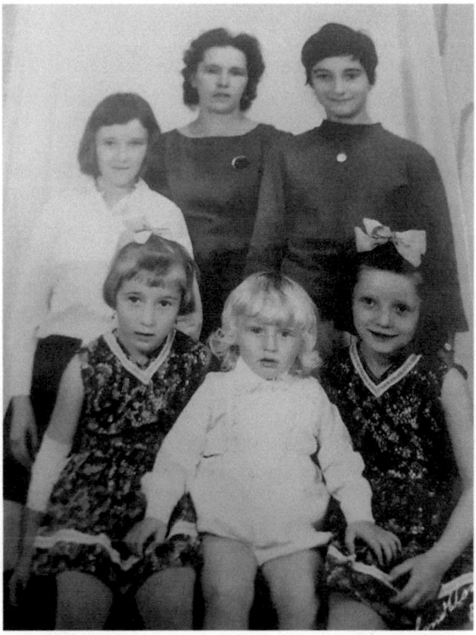

Teresa, Lucja und Ulla, sitzend Lalla, Szczepan und Urszula (von links nach rechts), 1962 oder 1963.

Polen herrschten. Auf alten Fotos scheinen sie glücklich zu sein; mit ihren fünf Kindern hatten sie auch genug zu tun.

Vater erzählte schon eher etwas. Er war Soldat und kämpfte während des Krieges in Narvik (Nordnorwegen), als die Deutschen über diese kleine Stadt herfielen. Papa und viele Soldaten aus Frankreich, Polen und England gerieten in Gefangenschaft. Sie saßen in einem Kriegsgefangenenlager, aus dem Papa und zwei weitere Gefangene flüchten konnten. Auf diese Weise kam Papa 1940 nach Schweden. Mama brachte uns Polnisch bei. Papa aber meinte, dass wir nun in Schweden seien und die schwedische Sprache und Kultur annehmen sollten – somit sprach Papa Schwedisch mit uns.

Unsere Eltern hatten sehr viele Freunde und Bekannte. Mama traf einige Frauen, die in Ravensbrück inhaftiert waren, und wir trafen uns mit ihren Familien. Wir Kinder spielten mit deren Kindern. Wir hatten gleichviel schwedische wie auch polnische Freunde. Wir trafen uns oft und hatten viel Spaß.

Mit zunehmenden Alter wurden Mutters Kontakte weniger. Sie musste immer mehr an Ravensbrück denken. Sie musste sich ärztlichen Untersuchungen unterziehen, um eine Entschädigung aus Deutschland zu beantragen. Als sie zurückkam, setzte sie sich hin und sagte: ‚Niemals mehr werde ich über diese schrecklichen Jahre berichten, die ich während des

Lucja Baligrodzki, geb. Zawadka, 2008 oder 2009.

Krieges durchmachte. Die kann man mit Geld nicht wiedergutmachen. Lucja war inzwischen schwedische Staatsbürgerin geworden und mit Schweden gab es keine Wiedergutmachungsabkommen.[11]

Als wir zum 65. Jahrestag nach Ravensbrück fuhren, haben wir Mutter zunächst nicht darüber berichtet; erst später – Mutter blieb stumm und sagte nichts. Es gab eine Zeit, die schwer für die war, als sie in die 50er Jahre kamen. Ich glaube, dass sie das Trauma des Lebens, das sie durchgemacht hatten, immer wieder eingeholt hat. Sie trugen alle dasselbe Trauma und bekamen die Hilfe nicht, die sie gebraucht hätten, als sie nach Schweden kamen." (*pers. Information*)

„Mutter blieb stumm und sagte nichts" – es ist das Schweigen, hinter dem sich so viel Unvorstellbares, wohl auch oft nicht „Aussprechbares" verbarg. Dieses „Trauma des Lebens" wurde in vielen Familien von ehemaligen KZ-Häftlingen von Generation zu Generation weitergegeben.

Eine ärztliche Hilfe bekamen diese Menschen nicht. Ärzte für psychische und psychosomatische Krankheiten oder eine Gesprächstherapie gab es in Schweden zu der Zeit kaum oder gar nicht. Viele KZ-Überlebende wurden nikotin- (wie Ewa Kabacinskas Mutter) oder medikamentenabhängig. Manche „befreiten" sich durch unermüdliches „Erzählen". So berichtete eine junge Frau bei einer Veranstaltung in Ravensbrück: „Immer wenn wir Kinder mal bei Tisch über das Essen mäkelten, hieß es immer gleich: ‚Wenn wir damals in Ravensbrück […].'"

Jemand anders berichtete von seinem Vater, dass er fast jede Nacht in furchtbaren Albträumen schrie und um sich schlug. Dieses Fehlen an Betreuung betraf besonders die jüdischen Überlebenden, die oft mehr noch als unter

11 Über das Verfahren für die Wiedergutmachung, das sich über mehrere Jahre hinzog, liegt dem Übersetzer ein 70seitiges Dossier vor. Obwohl die erforderlichen „Arbeitsnachweise" – die Firma, in der sie gearbeitet hatte, existierte nach dem Krieg nicht mehr – fehlten, wurden ihr „großzügigerweise" einige hundert D-Mark von der Bundesrepublik Deutschland zugebilligt. Ein beschämendes Dokument deutscher Nachkriegsbürokratie.

dem selber Erlebten darunter litten, dass sie ihre Angehörigen verloren hatten, dass sie oft die einzigen waren, die überlebt hatten.

Zofia Derowna, (KZ Ravensbrück Nr. 9706), berichtete mir bei unserem ersten Treffen, dass bei ihrem Arbeitgeber, einem Landwirt, bei dem sie auch wohnte, ein Vertreter der polnischen Botschaft – zusammen mit einem schwedischen Behördenangestellten – erschien, der die Absicht hatte, sie zur Rückkehr nach Polen zu überreden. Zofia hielt sich versteckt. Ihre Mutter hatte ihr vorher aus Polen geschrieben, dass sie in dem Land bleiben solle, wo sie „Brot und Freiheit" habe. Das blieb natürlich nicht folgenlos für ihre Mutter; die Auslandspost wurde im kommunistischen Polen zensiert. (*pers. Information*)

Helena Glowacki (KZ Ravensbrück Nr. 95335) bekam von ihrer Mutter folgende Nachricht aus Polen, nachdem sie ihr von ihrer geplanten Rückkehr geschrieben hatte: „ […] aber ihre Mutter riet ihr ab, weil in Polen Armut und Unruhen herrschten und es schwer war, eine gute Arbeit zu finden." Helena berichtet, dass es in Schweden eine gewisse Ablehnung gegen Polinnen gegeben hätte, ihr aber die Kenntnis der deutschen Sprache oft geholfen habe (*pers. Information*). Was mögen diese Mütter empfunden haben, wenn ihre „guten Ratschläge" zugleich die Trennung auf viele Jahre – und oft auch die endgültige – von ihren Töchtern bedeutete?

Auch Schweden war nicht unbedingt an dem Verbleib von Tausenden von ehemaligen Häftlingen und Geflüchteten interessiert. Ab dem sechsten Monat mussten die Neuankömmlinge in Schweden eine Arbeit gefunden haben und für ihren Lebensunterhalt selber aufkommen. Deutlich bevorzugt bei der Eingliederung in die schwedische Gesellschaft wurden die Geflüchteten aus den baltischen Ländern, von denen die wenigsten in ihre Heimat – zum damaligen Zeitpunkt Teil der Sowjetunion – zurückkehren wollten oder konnten.

Über das weitere Schicksal der Häftlinge in Schweden berichtet auch Manja Taggeselle (2011: 23 f.) ausführlich und detailliert in ihrer Magisterarbeit. So erwarben sich die meisten Polinnen und Polen den späteren Wohlstand, in dessen Genuss oft erst die zweite oder dritte Generation kam, durch harte Arbeit. Nach dem Krieg herrschte in Schweden ein Mangel an Arbeitskräften. Europa war weitgehend zerstört und brauchte Waren jeglicher Art. So wurde Schweden zu einem Exportland. Die schwedische Arbeitsmarktkommission bemühte sich, die Flüchtlinge und *„repatriandi"* in feste Arbeitsverhältnisse zu bringen, allerdings mit engen bürokratischen Auflagen. Zudem gab es eine Reihe von Beschwernissen. In den Großstädten, besonders in Stockholm, Göteborg und Malmö, herrschte Wohnungsknappheit, so dass diese Orte für die ehemaligen Häftlinge „gesperrt" waren, es sei denn, sie wurden als Arbeitskräfte besonders „angefordert". Überwiegend fanden sie in den Bereichen Arbeit, in denen Schweden nicht so gerne arbeiteten: Schwerstarbeit in der weitgehend noch nicht motorisierten Landwirtschaft und Waldarbeit, in Konservenfabriken, in Textil- und Werkzeugfabriken, wo es zu der Zeit noch nicht viele der heute arbeitserleichternden Maschinen und auch noch nicht die heute üblichen gesetzlichen arbeitsrechtlichen Bestimmungen gab. Hinzu kam natürlich, dass sie oft, wenn auch genesen, immer noch unter den Spätfolgen ihrer Zwangsarbeit in den Konzentrationslagern litten und für manche Arbeiten ungeeignet waren wie zum Beispiel für Lungenkranke die Arbeit in Textilfabriken. Die später vorbildlichen Förderungen (Sprachprogramme usw.) für Einwanderer gab es zu der damaligen Zeit noch nicht. Man fühlte sich fremd und einsam und versuchte auch, an den Arbeitsplätzen zusammenzubleiben. Die Polen und Polinnen bildeten gerne lokale Gruppen, trafen sich regelmäßig und heirateten oft untereinander – und dann hieß es oft: „Zu Hause „Polnisch", draußen „Schwedisch"! So berichtet Ewa Kabacinska, (siehe S. 82, *in diesem Band*) die im KZ Ravensbrück geboren wurde und als Säugling mit ihrer Mutter mit den Weißen Bussen Ende April nach Malmö kam:

> „In dieser Zeit war es nicht so leicht für Ausländer in Schweden. Es gab nicht die Hilfe, wie sie viele heute bekommen. Zu zwei Familien wohnte man in einer kleinen Wohnung: in einem Zimmer und in einer Küche. Man half sich gegenseitig, nehme ich an. Meine beiden Pateneltern wohnten mit uns in derselben Wohnung. Sie wohnten in dem Zimmer, während sich meine Familie in der Küche aufhielt. Später mussten sie sich nur mit Papas Lohn durchschlagen. […] Es war eine andere Kultur, es war nicht leicht für sie. Mama konnte davon berichten, dass es Kinder gab, die uns nachriefen: ‚Polnische Schweine!' Das nahm sie sehr übel auf. Sie wusste, welche Kinder das waren und sie ging runter zu der Nachbarsfrau eine Wohnung unter uns und klingelte dort an. In ihrem holprigen Schwedisch sagte sie, um was es ihr ginge. Nach diesem Gespräch wurden die beiden Frauen gute Freundinnen und halfen sich, wenn ‚Waschtag' war." (Kabacinska 2017: 13 f.)

Wie muss dieses Schimpfwort in den Ohren von ehemaligen Häftlingen geklungen haben, die es bei jeder Gelegenheit in den Lagern zu hören bekamen? Aber dieses Beispiel ist sicherlich nicht zu verallgemeinern.

Die bereits erwähnte Sulamit Sittsamer (siehe S. 196, *in diesem Band*) begegnet in einer befreundeten Familie in Malmö, Bezalel, ihrem späteren Mann, der das KZ Bergen-Belsen überlebt hat.

> „Als wir [im Juli 1946 – *Anm. d. Verf.*] heiraten wollten, bekamen wir von dem Vorarbeiter in der Fabrik, wo Bezalel arbeitete, ein Bett und eine

andere Person dort gab uns die Bettwäsche. Wir sprachen mit den Kindern zu Hause immer Schwedisch, niemals Polnisch. Wir hatten kein Geld, aber wir abonnierten die *Sydsvenskan* und mit der Zeit brachten wir uns Schwedisch bei. Damals gab es keinerlei Sprachkurse wie heutzutage. Und arm waren wir wie Kirchenmäuse! Die erste Wohnung, die wir mieteten, lag in der Kalkbrottsgatan und gehörte einem Schuhmacher. Es war kalt mit Eis an den Wänden im Winter. Bezalel kaufte Brennholz und so heizten wir die ganzen Nächte durch. Er arbeitete in einer Schuhfabrik in Limhamn, während ich auf die Kinder aufpasste. Ich war tagsüber zu Hause und wenn Bezalel am Abend die Tür öffnete, machte ich sie anschließend wieder zu. Er war nun bei den Kindern, während ich jetzt losging und in einer Bindegarnfabrik von 5 Uhr bis 9 Uhr abends arbeitete. Wir konnten 230 oder 300 Kronen von der Arbeitsvermittlung ausleihen, die wir dann in Raten von 10 Kronen in der Woche zurückzahlten. Wir bekamen damals nichts geschenkt." (Åberg und Gertten 2011: 46 f.)

Inga Gottfarb weist auf einen wichtigen und oft vergessenen Umstand hin: Diese oft jungen Menschen kannten Arbeit meist nur als sinnlose Zwangsarbeit unter den schlimmsten Bedingungen; die durchschnittliche Lebenszeit von KZ-Arbeitern betrug oft nur wenige Monate.[12] Der Wert der Arbeit als ein Mittel der Selbstverwirklichung und Würde war ihnen unbekannt:

„Während dieser Zeit unseres Erwachsenwerdens war Arbeit eine Art Strafe für uns, allein schon auf Grund dessen, was wir erlebten und dessen, wozu wir während all dieser Jahre im Lager gezwungen wurden, es auszuführen, sagte Arie. Zu lernen den Wert der Arbeit zu verstehen, war ein Teil unserer Ausbildung in Schweden. Wir lernten, dass es interessant sein konnte zu arbeiten und das wir arbeiten mussten, um uns unseren Lebensunterhalt zu verschaffen. Durch Arbeit konnten wir uns selber Sachen und Dinge für uns ‚erobern'". (Gottfarb 2006: 274)

Es war wohl auch besonders für Jüdinnen und Juden mit ihren traumatischen Erinnerungen und Erfahrungen nicht immer leicht, sich an ein neues unbeschwertes Leben zu gewöhnen:

„Die Gefühle waren so stark. Ich erinnere mich immer wieder daran, als ich sah, wie das Leben weiterging, weiterging wie gewöhnlich. Normale Menschen, normal gekleidet. Die Kinder gingen zur Schule. Ich bin mir immer sicher gewesen, dass das Leben stehen bleiben müsste, aber ich hatte mich geirrt, es ging seinen gewohnten Gang. Die Menschen machten

12 Siehe hierzu Kasten und Kubica (2021: 18 f.).

> weiter wie gewöhnlich. […] Ich kann nicht behaupten, dass ich glücklich war über all das hier. Ich war noch immer tief deprimiert und glaubte, dass ich mich niemals wieder dem Leben stellen könnte.“ (Miriam Akarviam in Persson 2002: 461)

Leichter hatten es Familien, wenn der eine Partner Schwede oder die Partnerin Schwedin war. In diesen Familien, von denen ich einigen begegnete und mit denen ich befreundet bin, gab es von Anfang an die feste Absicht, sich möglichst schnell zu integrieren; „Schwedisch“ war Pflichtsprache, auch zu Hause. Als Polen wieder unabhängig wurde und man sich besuchen konnte, gehörte man zu den „reichen Verwandten aus dem Westen“. Diese „Polen-Schweden“ – wie ich sie gerne nenne – habe ich oft als „eher schwedisch“ wahrgenommen als Schwedischstämmige.

Nicht allen Polen und Polinnen war es vergönnt, nach der Befreiung nach Polen zurückzukehren oder in Schweden eine neue Heimat zu finden. Für einige kam die Rettung zu spät. 140 ehemalige KZ-Häftlinge starben an den Krankheiten, überwiegend TBC, die sie sich in deutschen Lagern zugezogen hatten. Für die im Bereich Halmstad verstorbenen Polinnen gibt es auf dem städtischen Friedhof einen kleinen Gedenk- und Erinnerungsort (Kasten 2017b).

Denkmal auf dem städtischen Friedhof in Halmstad für verstorbene polnische ehemalige KZ-Häftlinge. Foto: Ulrich Kasten (2016).

Die Frauen aus Ravensbrück aus schwedischer Sicht: Gäste oder Mitbürgerinnen?

Die Berichte aus Malmö zeichnen ein insgesamt recht positives Bild über das Verhalten der schwedischen Gesellschaft den ehemaligen Häftlingen gegenüber. Auch kommen hier die Zeitzeugen (Häftlinge und Helfer) zu Wort. Wie wurde in den über ein Dutzend anderen Orten und Gemeinden berichtet, in denen Häftlinge in Krankenhäuser weiter behandelt oder in Lagern zusammengeführt wurden?

Die – wie schon erwähnt – etwa 15 000 ehemaligen Häftlinge, die bis Anfang Mai durch das Schwedische Rote Kreuz, dann weitere 10 000 Personen, Flüchtlinge, Staatenlose u. a., die im Rahmen des UNRRA-Projektes nach Schweden kamen, wurden nach dem Empfang und kurzem Aufenthalt in Malmö auf viele Orte und Gemeinden in Süd- und Mittelschweden verteilt. Sie lebten zunächst in mehr oder weniger „geschlossenen" Lagern, in denen es feste Verhaltensregeln gab wie z. B. für den „Ausgang". Die schwedische Regierung ging davon aus, dass die meisten Häftlinge und Flüchtlinge wieder in ihre Heimatländer zurückkehren würden. Viele Häftlinge mussten aber zunächst zur medizinischen Behandlung, oft nach den beiden Quarantänewochen, manchmal auch unmittelbar nach der Ankunft in Malmö, in Krankenhäuser in anderen Orte verlegt werden. Die dort vorhandenen Krankenhäuser reichten oft nicht aus und es mussten andere Gebäude zu Krankenhäusern „umgerüstet" werden. Dies betraf meistens Schulen und die Schließung einer ganzen Schule hatte natürlich Folgen für die Bewohner dieser Orte – längere Wege für die Kinder zu anderen Schulen, oft der Wegfall oder eine Einschränkung der üblichen Leistungen wie Werkunterricht, freies Mittagessen und medizinische Versorgung.

Darüber berichtet Mirela Music (2020) ausführlich in ihrer Hochschulabschlussarbeit *Överlevare, främling och gäst. En kritisk diskursanalys om Örebros mottagande av kvinnliga föredetta koncentrationslägerfångar år 1945* [Überlebender, Fremder oder Gast. Eine kritische Diskursanalyse über die Aufnahme von Häftlingen aus ehemaligen Konzentrationslagern in Örebro 1945].

Am 25. Mai 1945 kamen die ersten Häftlingsfrauen nach Örebro (damals etwa 100 000 Einwohner) in die „Engelbrektsskolan" [„Engelbrektsschule], die in ein Bereitschafts- und Aufnahmekrankenhaus umgewandelt worden war. Wie wurden sie aufgenommen? Wie reagierten die Menschen am Ort? 15 ausführliche Berichte gibt es in den drei regionalen Tageszeitungen *Nerikes Allehanda* (NA), *Örebro Kuriren* (ÖK) und *Örebro Dagblad* (ÖD)(Music

2020: 15–23). Das Informationsmaterial kommt zunächst von der Stadtverwaltung, aber auch von den an der Aktion beteiligten Ärzten. Es gibt Kommentare zur etwas strittigen „Kostenverteilung“ zwischen Stadt, Kommune (Kreis) und Gesundheitsministerium. Erste Berichte sind ungenau. So wird zunächst von „Männern“ geschrieben, obwohl es nur Frauen waren, die dann kamen, dann nur von Polinnen, obwohl auch Französinnen, Griechinnen und Jugoslawinnen unter den Häftlingen waren. Die Überschriften in den Zeitungen deuten auf die inhaltlichen Schwerpunkte hin: „Die Engelbrektsschule wird von den Behörden für andere Zwecke requiriert“ (Ende des regulären Unterrichts und die Folgen) (ÖD, 19. Mai 1945), „Kranke Flüchtlinge in Örebro – der Presse ist es verboten, das Krankenhausgelände zu betreten“ (ÖK, einige Tage später).

Nach diesen eher kritischen Mitteilungen sind die folgenden Artikel in erster Linie den Häftlingen und deren Aufnahme, oft auch ihrem vorherigen Schicksal und ihrer Reaktion auf die Aufnahme, gewidmet. „Aus Deutschlands Gräuel und Schrecken in das friedliche Örebro. 59 Frauen aus dem Konzentrationslager Ravensbrück kamen am Freitagmorgen nach Örebro.“ (NA, 26. Mai 1945)

Weiterhin steht in NA: „Das, was uns am meisten berührt, ist (inzwischen) ihre Freude, ihre frohen Augen in den faltigen Gesichtern – und ihre Begeisterung“ und in ÖD ist zu lesen: „Sie scheinen doch glücklich über die Aufnahme zu sein, die ihnen von dem Krankenhauspersonal auf den Stationen entgegengebracht wird“ (Music 2020: 19).

Wegen der zu befürchtenden Ansteckungen gab es bei den Ortsbewohnern zunächst gewisse Vorbehalte gegenüber direkten Kontakten, aber die Presse versuchte, diese zu zerstreuen. In einem Bericht im NA steht:

> „Wir möchten hoffen, dass die Einwohner von Örebro sie mit der gleichen freundlichen Gesinnung wie bisher aufnehmen – diese ganze Verbreitung von Gerüchten über ansteckende Krankheiten usw. sollte vermieden werden. Einen direkten Kontakt mit den Polinnen herzustellen, ist ja in niemandes Absicht.“ (NA vom 26. Mai 1945, S. 19)

Man weiß aus vielen Berichten, dass nach und nach Ortsbewohner mit Geschenken in die Krankenhäuser kamen und Häftlinge auch später zu kurzen Besuchen oder auch längeren Aufenthalten zu sich einluden. In den Sommermonaten wird weiterhin über ankommende Flüchtlingskontingente berichtet und über die damit zunehmende Herausforderung für die Allgemeinheit und die Flüchtlingshilfe und es wird um Sachspenden gebeten.

Am 8. Juni 1945 schreibt ÖK etwas ungenau: „Schweden hat es ja nun übernommen, den Häftlingen Pflege und einen Aufenthaltsort zu geben, die sogar noch im Frieden aus deutschen Gefangenenlagern befreit werden und jeden Tag finden weitere Transporte statt. [...] Die Bewohner von Örebro bekommen überwiegend Frauen aus dem Lager Neubrandenburg zugeteilt."[13]

NA schreibt am 7. Juni 1945 zum ersten Mal, was mit den ehemaligen Häftlingen nach ihrer Entlassung aus den Lagern und Krankenhäusern geschehen sollte. An eine feste „Mitbürgerschaft" war zunächst nicht gedacht, man betrachtete sie eher „als liebe Gäste". Aber ein neuer Aspekt deutet sich in den Berichten an.

> „Verschiedene können jetzt wohl im Sommer z. B. zur Landarbeit geschickt werden. Sollte jemand hier in Örebro irgendeine geeignete Arbeit irgendeiner Polin oder irgendwelchen Polinnen anzubieten haben, glaube ich mit aller Sicherheit, dass diese die Erlaubnis für ihr weiteres Verbleiben bekommen können. [...] Die Polinnen leiden sehr darunter, ohne Beschäftigung zu sein und sie sind in rührender Weise dankbar für jeden Versuch, der unternommen wird, um sie zu beschäftigen." (NA, 7. Juni 1945, S. 20)

Ab August nehmen wieder eher kritische Berichte überhand. So schreibt NA am 4. September 1945 unter einer großen Rubrik: „Die Frage zur Engelbrektsschule" über die wachsenden Probleme. Die Schule hatte früher viele Vorteile für die Schülerinnen und Schüler. Dies waren u. a. die kürzeren Schulwege und die sozialen Angebote wie Schulspeisung und medizinische Betreuung [was nun entfiel oder eingeschränkt wurde – *Anm. d. Verf.*]. Die Diskussion um die Schule könnte auch zu einem Stimmungswechsel bei der Bevölkerung und zu einer Abneigung und Ablehnung gegenüber den Flüchtlingen und Fremden führen." (NA, 4. September 1945, S. 24)

Als die Schule im September wieder in Teilen geöffnet wird, führt das zu neuer Unruhe, weil einige Krankenstationen in der Schule verbleiben und man jetzt Ansteckungen befürchtet.

In den letzten Kapiteln ihrer Arbeit berichtet Music über die Ärzte, die in der Schule gearbeitet haben und über deren Berichte. Hier kommt das schon

---

13 Das ehemalige KZ-Außenlager Neubrandenburg (Waldbau) war eine rund 50 000 m^2 große Anlage im Nemerower Holz, südlich von Neubrandenburg. Es diente bis 1945 als Produktionsstätte für im Zweiten Weltkrieg dringend benötige Rüstungsgüter (u. a. für die Luftwaffe). Mit über 7000 weiblichen Häftlingen war der Standort Neubrandenburg das größten Außenlager des Frauen-Konzentrationslagers Ravensbrück. Siehe dazu die beeindruckende Biografie von Micheline Maurel (1957), die zwei Jahre im KZ Neubrandenburg war.

oft erwähnte schwierige Verfahren der langwierigen Umstellung auf normale Nahrung bei den an den Folgen der Haftzeit leidenden Frauen zur Sprache; auch wird das aus anderen Berichten bekannte Problem erwähnt, katholische und jüdische Polinnen bei der Unterbringung auseinanderzuhalten.

In der Presse wird ausschließlich aus der schwedischen „Perspektive" geschrieben. Direkte Interviews mit den Polinnen (Zeitzeugenaussagen) fehlen. Die Autorin merkt kritisch an, dass die Frauen mit dem Begriff „Polinnen", d. h. als eine Art „Kollektiv", bezeichnet werden, obwohl auch andere Nationalitäten vertreten waren; charakterisiert werden sie mit allgemeinen Begriffen: wie „gut, freundlich und hilfsbereit". Nur zweimal wird über zwei Frauen ohne genaue Namensnennung geschrieben, weil ihr Schicksal etwas „Sensationelles" hat: über eine 31-jährige, die eine bedeutende Sängerin ist, aber schon graue Haare hat, und eine Frau, die totgeglaubte Verwandte in Schweden wiedergefunden hat. Übrigens wird auch hier Folke Bernadotte von Polinnen als „rettender Engel" erwähnt. (Music 2020: 21)

Durch diese Art der „Ent-Individualisierung" wird der Unterschied zwischen den Ortsbewohnern („wir") und den ehemaligen Häftlingen („die anderen") betont. Auf dieser Ebene bleiben sie – wenn auch vielleicht interessante – jedoch nur fremde „Gäste", aber nicht Menschen mit ihren spezifischen Eigenschaften, in denen sie uns ähneln oder sich auch von uns unterscheiden und durch welche man sich näherkommt und das „Fremde" aufhebt; so werden sie nicht zu echten Mitbürgern.

Trotz dieser eher kritischen Analyse zum Aspekt „Integration" und den Problemen nach der Ankunft in Schweden, über die einzelne Zeitzeugen berichten (Wohnen, Arbeit, Sprache), sind die meisten Lebenswege der über 3000 Polinnen und Polen, die nach 1945 in Schweden geblieben sind, Beispiele einer gelungenen Integration.

Literatur

Aly, Götz 2019. *Hitlers Volksstaat: Raub, Rassenkrieg und nationaler Sozialismus.* Frankfurt a.M: S. Fischer Verlag.

Arendt, Hannah 2011. *Eichmann in Jerusalem. Ein Bericht von der Banalität des Bösen.* München: Piper Verlag.

Armbruster, Jörg 2016. *Willkommen im Gelobten Land?* Hamburg: Hoffmann und Campe Verlag.

Åmark, Klas 2011. *Att bo granne med ondskan – Sveriges förhållande till nazismen. Nazityskland och Förintelsen.* [In Nachbarschaft mit dem „Bösen" leben – Schwedens Verhalten zum Nationalsozialismus. Nazideutschland und die „Vernichtung"]. Stockholm: Bonniers Förlag.

Bernadotte, Folke 1945. *Slutet* [Das Ende]. Stockholm: Nordstedt Förlag.

– 1948. *I stället för vapen* [An Stelle von Waffen]. Stockholm: P. A. Nordstedt & Söners Förlag.

Berndt, Madeleine 2017. Ravensbrück. *Meine Großmutter Zofia Teodora Derówna während des 2. Weltkrieges.*
Elektronische Ausgabe. Fürstenberg/Havel: Kulturstiftung Sibirien.
https://dh-north.org/siberian_studies/publications/derowna.pdf
Zugriff: 22.06.2023.

Berglund, Tobias und Niclas Sennerteg 2008. *Svenska koncentrationsläger i Tredja Rikets skugga* [Schwedens Konzentrationslager im Schatten des Dritten Reiches]. Stockholm: Förlag Natur & Kultur.

Beßmann, Alyn und Insa Eschebach (Hg.) 2013. *Das Frauen-Konzentrationslager Ravensbrück.* Berlin: Metropol Verlag.

Blomberg, Göran 2003. *Mota Moses i grind – Ariseringsiver och antisemitism i Sverige 1933–1943* [„Mota Moses i grind" – Arisierungseifer und Antisemitismus in Schweden 1933–1943]. Stockholm: Hilleförlaget.

Boethius, Maria-Pia 1991. *Heder och Samvete – Sverige i andra världskriget.* [Ehre und Gewissen – Schweden im Zweiten Weltkrieg]. Stockholm: Nordstedts Förlag.

Børsum, Lesi 1946. *Fange i Ravensbrück* [Häftling in Ravensbrück]. Oslo: Gyldendal Norske Førlag.

Bruchfeld, Stéphane und Paul A. Levine 1998. *„… om detta må ni berätta"* [… darüber solltet ihr berichten"]. Stockholm: Förlag för Natur & Kultur.

Dagerman, Stig 2021. *Deutscher Herbst.* Berlin: Guggolz Verlag.

Dahl, Izabela A. 2008. *Die Weißen Busse und Folke Bernadotte.* Dachauer Hefte 24: 211–213.

– 2012. Rezeption der Aktion „Weiße Busse" in Deutschland. In *Skandina-*

vien im Zweiten Weltkrieg und die Rettungsaktion Weiße Busse. Ereignisse und Erinnerung. O. v. Wrocem (Hg.), 182–198. Berlin: Metropol Verlag.

Denkiewicz, Sonia 2018. *Leokadja Pawlakówna: Der Bericht einer Überlebenden*. Elektronische Ausgabe. Fürstenberg/Havel: Kulturstiftung Sibirien. https://dh-north.org/siberian_studies/publications/denkiewicz.pdf Zugriff: 22.06.2023.

v. Eichstedt-Peterswald, Majlis 1945. *Bro över mörka vatten* [Brücke über dunkle Wasser]. Stockholm: Medéns Förlag.

Englund, Peter 2008. *Stridens skönhet och sorg 1918* [Des Streites Schönheit und Sorge]. Stockholm: Bokförlaget Atlantis Natur & Kultur.

Erpel, Simone 1995. Rettungsaktion in letzter Minute. Die Befreiung von Häftlingen aus dem Frauen-Konzentrationslager Ravensbrück durch das Internationale Komitee des Roten Kreuzes, das Dänische und das Schwedische Rote Kreuz. In *Ich grüße Euch als freier Mensch*. S. Jacobeit (Hg.), 22–41. Berlin: Stiftung Brandenburgische Gedenkstätten und Edition Hentrich.

Gaultier, Simone 1965. Beitrag in *Les Françaises à Ravensbrück*. L'Amicale de Ravensbrück et L'Association des Déportées et Internées de la Résistance, (Hg.), 267–268. Paris: Gallimard.

Goldhagen, Daniel 1996. *Hitlers willige Vollstrecker – ganz gewöhnliche Deutsche und der Holocaust*. Berlin: Jobst Siedler Verlag.

Gottfarb, Inga 2006. *Det livsfarliga glömskan* [Das lebensgefährliche Vergessen]. Stockholm: Bokförlaget Langenskiöld.

Guillou, Jan 2014. „*Att inte vilja se*" [„Um nicht sehen zu wollen"]. Stockholm: Privatförlag.

Hansen, Helge 2012. Zeitzeugenbericht. In *Skandinavien im Zweiten Weltkrieg und die Rettungsaktion Weiße Busse. Ereignisse und Erinnerung*. O. v. Wrocem (Hg.), 232–243. Berlin: Metropol Verlag.

Hausner, Gilbert 2019. „6 000 000 klagen an" – die Rede des israelischen Generalstaatsanwalts beim Eichmann-Prozess in Jerusalem 1989. In *Briefe aus der Hölle*, P. Polian Hg.), 134. Darmstadt: wgb Theiss Verlag.

Hesling, Monique 2017. Die Erinnerungen von Frau Monique Hesling, geb. Boulanger. Deportiert nach Ravensbrück am 28. April 1943. Befreit durch das Schwedische Rote Kreuz am 23. April 1945.
Elektronische Ausgabe. Fürstenberg/Havel: Kulturstiftung Sibirien.
https://dh-north.org/siberian_studies/publications/hesling.pdf
Zugriff: 22.06.2023.

Jacobeit, Sigrid (Hg.) 1995. *Ich grüße euch als freier Mensch*. Berlin: Stiftung Brandenburgische Gedenkstätten und Edition Hentrich.

Jacobeit, Wolfgang 1995. Die Todesmärsche von Ravensbrück in nordwestlicher Richtung und das Erlebnis der Befreiung durch die Rote Armee. In *Ich grüße euch als freier Mensch*, S. Jacobeit (Hg.), 80–129. Berlin: Stiftung Brandenburgische Gedenkstätten und Edition Hentrich.

Jåma, Sharon und Charlotte Haider (eds.) 2003. *De glömmer det aldrig* [Sie vergessen das niemals]. Stockholm: Forum för levande historia.

Kabacinska, Ewa 2017. *Das Mädchen aus Ravensbrück*. In *Hoppets Hamn*. L. Åberg und M. Gertten (Hg.) 2011: 171–183. Übersetzt aus dem Schwedischen von Ulrich Kasten.
Elektronische Ausgabe. Fürstenberg/Havel: Kulturstiftung Sibirien.
https://dh-north.org/siberian_studies/publications/kabacinska.pdf
Zugriff: 22.06.2023.

Kaienburg, Herrmann 1997. *Das Konzentrationslager Neuengamme, 1938–1945*. Bonn: Dietz Verlag.

Karlsson, Annelie 2019. *Flickan och kriget* [Das Mädchen und der Krieg]. Gothenburg: Wistories Publishing House.

Karlsson, Marie 2017. Helena Glovacki 95335 – ein polnisches Lebensschicksal.
Elektronische Ausgabe. Fürstenberg/Havel: Kulturstiftung Sibirien.
https://dh-north.org/siberian_studies/publications/glovacki.pdf
Zugriff: 22.06.2023.

Kasten, Ulrich 2017 a. *NS-Jugendschutzlager Uckermark: Jugend-KZ und späteres Todeslager – Plädoyer für einen „Würdigen Gedenkort"*.
Elektronische Ausgabe. Fürstenberg/Havel: Kulturstiftung Sibirien.
https://dh-north.org/siberian_studies/publications/uk_uckermark.pdf
Zugriff: 22.06.2023.

– 2017 b. *„... gestorben an der Schwelle zur Freiheit": Die Befreiung und danach. Vergessene Orte – vergessene Schicksale*.
Elektronische Ausgabe. Fürstenberg/Havel: Kulturstiftung Sibirien.
https://dh-north.org/siberian_studies/publications/uk_schwelle.pdf
Zugriff: 22.06.2023.

– 2019. *SS-Ärzte und das medizinische Personal im KZ Ravensbrück*.
Elektronische Ausgabe. Fürstenberg/Havel: Kulturstiftung Sibirien.
https://dh-north.org/siberian_studies/publications/uk_kz_aerzte.pdf
Zugriff: 22.06.2023.

Kasten, Ulrich und Grażyna Kubica 2021. *Das Männerlager im Frauen-KZ Ravensbrück sowie die Lagerbriefe und die Biografie des Häftlings Janek Błaszczyk*. Fürstenberg/Havel: Kulturstiftung Sibirien.

Klamer, Vajta Maria 2018. *Flucht vor dem Mord an einem Volk*. Fürstenberg/Havel: Kulturstiftung Sibirien.

Kogon, Eugen 1946. *Der SS-Staat*. München: Verlag Karl Alber.

Krausz-Fainman, Irene 2011. „Titta inte, låtsas som att det inte finns" [„Schauen Sie nicht hin, tun Sie so, als gäbe es das nicht"]. In *Hoppets Hamn*. L. Åberg und M. Gertten (Hg.), 70–133. Malmö: Förlag Roos & Tegner.

Leignel, Lili 2017. *Je suis encore là*. Lanéjan: Copy Media Net.

Leth, Göran 2007. Mediernas svek i skuggan av Förintelsen [Verrat der Medien im Schatten des Holocaust]. In *Sverige och Nazityskland: Skuldfrågor och moraldebatt*. L. M. Andersson und M. Tydén (Hg), 168–192. Stockholm: Dialogos Förlag.

Levi, Primo 2010. *Ist das ein Mensch?* München: dtv Verlag.

Lindberg, Hans 1973. *Svensk flyktlingspolitik under internationella tryck 1936–41*. [Schwedische Flüchtlingspolitik unter internationalem Druck 1936–41] Stockholm: Allmänna Förlaget.

Lomfors, Ingrid 2005. *Blind fläck: minne och glömska kring svenska Röda Korsets hjälpinsats i Nazityskland 1945* [Blinder Fleck: Erinnerung und Vergessen um den Hilfseinsatz des Rotes Kreuzes in Nazideutschland 1945]. Stockholm: Bokförlaget Atlantis.

– 2012. Blind Spot – Remembrance and Forgetfulness Regarding the Swedish Red Cross Relief Operation in Nazi Germany in 1945. In *Skandinavien im Zweiten Weltkrieg und die Rettungsaktion Weiße Busse. Ereignisse und Erinnerung*. O. v. Wrocem (Hg.), 145–159. Berlin: Metropol Verlag.

Longerich, Peter 2008. *Heinrich Himmler. Biographie*. München: Siedler Verlag.

Lorentz, Gunnar 1951. *I barmhärtighetens tjänst: en bokfilm om Svenska Röda Korset* [Im Namen der Barmherzigkeit: kommentierter Bildband über das Schwedische Rote Kreuz]. Gunnar Lorentz under medverkan av Alf Segnér: Granskommité: Bertil Ekeroth bl. a.; Stockholm: Forsbergs Förlag (ohne Seitenangaben).

Mankell, Henning 2000. *Danslärarens återkomst* [Die Rückkehr des Tanzlehrers]. Stockholm: Ordfront Förlag.

Marton, Kati 1995. *Döden i Jerusalem* [Tod in Jerusalem]. Stockholm: Fischer & Co.

Masur, Norbert 1945. *En jude talar med Himmler* [Ein Jude spricht mit Himmler]. Stockholm: Bonniers Förlag.

Maurel, Micheline 1957. *Un camp très ordinaire* Paris: Les Editions Minuit. Zitiert nach der deutschen Übersetzung (2014): *Die Liebe besiegt alles. Ein Bericht aus einem Frauen-KZ*. Rostock: Ingo Koch Verlag.

Moberg, Vilhelm 1941. *Ritt i natt* [Ritt in der Nacht]. Stockholm: Albert Bonniers Förlag. Zitiert nach der Ausgabe von 1985.

– 1949. Utvandrarna – Invandrarna. (2 Bände). Stockholm: Albert Bonniers Förlag.

Music, Mirela 2020. *Överlevare, främling och gäst. En kritisk diskursanalys om Örebros mottagande av kvinnliga före detta koncentrationslägerfånger år 1945.* [Überlebender, Fremder oder Gast. Eine kritische Diskursanalyse über die Aufnahme von Häftlingen aus Konzentrationslagern in Örebro 1945]. Örebro: Örebro Universitet.

Müller, Charlotte 1985. *Die Klempnerkolonne. Erinnerungen des Häftlings Nr. 10787.* Berlin: Dietz Verlag.

Nielsen, Mogens Henrik 2012. Zeitzeugenbericht. In *Skandinavien im Zweiten Weltkrieg und die Rettungsaktion Weiße Busse. Ereignisse und Erinnerung.* O. v. Wrocem (Hg.), 216–223. Berlin: Metropol Verlag.

Møller, Karl Selling 2012. Zeitzeugenbericht. In *Skandinavien im Zweiten Weltkrieg und die Rettungsaktion Weiße Busse. Ereignisse und Erinnerung.* O. v. Wrocem (Hg.), 224–231. Berlin: Metropol Verlag.

Newman, Ivan 2011. Pojken i Europas mitt. [Der Junge in der Mitte Europas]. In *Hoppets Hamn.* (L. Åberg und M. Gertten (Hg.), 184–191. Malmö: Förlag Roos & Tegner.

Obenaus, Herbert 1985. Die Bernadotte-Aktion. Der Transport von 500 kranken KZ-Häftlingen aus Neuengamme durch das Schwedische Rote Kreuz. In *Konzentrationslager in Hannover. KZ-Arbeit und Rüstungsindustrie in der Spätphase des 2. Weltkriegs.* R. Fröbe u.a. (Hg.), 515–527. Hildesheim: Verlag August Lax.

Persson, Sune 2002. *Vi åker till Sverige – De vita bussarna 1945* [Wir fahren nach Schweden – die Weißen Busse 1945]. Rimbo: Bokförlaget Fischer & Co.

Polian, Pavel 2019. *Briefe aus der Hölle.* Darmstadt: wbg Theis

Pollack, Ester 2020. As the Holocaust Escalated, The Swedish Press Fell Silent: Media and the Normalisation of Passivity and Non-engagement in WWII Sweden. *Social Semiotics* 30 (4): 449–485.

Reichelt-Knutsen, Mathilde und Lill Simonsen 1986. *Bittema – gjennom KZ til friheten* [„Bittema" – durch das KZ in die Freiheit]. Oslo: J. W. Cappelens Forlag.

Sandø, Sunneva 1945. *„... og dog er det sandt".* [... und doch ist es wahr]. Aarhus: Kammeraternas Førlag.

Simoneti, Stanka 1998. „Wir durften ja nicht sprechen, sobald man Kontakt suchte mit irgendjemand, hagelte es Strafen. Prof. Dr. Simoneti, August 1997." In *Das ehemalige Konzentrationslager für Mädchen und junge Frauen und spätere Vernichtungslager Uckermark.* V. Klarenbach, S. Höfinghof und

K. Reichmann (Hg.). Berlin: Companeras. [Katalog zu einer Ausstellung, ohne Seitenangaben.]

Stoveland, Per 2012. Zeitzeugenbericht. In *Skandinavien im Zweiten Weltkrieg und die Rettungsaktion Weiße Busse. Ereignisse und Erinnerung*. O. v. Wrocem (Hg.), 315–333. Berlin: Metropol Verlag.

Stræde, Therkel 2012. Deutsche Besatzungspolitik in Dänemark 1940–1945. In *Skandinavien im Zweiten Weltkrieg und die Rettungsaktion Weiße Busse. Ereignisse und Erinnerung*. O. v. Wrocem (Hg.), 21–30. Berlin: Metropol Verlag.

Sünner, Rüdiger 2009. *Schwarze Sonne. Die Macht der Mythen und ihr Missbrauch im Nationalsozialismus und rechter Esoterik*. Klein Jasedow. Drachen Verlag.

Szulc, Artur 2005. *Röster som aldrig tystnar – tredje rikets offer berättar.* [Stimmen die niemals verstummen – Opfer des Dritten Reches erzählen]. Stockholm: Bokförlaget Prisma. Deutsche Teilübersetzung von Ulrich Kasten. Elektronische Ausgabe. Fürstenberg/Havel: Kulturstiftung Sibirien. https://dh-north.org/siberian_studies/publications/szulc.pdf Zugriff: 22.06.2023.

Taggeselle, Manja 2011. *Eine außergewöhnliche Quelle polnischer Identität: Polnische Frauen berichten 1945/46 in Schweden über das KZ Ravensbrück.* (Magisterarbeit an der Humboldt Universität Berlin). https://dh-north.org/siberian_studies/publications/taggeselle.pdf Zugriff: 22.06.2023

Trevor-Roper, Hugh Redwald 1953. Kersten, Himmler and Count Bernadotte. *The Atlantic Monthly, vol.* 191. https://www.theatlantic.com/magazine/archive/1953/02/kersten-himmler-and-count-bernadotte/640677/ Zugriff: 5.07.2023.

– 1947. *The Last Days of Hitler.* Chicago: University of Chicago Press.

Tuchman, Gaye, Arlene Kaplan Daniels, James Benet (eds.) 1978. *Hearth and Home: Images of Women in the Mass Media*. New York: Oxford University Press.

Unden, Lily 1946. Le Départ de Ravensbrück. Dezember 1946. *Rappel: 29–41.* (Hier zitiert nach einem Sonderdruck in der Mahn-und Gedenkstätte Ravensbrück).

Åberg, Lars und Magnus Gertten 2011. *Hoppets Hamn – När överlevarna kom till Sverige* [Der Hafen der Hoffnung – als die Überlebenden nach Schweden kamen]. Malmö: Förlag Roos & Tegner.

□ Konzentrationslager im Deutschen Reich in den Grenzen von 1944

Ulrich Kasten und Grażyna Kubica

Das Männerlager im Frauen-KZ Ravensbrück sowie Lagerbriefe und die Biografie des Häftlings Janek Błaszczyk

2021, Fürstenberg/Havel: Kulturstiftung Sibirien
184 pp., 17 Farbseiten, 15,5 x 22 cm
ISBN: 978-3-942883-72-6
Euro 18; paperback

Zeitgeschichte
https://dh-north.org/publikationen/das-maennerlager-im-frauen-kz-ravensbrueck-sowie-lagerbriefe-und-die-biografie-des-haeftlings-janek-blaszczyk/de

---

Maria Vajta Klamer

Flucht vor dem Mord an einem Volk

2018, Fürstenberg/Havel: Kulturstiftung Sibirien
222 pp., 15,5 x 22 cm
ISBN: 978-3-942883-35-1
Euro 18; paperback

Zeitgeschichte
https://dh-north.org/publikationen/flucht-vor-dem-mord-an-einem-volk/de

---

Erich Kasten (Hg.)

Franz Boas – die Haltung eines Wissenschaftlers in Zeiten politischer Umbrüche

2022, Fürstenberg/Havel: Kulturstiftung Sibirien
244 pp., 15,5 x 22 cm
ISBN: 978-3-942883-77-1
Euro 28; paperback

Exhibitions and Symposia
https://dh-north.org/publikationen/franz-boas-die-haltung-eines-wissenschaftlers-in-zeiten-politischer-umbrueche/de

---